Antonio Gramsci

PASADO Y PRESENTE

Cuadernos de la cárcel

Prefacio de José Luis Villacañas Berlanga

Serie Cla•De•Ma
Política

PASADO Y PRESENTE
Cuadernos de la cárcel

Antonio Gramsci

gedisa
editorial

Título del original italiano: *Passato e presente*

Traducción: Manlio Macri

Del prefacio: José Luis Villacañas Berlanga

Cubierta: Juan Pablo Venditti

Primera edición: mayo de 2018

© Editorial Gedisa, S.A.
Avda. del Tibidabo, 12, 3.º
08022 Barcelona (España)
Tel. 93 253 09 04
Correo electrónico: gedisa@gedisa.com
http://www.gedisa.com

Preimpresión:
Moelmo, SCP

ISBN: 978-84-17341-12-1
Depósito legal: B.7382-2018

Impreso por Master Copy, S.A. de C.V.

Impreso en México
Printed in Mexico

Índice

Prefacio del editor italiano

Con *Pasado y Presente* se cierra la serie de los escritos que Antonio Gramsci nos ha dejado en sus *Cuadernos de la cárcel*. Él vuelve en estas notas a algunas experiencias políticas en las que había participado en sus años de juventud, hasta el arresto: o sea, de la vigilia de la Primera Guerra Mundial hasta la promulgación de las leyes excepcionales fascistas en noviembre de 1926. Un grupo de notas, alusivas a personas, hechos, sucesos que caracterizaron la vida interna del Partido Comunista italiano en los años 1921-1926 no serán de difícil comprensión si no se olvida, precisamente, que ellas se refieren a la lucha contra las corrientes extremistas y oportunistas del partido. A causa de la censura carcelaria, incluso las notas concernientes a hombres y cosas del fascismo son necesariamente alusivas, pero la alusión es transparente, y hemos creído preferible no sobrecargar el volumen con notas explicativas, superfluas para los lectores que no ignoran los sucesos de aquel período.

Se reencuentran en estos escritos solo fragmentos de la vastísima experiencia política del autor, pero fragmentos numerosos, altamente significativos y ricos en preciosas enseñanzas. La enseñanza suprema de la vida de Gramsci parece compendiarse en la breve sentencia, elaborada —como dice él— por la sabiduría zulú y referida por una revista inglesa: «Es mejor avanzar y morir que detenerse y morir», sentencia de evidente significado autobiográfico, transcrita en los cuadernos justamente en el período en que se le sugería un pedido de gracia, o sea, una renuncia a la lucha, sugerencia rechazada como si fuera una invitación al suicidio, porque, para Gramsci, detenerse era morir ineluctablemente.

A las notas recogidas bajo el título de *Pasado y Presente*, han seguido otras que el autor había reagrupado bajo el de *Nociones enciclopédicas y temas de cultura*, y que contienen una crítica aguda y a menudo áspera de muchos lugares comunes y de varios prejuicios del sentido común.

Gramsci, un hombre
para todas las estaciones

José Luis Villacañas Berlanga (UCM)

> «Muchos individualistas, anárquicos, populistas,
> parecen salidos de las novelas de folletín.»
> Gramsci, «Caracteres nacionales», *Pasado/Presente*

«Si la historia de la teoría marxista durante los años sesenta puede ser caracterizada por el dominio del "althusserianismo", entonces hemos entrado ahora, sin duda, en una nueva fase: el dominio del gramscismo». Así comenzaba Chantal Mouffe su decisiva antología *Gramsci and Marxist Theory*, editada por Routledge de Londres, en el año 1979. Se trataba entonces de recomponer el campo de la izquierda en los países del capitalismo avanzado, espacio que había sido desmantelado por los acontecimientos de 1968. El libro de Mouffe tenía la misma finalidad que el volumen que poco antes, en 1973, había editado Jürgen Habermas, *Problemas de legitimidad del capitalismo tardío*. Lo que apenas podía suponer Mouffe es que en el año 2009 apareciera todavía un monumental libro precisamente de Peter D. Thomas titulado *The Gramscian Moment, Philosophy, Hegemony and Marxism*, editado por la casa Brill de Leiden, una obra académica ejemplar. En medio habían salido libros parecidos con títulos inequívocos como *The Machiavellian Moment*, de J. G. A. Pocock o *Der webersche Moment. Zur Kontingenz des Politischen*, de Kari Palonen. Como vemos, se acumulaban los momentos para definir el presente del pensamiento político.

Sin embargo, estas operaciones intelectuales son comprensibles. Gramsci, como todos estos otros autores, es un hombre para todas las estaciones, un autor que ilumina cualquier presente político de nuestras sociedades. Por eso no es casual que Maquiavelo no deje de estudiarse, que Weber siga siendo el autor más leído de las ciencias sociales y que, muchos años después de sus primeras ediciones en español, Gramsci se lea y se reedite. Quienes hemos tenido la fortuna de gozar de una vida intelectual ya relativamente larga, podemos recuperar nuestra juventud prologando ahora, vísperas de la vejez, este libro que acompañó nuestra época y nuestras experiencias de formación y que posiblemente entonces leímos sin una adecuada perspectiva. Y esto literalmente. Baste recordar que en 1979 toda la política española estaba influida por la cuestión del eurocomunismo, un contexto mimético en España del poderoso proceso de pensamiento italiano y ambos igual de frustrados y frustrantes. En realidad, ese era precisamente el último de los epígrafes de la introducción de Mouffe: «Gramsci and eurocommunism».

En aquellos años todo parecía precipitado y la recepción de Gramsci no fue una excepción. Pero para los españoles de mi generación, que abríamos los ojos intelectuales en 1977, el efecto de cercanía tenía que ver con textos como el siguiente, que abre este libro y que marca el tono y el sentido del mismo, al menos en mi caso. Al invocar los *Ricordi politici e civili* de Guicciardini, Gramsci quería alejarse de las autobiografías en sentido estricto y analizar las experiencias civiles, en el sentido ético político, relacionadas con su vida. Esto pretendían ser los *Cuadernos de la cárcel*, de los que *Pasado y Presente* era el último volumen de la edición temática que hizo Felice Platone para Einaudi en 1951, diferente de la cronológica que después publicaría Valentino Gerratana. Para llevar adelante esta empresa Gramsci debía identificar aquellos elementos vitales que tuvieran un valor universal o nacional. Los jóvenes que habíamos crecido en el paisaje sentimental de Machado y Camus nos sentíamos muy cercanos al centro mismo de esa experiencia y al sentido de ese valor político. También nosotros estábamos concernidos, como él, por «procesos vitales que se caracterizaban por la permanente tentativa de superar un modo de vivir y de pensar atrasado, como aquel que caracterizaba a un sardo de comienzos de siglo, para apropiarse de un modo de vivir y de pensar que no sea regional y de aldea, sino nacional, y tanto más nacional (incluso nacional justamente por eso) en cuanto trataba de insertarse en los modos de vida y pensar europeos». Quitemos algunas palabras allí donde leemos «sardo de comienzos de siglo», y pongamos «andaluz del franquismo tardío» y comprenderemos la fuerza del impacto que tuvo entre nosotros este texto.

Sin embargo, es completamente cierto que el uso que hizo el eurocomunismo español de Gramsci resultó espurio. Fue la coartada para abandonar el estalinismo sin tener que decir una palabra de autocrítica y así, de matute, aceptar la democracia como si los comunistas siempre hubiesen sido demócratas, sin un debate teórico apropiado, sin incorporación de los elementos centrales de esa tradición. Esa fue una de las debilidades del primer momento gramsciano español y significaba que para entender a Gramsci necesitamos regresar a algunas estaciones históricas más atrás, hacia la Reforma y la Ilustración, por lo menos. En todo caso, con la ruina del PCE, se demostró que las discusiones intelectuales miméticas, oportunistas e instrumentales acaban en desastres políticos. Que la primera antología de Gramsci tuviera que editarla Sacristán en 1974, fecha de su primera edición, ya muestra hasta qué punto todo se movía en un profundo malentendido. El inspirador teórico de la línea oficial del PCE de aquel momento, el padre del eurocomunismo europeo, tenía que ser analizado, editado y pensado por el que acabaría siendo un paria del partido. Por supuesto, la importante discusión que por aquel entonces se iniciaba en otros foros, y que en 1985 habría de llevar a *Hegemonía y estrategia socialista*, no tuvo entonces repercusión alguna entre nosotros. El debate prácticamente se realizó en el mundo anglosajón, que también deseaba sacudirse el yugo de Althusser, yugo que por aquel entonces se anudaba con fuerza al cuello de algunos intelectuales españoles. Sin embargo ahora, con cierta retrospectiva, podemos ver el libro de Mouffe y Laclau como una obra importante, que marca con fuerza el contenido intelectual de una época. Comparada con ella, la aproximación de Sacristán no puede sino parecernos anecdótica.

La segunda oportunidad para pensar a Gramsci desde la circunstancia española la trajo el movimiento del 15M y la posterior inspiración que los principales líderes de Podemos obtuvieron de la lectura gramsciana. Esa lectura aparecía en algunos casos mediada por la sombra de Maquiavelo y por los intentos de Tronti de pensar el capitalismo posfordista; en otros venía propiciada por la posición teórica acerca de la política agonística y de la hegemonía que Chantal Mouffe y Ernesto Laclau habían mantenido en su propio itinerario intelectual. Buena parte de la aventura política de Podemos está condicionada por estas dos tradiciones suficientemente lejanas entre sí. Sin embargo, quizá eso no sea lo más relevante. En realidad, ninguna de esas dos posiciones se recreó de forma intensa y original, vale decir práctica, efectiva, política. Y ese es el problema que desearía abordar en esta presentación. Su espíritu es interno a este libro, pues como dice en él Gramsci: «Las ideas son grandes en tanto sean realizables, en tanto tornen clara una relación real que es inmanente a la situación». Pero tornarla clara para Gramsci es solo concretar «el proceso de actos a través de los cuales una voluntad colectiva organizada esclarece esa relación (la crea) o, esclarecida, la destruye sustituyéndola». En este sentido, el pensamiento de Gramsci tampoco en esta ocasión ha dado todavía ese fruto en el que una idea instituye al mismo tiempo el proceso de su realización, fruto en el que se verifica la unidad de teoría y práctica. Es aquí donde conviene releer el pasaje, que el lector encontrará en este libro, de combinar el pesimismo de la inteligencia y el optimismo de la voluntad.

Las preguntas

En todo caso, se trata de una cuestión abierta y, por supuesto, de un debate sin cierre, sustancial, carente de todo sentido de oportunismo, que no puede liquidarse precipitadamente. La segunda oportunidad de Gramsci en España todavía no está cerrada. Si la metáfora fundacional de *Hegemonía y estrategia socialista* era la específicamente cartesiana, ahora, en esta segunda oportunidad gramsciana, el pensamiento del italiano ha llegado a un sitio donde se puede analizar de forma creativa en cierta comunidad, tras una larga travesía de soledades teóricas. En efecto, en el libro que firmaron juntos Mouffe y Laclau aceptaban que en el ámbito teórico la autoafirmación cartesiana era el modelo. Si un viajero se pierde en el bosque (y perdido en el bosque se veía el intelectual que pretendiera seguir apegado al marxismo en 1978, como perdidos en el bosque estamos desde la crisis del 15M), entonces debe emprender siempre un camino en línea recta, sin titubear, sin marcha atrás, porque el bosque no es eterno. En algún momento podrá llegar a un sitio donde se pueda realizar la vida en común en mejores condiciones que en medio de la maleza. Y es verdad. Los intelectuales inspirados por Gramsci, Mouffe y Laclau, llegaron a ese lugar en que poder vivir en comunidad, primero en la marea rosada latinoamericana, y luego en lo que podemos llamar la marea nacional-populista europea. Y eso le ha concedido otra oportunidad a un hombre para todas las estaciones, Antonio Gramsci.

Podemos preguntarnos, sin embargo, si las aspiraciones de Chantal Mouffe al poner de nuevo a Gramsci en circulación en 1979 preveían este desenlace populista. Esta pregunta puede realizarse de otro modo todavía más interesante. Cabe preguntarse si *Hegemonía y estrategia socialista*, libro claramente inspirado en el *reading* de Mouffe sobre Gramsci, fue escrito en el horizonte populista y si en alguna medida se puede decir que aquel libro preparara el volumen bastante más tardío de *La razón populista*. Estas preguntas son importantes porque tienen que ver con la cuestión de si la previsión de un Gramsci populista era originaria, y la de si la evolución teórica de Mouffe y de Laclau puede considerarse convergente. En suma, podemos preguntarnos si una pensadora profundamente conocedora de Gramsci como Mouffe podía entrar sin resistencias en una operación teórica destinada a identificar la forma de la política como populismo.

La serie de preguntas que acabo de realizar tiene una finalidad muy concreta que no se limita a la de contribuir a clarificar la historia de una recepción. En efecto, se trata de dilucidar esto: ¿un Gramsci populista o un Gramsci republicano? Cuando en 1979 Mouffe hizo su aproximación al autor italiano, y cuando se coescribió *Hegemonía y estrategia socialista*, sin duda se quería extraer de Gramsci las enseñanzas adecuadas para construir una teoría democrática radical. En mi concepto, esa teoría era profundamente republicana. Por lo tanto, la deriva posterior hacia el populismo, que le ha dado celebridad mundial, fue algo no suficientemente explicado en la trayectoria de Laclau. Por supuesto, identifico más coherencia en la posición de Mouffe, que se ha mantenido cerca de la democracia radical en todas sus etapas.

De nuevo, estas preguntas no son eruditas. Se trata, por el contrario, de preguntarnos si la nueva oportunidad histórica de Gramsci en España, propiciada por la emergencia de Podemos, no ha padecido el lastre de una indefinición. Y esa indefinición sería la de asumir dos lecturas de Gramsci no convenientemente matizadas. Por una parte, una lectura de Gramsci desde un esquema que no supera el viejo marco eurocomunista y que por eso suena tan repetida en la política española. Por otra parte, se ha propiciado un Gramsci populista. Por mi parte, me temo que el Gramsci que debe tener su oportunidad histórica es aquel que sea capaz de conectar con las inquietudes originarias de Chantal Mouffe en 1979, un Gramsci que se desdibujó en *Hegemonía y estrategia socialista* y que espera una clarificación teórica para poder iluminar las tareas políticas del presente y del futuro. Un Gramsci republicano.

En realidad, lo que venimos haciendo hasta ahora es un ejercicio interno al pensamiento de Gramsci: se trata de ver la manera en que el pasado determina el presente. La lógica de la acción política es histórica, no económica. En realidad, la lógica de la acción intelectual, también. Esta es la tesis básica de Gramsci, que se abrió paso teniendo que desmarcarse de una comprensión idealista de la historia y de la razón, tal y como la representaba Croce. A esa concepción no idealista de la historia Gramsci la llamó historia integral. Al menos deberíamos estar en condiciones de ofrecer por nuestra parte un Gramsci integral. Y a eso puede contribuir la edición de este libro.

Esa integralidad tiene que ver con su republicanismo. Mi tesis aquí es que ofrecer una visión integral de Gramsci solo es posible si comprendemos de modo suficientemente profundo y creativo su teoría de la hegemonía. Y esto nos lleva a comprender que para este asunto no caben recodos ni prisas. No podemos apropiarnos de un Gramsci que esté listo para animar procesos electorales. Si la hegemonía, como sabe cualquiera, implica disponer de un nuevo principio civilizatorio, eso no se hace en una sentada. La mayor diferencia entre Marx y Gramsci reside en que este supo ver la solidez del proceso histórico y la densidad del tiempo, mientras que aquel estaba más inclinado a la aceleración de la escatología. Esta casi siempre es instantánea, algo que Marx no supo exorcizar ni siquiera con esa instancia mediadora que era la dictadura del proletariado. Gramsci, al conocer que los principios civilizatorios se conforman en el largo plazo, no pudo pensar que la hegemonía era algo parecido a una batalla escatológica. Eso es lo que hay en el trasfondo de la discusión entre guerra de movimientos y guerra de posiciones; a saber: un sentido diferente del ritmo de la historia. Y este libro incluye reflexiones sobre el particular muy interesantes y poco tenidas en cuenta.

Cuando miramos las propuestas de Gramsci con este ánimo, nos ahorramos toda retórica dudosa. De nada tienen más necesidad las fuerzas progresistas que de entender sus batallas en el largo plazo, para dotarlas de la verdadera dimensión histórica. Esa es la base de la forja de un nuevo carácter político español. Abandonar las prisas, las instrumentalizaciones, los oportunismos, todo eso que nos convierte en pobres diablos intelectuales. Esas prácticas, que son catastróficas, fomentan nuestro estilo político agitado, apocalíptico, y nuestra decepción alcanza a veces la dimensión de lo abisal. Con este espíritu es muy difícil encarar las tareas que exige una hegemonía en sentido gramsciano auténtico, porque este incluía una voluntad rocosa y una inteligencia que no se engaña. Lo peor que se puede hacer en este asunto es confundir la hegemonía con la conquista electoral de una mayoría absoluta. Son dos cosas que conviene separar y tenemos derecho a preguntarnos si se han separado de forma debida. Si no estamos en condiciones de templar el ánimo lo suficiente como para saber que el tiempo de forjar una hegemonía no es el de la dinámica electoral, entonces no merecemos invocar el nombre de Gramsci. El primer proceso es lento y complejo. El segundo es importante, pero superficial. Pero si no recordamos la tesis general de Gramsci, según la cual una hegemonía siempre describe una política de alianzas y supone la pluralidad, entonces no estaremos en condiciones de comprender el tipo de líderes políticos y de virtudes políticas que necesitamos para ese fin, ni la forma de encarar los procesos electorales.

Hegemonía

¿De qué hablamos cuando hablamos de hegemonía? Desde luego de lo que Mouffe llamó la doble inversión de la tradición marxista. La primera afirma la supremacía de las superestructuras ideológicas sobre la estructura económica. Esta premisa hoy se presenta bajo la supremacía de la forma de pensamiento económico neoliberal sobre la propia estructura económica capitalista, que es mucho más compleja que ese pensamiento y sin embargo acaba ocultada por él. La segunda premisa propone la primacía de la sociedad civil sobre la sociedad política, o, lo que es lo mismo, la primacía del consenso o de las redes de entendimiento sobre la coacción y la dominación. La hegemonía afirma las dos cosas a la vez. Sin embargo, debemos extraer las consecuencias de este planteamiento. Hasta ahora, Gramsci ha sido usado para escapar al determinismo económico marxista, mediante la primera inversión, y para escapar al autoritarismo de Lenin, en la segunda inversión. Todos los argumentos de *Hegemonía y estrategia socialista* caminaron en esta dirección. Pero negar el determinismo de la economía no es todavía pensar la manera en que la economía entra en el nuevo principio hegemónico. Y sin pensar esto, es muy difícil imaginar el consenso capaz de superar a la coacción y dejar atrás la forma autoritaria de la política. En suma, Gramsci fue usado desde el principio para autonomizar la política de la economía. Pero esto, con demasiada frecuencia, luego ha venido a significar no pensar la economía desde la política o, incluso algo peor, pensar la política contra la economía. Y una cosa, la autonomía de la política, no implica la otra, no pensar la economía o pensar contra ella. Aquí las claridades teóricas del libro de Mouffe, *Gramsci and Marxist Theory*, se redujeron en la evolución que lleva a *La razón populista*. Y mi tesis es que un Gramsci republicano debe pensar la economía. Un Gramsci populista, no.

Pero sin pensar la economía desde la política no podemos configurar un concepto adecuado de hegemonía. Hegemonía es un dispositivo ético-político, pero «también tiene que ser económica, pues ha de tener sus bases en la función decisiva ejercida por el grupo dirigente en el decisivo corazón de la actividad económica» [Q13, §18]. Sin analizar este texto hasta sus últimas consecuencias no podemos avanzar. Pues si hegemonía implica poner en marcha un nuevo principio civilizatorio, no podemos en modo alguno imaginar qué puede significar este nuevo principio si no damos respuesta a las demandas económicas de la vida social. Por supuesto que este nuevo principio no estará determinado en última instancia por el sistema económico. Pero apenas podemos imaginar una sociedad civil (la instancia de la producción de consenso) sin claridad de miras en las realidades económicas. En suma, sin integrar una interpretación del aparato productivo no habrá propuesta de futuro. La economía no es razón suficiente de la política. Pero es una condición necesaria. No la determina en última instancia, pero entre no determinarla al modo clásico y dejarla completamente libre hay una importante brecha. Eso que se llama ideología, y que integra un nuevo principio civilizatorio, mantiene su primacía sobre la economía, pero tiene que interpretarla. No puede dejarla al margen. Vemos ahora que construir hegemonía no es semejante a ganar una elección por mayoría absoluta, pero tampoco se parece a una operación teórica que un pensador forja en el gabinete de estudio. Interpretar el aparato productivo no es cosa de una autoridad intelectual que dicte sus genialidades, sino obra de formas de vida sociales, de prácticas creativas, de uso orientado de las instituciones, de creatividad en la solución de necesidades y de imponer una dirección a la vida del Estado. Sobre esa capacidad de creación de formas de vida reposa la dimensión central de la sociedad civil, pero también las prácticas democráticas de un Estado.

La batalla por la hegemonía no es la batalla por un poder estatal cuyo objeto es el control del proceso completo de reproducción social. Es la batalla por un principio civilizatorio nuevo, que en modo alguno puede eliminar la dimensión productora de hegemonía que posee la sociedad civil. En realidad, esta problemática es mucho más compleja y tiene que ver con la cuestión, que no conviene olvidar, de hasta qué punto la revolución pasiva de la sociedad burguesa, desde 1848 por lo menos, ha generado una sociedad civil que es la verdadera fuente de la hegemonía. Pero al margen de la genealogía de la sociedad civil en la revolución pasiva (problema que no será posible dilucidar al margen del libro de Jan Rehmann *Max Weber: Modernisation as Passive Revolution*, editado por Brill en 2013), de lo que no cabe duda es de que, para Gramsci, desde la sociedad civil ha de emerger la hegemonía, pues solo en ella se gana la guerra de posiciones. Pero, por eso mismo, ninguna hegemonía puede exhaustar la sociedad civil. El aspecto de lucha que encierra toda hegemonía le viene de su parcialidad, de su capacidad de expresar los puntos de vista de una parte. Como dice en una entrada fundamental de este libro, que se titula precisamente de este modo, en los *Cuadernos de la cárcel* se entiende la sociedad civil «en el sentido de hegemonía política y cultural de un grupo social sobre la entera sociedad, como contenido ético del Estado». Con claridad dijo que este era el sentido de sociedad civil en Hegel y lo contraponía al sentido que la Iglesia católica da a este concepto como algo secundario y artificial frente a las sociedades naturales de la familia, el municipio y demás. Esto significa que la clave del asunto reside en que la sociedad civil es la arena de la lucha por ofrecer un contenido ético al Estado, y esto quiere decir que es el terreno en el que tienen lugar las luchas por las interpretaciones, las contrastaciones, las innovaciones que han de pasar al contenido ético del Estado.

En su complejidad, esta tesis supone, primero, la relativa autonomía de la sociedad civil, por mucho que haya sido fortalecida desde el Estado mediante la racionalización y la socialización propia de la revolución pasiva; segundo, las posibles interpretaciones diferentes del aparato productivo y del dispositivo económico, con arreglo a determinados momentos y tradiciones culturales, pues el aparato productivo no ofrece una interpretación cerrada de sí mismo; y, tercero, la definición del contenido ético del Estado, esto es, la asunción por parte del poder ético-político de la interpretación cultural y ético-social de la economía, que eleva lo que se entiende como necesidades a la esfera de lo que el Estado debe atender, es decir, a la esfera de la libertad. Y por eso la interpretación del sistema productivo que encierra la hegemonía debe incorporar una versión del interés general común de una sociedad. Mouffe supo ver que esta era una comprensión republicana de las cosas presente en el joven Marx, pero posteriormente abandonada por él. Incluso podríamos decir que no en todas partes este interés general está vinculado a la clase fundamental en Gramsci. Otras veces él usa la expresión del grupo social dirigente. Puesto que el núcleo de la hegemonía es la novedad de un principio civilizatorio, ese grupo social dirigente puede ser el de aquellos que sin desplegar una nueva interpretación del sistema productivo se ven condenados a la vida precaria y sin futuro.

De este modo tenemos la estructura de la hegemonía que, por eso, implica a la economía, interpretada a la luz de tradiciones culturales de índole nacional, capaces de generar un contenido ético-político con el que transformar el Estado de elemento puramente coactivo de dominación en punto de máxima expresión de una voluntad popular dirigente. Hemos de poner el énfasis en el hecho de que el aparato productivo, el tejido económico, las prácticas de la infraestructura, no se pueden interpretar sin la comprensión de la historia. En todo caso, esa interpretación apenas puede abordarse desde el esquema de la relación de causa y efecto entre estructura y superestructura. Es por eso que solo la hegemonía entendida en su plenitud puede fundar un Estado integral, y es por eso que los elementos que se ponen en juego aquí solo pueden identificarse mediante la historia integral. La hegemonía, de este modo, solo puede ser objeto de análisis de una ciencia combinada de la historia y de la política. Por eso no puede haber política sin medir las distancias entre el pasado y el presente. Y eso es lo que de verdad se puede estudiar en las diferentes entradas de este libro, que constituyen elementos importantes para una teoría de la historia. Por eso Felice Platone acertó al rotular este libro con el problema de la relación entre pasado y presente.

Es en este sentido, para propiciar una interpretación del sistema productivo como elemento de la nueva hegemonía, que Gramsci consideró siempre a la clase obrera como parte de la nación y por eso la implicó en la formación de ese grupo dirigente, aunque no estoy muy seguro de que meramente como clase obrera, cuya identidad ya se dé por supuesta desde el propio aparato productivo. Pero, en todo caso, el grupo dirigente no viene determinado por su lugar en la producción material de bienes. Para interpretar la economía se requiere activar un pasado cultural en cierto sentido fundamental. Sin duda, esto tiene mucho que ver con lo que otros pensadores del mismo tiempo, implicados en la lucha por preservar la democracia en su hora más tenebrosa, llamaron el estilo de la economía, por contraposición al sistema económico. En este punto, Gramsci no negó la relevancia de la ciencia de la economía y se opuso con fuerza, en su polémica con Ugo Spirito, a ese tipo de filosofía que absolutiza la mera interpretación y que quiere por ello hacer una economía a su medida. Hay que leer con atención las páginas que este libro dedica a esta ilusión del fascismo y su pretensión bizarra de negar la autonomía científica que pueda albergar la economía, con esa absurda pretensión de la omnipotencia política por dictar sus leyes a todos los ámbitos de la vida social. Sin ese contenido objetivo del proceso productivo y de su sistema productivo, alcanzable por la ciencia pero nunca determinable enteramente por ella, no hay interpretación posible, sino ilusión. Con una sorna que a veces recuerda el estilo sarcástico del Marx de *La ideología alemana*, Gramsci despreció estas aspiraciones de Spirito como propias de payasos.

Frente a ellas, una clave del pensamiento de Gramsci reside en identificar que, a pesar de su base científica, el sistema económico no puede cerrar una interpretación de sí mismo. Esa interpretación ya no puede ofrecerla la propia ciencia. En realidad, lo que se infiere de la tesis de Gramsci es que, en las prácticas nacionales y tradicionales, las mentalidades y las dimensiones de la cultura, hay ya depositada una preinterpretación del sentido de la economía, encarnada en un estilo económico, y que de ahí se pueden extraer esquemas latentes de interpretación del presente. Esto se parece mucho a la infrahistoria de Unamuno, a aquella mentalidad económico-religiosa popular, que alberga en su seno el sentido de la disposición de bienes que constituye la dignidad humana, el elemento ético de la justicia y el montante de las necesidades sin cuya cobertura no puede haber humanidad que tenga ese nombre. Esta mentalidad, este estilo, esta experiencia siempre latente, quizá nunca explícita del todo, se cruza siempre en la historia con las nuevas realidades que aporta la evolución del sistema productivo, generando lo que podemos llamar la economía popular. Esta siempre está potencialmente dirigida a la democratización de los bienes económicos, porque impone su propia acumulación popular, generacional, vital, anclada en la transferencia de funciones ordenadas del cuerpo y de la psique, su sentido de las necesidades y sus formas de atención. Y no es un azar que el neoliberalismo haga de su bandera acabar con estas formas populares de economía e introducir como una enseñanza más la forma específicamente afín a él de una economía financiera basada en la especulación de la bolsa y en las formas de capitalización sostenidas por la deuda y con ella acabar con todos los hábitos económicos enraizados en las formas de vida tradicionales. De los textos de Gramsci se extrae la consecuencia de que, sin hacer pie en esas prácticas y tradiciones culturales, no se logra dotar a todo este tejido económico de la percepción de un genuino contenido universal y, por eso, no se llega a una expresión ético-política capaz de imponerse como universal; esto es, como derecho desde la dimensión del Estado.

La teoría de Gramsci, como ciencia de la historia y de la política, es algo más que una ciencia parcial. La economía sigue siendo parte de la ciencia de la historia y no puede separarse de las intervenciones ético-políticas del Estado. Esto es: la economía nunca vive fuera de la hegemonía. Este enunciado sigue siendo válido hoy, por mucho que el neoliberalismo se empeñe en producir la apariencia de que cierto aparato productivo, eso que ellos llaman la industria financiera, se pretenda separado del Estado y esté en condiciones de disponer de criptomonedas que no coinciden con ninguna divisa soberana. Eso no es sino una falsa impresión ideológica. Las observaciones de Gramsci sobre la convergente formación del Estado italiano y la actuación industrial de Giolitti en Turín son de una agudeza sorprendente, sobre todo cuando se llega a comprender hasta qué punto estas observaciones disminuyen la relevancia de Croce en el horizonte del pensamiento de Gramsci. Por supuesto, Giolitti no es importante por su capacidad teórica o por su ciencia económica, sino por la manera en que interpretó el aparato productivo italiano, lo conectó con una cultura local y de esa forma elevó sus exigencias al ámbito ético-político del Estado.

Sin embargo, el hecho mismo de que esa historia económica no pueda desprenderse de sus alvéolos culturales y religiosos –algo que en cierto modo también pensaron los ordoliberales– nos muestra que la ciencia que está buscando Gramsci es lo que llamamos historia integral, sin la que no cabe pensar el esquema mismo de la hegemonía. Por supuesto que hoy no podemos sentirnos satisfechos con la manera en que Gramsci pensó esa historia integral, pues apenas podemos imaginar la historia económica sin la historia de la tierra, sin mostrar cómo ese estilo económico tiene que ver con el tratamiento del medio, del paisaje, de las relaciones entre campo y ciudad y tantas cosas más que solo con el Antropoceno entran en el horizonte de estudio; y apenas podemos pensar la historia de la cultura sin la historia de la formación del aparato psíquico y del estilo psíquico, de aquello que Ortega llamó «técnicas del alma», algo a lo que solo podemos llegar con categorías freudianas. Otras ciencias, por tanto, y otra forma de entender sus relaciones, pero no otro *sistema de ciencia*, siempre convergente en la historia integral.

Aquí, en esta capacidad de integrar elementos nuevos, la lección de Gramsci es memorable. Desde la cárcel, con un régimen estricto de censura y de control de materiales intelectuales a su disposición, no solo se hizo con todo el presente político europeo, sino que estuvo en condiciones de comprender la relevancia de Freud y de Weber, algo que para mí tiene el significado ingente de identificar a los gigantes intelectuales de su tiempo sin anteojeras, a las inteligencias con las que medirse. «El entusiasmo no es más que exterior adoración de fetiches», dice en una nota que incide en la distinción entre optimismo y pesimismo y la necesidad de no confundir optimismo y entusiasmo. Fundamentar este punto nos hace pasar por Freud, de quien Gramsci ofrece alguna observación penetrante. Por supuesto, no solo supo usar categorías freudianas para el análisis político, sino que recordó el escrito fundamental de Weber, *Parlamento y Gobierno*, como un estudio paralelo al propio, que podía ser muy instructivo a la hora de estudiar una realidad social más compleja, como la de Alemania. Lo leyó en la traducción italiana de Enrico Ruta, a la que calificó como «muy imperfecta e imprecisa».

Pero, para los filósofos, Gramsci encierra todavía una lección más decisiva que tiene que ver con el perfil último de la cuestión de la hegemonía. Lo que estaba en juego con el principio civilizatorio que alberga una nueva hegemonía es una «cierta definición de realidad», por recordar una brillante formulación de Mouffe, «de la cual la filosofía constituye el más alto nivel de elaboración». La lucha por la hegemonía es una lucha por la definición de realidad y eso es lo propio de la filosofía. Ahora bien, esta lucha por la realidad no es un movimiento especulativo, ni un asunto hermenéutico, ni se basa en los análisis de textos. Las observaciones de estas notas sobre la mera cultura libresca son así pertinentes. La realidad no se define mediante esos análisis que solo comentan los textos de la gente que habla sobre el ser. Se define mediante la solidez de prácticas sociales, de formas de vida, de operaciones técnicas, de implícitos del mundo de la vida atravesada por sus pragmas, pues no hay realidad si no implica relaciones humanas. Pues incluso la relación inexpresable con el principio de realidad, aquello que Freud llamaba sentimiento oceánico y que es el fundamento de una forma de comprender la mística y la religión, solo es posible como parte de la forma de vida y solo tiene sentido dentro de las prácticas sociales. En todo caso, la tesis de Gramsci es que la historia de la filosofía llega a ser tal por el vínculo de filosofía y política; esto es, por la comprensión de lo real que encierran las formas de construcción de hegemonía. El que esas formas no puedan ser unificadas, ni ultimadas, ni totalizadas jamás, ese es el verdadero sentido de que el ser se dice de muchas maneras. Por eso, una comprensión apolítica de la realidad está condenada literalmente a una vaga metafísica, pero también a una política vacía. Pretender separar la ontología de la política es un mal negocio filosófico.

Invitación

Por supuesto, no podemos trazar aquí sino unas breves ideas que inviten a leer este libro. Y ese es el destino de una introducción, convertirse en una invitación. El motivo no puede ser otro que extraer de él materiales para una genuina política republicana capaz de estar a la altura de los tiempos y de ofrecer un programa democrático emancipador. Que eso pueda presentarse como una teoría de la hegemonía es una cuestión abierta, pero no por las objeciones que puedan surgir procedentes de la tesis de haber entrado en una época decididamente poshegemónica. Esta afirmación, cuando vivimos bajo el dominio de la sociedad neoliberal, cuyo ignoto proceso de evolución ahora tememos con certeza, esa reserva, digo, se convierte hoy en una ceguera voluntaria. La cuestión de la hegemonía del futuro es una cuestión abierta porque no disponemos de los materiales necesarios para trazar ese camino desde un aparato productivo, fuente de necesidad, hasta una nueva interpretación del mismo como fuente de una libertad. Al menos no disponemos de una visión diferente de libertad que aquella que nos ofrece el deseo canalizado por el mercado y la industria financiera. En suma, la manera en que pensemos la hegemonía apropiada para el republicanismo del presente no está definida. Sin embargo, no cabe duda de que solo pensando existencialmente estos textos estaremos en condiciones de acercarnos a una oferta ético-política capaz de dotar al Estado de una dimensión de eticidad apropiada, esto es, de un valor común aceptado de lo justo.

En este sentido, vemos aquí una tarea intelectual de primer orden que solo se alcanza y llega a interpelarnos cuando comprendemos la crítica de Gramsci a Croce que se nos ofrece en estas páginas. Croce se vio como el mediador entre dos extremismos, pero Gramsci le echó en cara que, de ese modo, «colaboraba con el actor del drama histórico que tiene menos escrúpulos y menos sentido de la responsabilidad». Fue entonces cuando Gramsci se hizo la pregunta que nos interpela de forma directa; «¿No hubiera sido más honesto intelectualmente aparecer en la escena en el verdadero papel de aliado *con reservas* de una de las partes, que querer aparecer en cambio como superior a las miserias personales de las mismas partes y como encarnación de la historia?». Esa pregunta concierne de forma directa a la experiencia y al avatar político de una generación que cooperó en el fortalecimiento de la democracia española desde una posición ilustrada considerada que entendía la necesidad de los pequeños pasos; y lo hizo desde una buena fe que resultó traicionada por una corporación de pequeños diablos políticos oportunistas que no merecen que la inteligencia gaste un minuto en mediar con ellos ni en reconocer su posición, completamente ilegítima. El intelectual, en esta posición, no debe aparecer como encarnación del espíritu objetivo de la historia que resuelve contradicciones y oposiciones por encima de las partes, sino que ha de estar de parte de la decencia y de los agraviados.

Por supuesto, siempre se corren riesgos cuando se concretan esas «reservas» de la alianza. En este sentido, Gramsci llama a una tarea que no puede eliminar el espíritu alerta de la objetividad, algo que en este texto se vincula a la dimensión moderna de fortalecer el nivel cultural, defender la condición crítica y agudizar el sentido de las diferencias. Para aproximarse a estos logros, este libro es muy eficaz porque busca en cada línea el detalle político. Engarzadas en textos a menudo difíciles, pero siempre importantes, se encuentran joyas del más auténtico pensamiento político, y por eso este libro merecería un comentario amplio, pormenorizado y contextualizado. Todo con la idea de no hacer de Gramsci un autor perfecto, acabado, del que apropiarse al modo académico, sino un pensador que, situado en una época tan laberíntica como la nuestra, nos interpela existencialmente a cada paso. En algunos casos, sus problemas nos son increíblemente cercanos, como cuando echa de menos, como nosotros hacemos, una genuina historia política española, lo que no puede sino producir un «escaso espíritu nacional y estatal en sentido moderno». La consecuencia de esta ausencia, sin la que ningún elemento de la hegemonía es viable, y desde la que el mayor desconcierto ha de reinar en el campo político, fue descrita por Gramsci de un modo que no puede sino sorprendernos por su actualidad: «Las tendencias políticas más opuestas no podían tener un mínimo común de objetividad: la historia era propaganda política, tendía a crear la unidad nacional, esto es, la nación, en lo externo, contra las tradiciones, basándose en la literatura; era un querer ser, no un deber ser».

Por eso este libro reclama un programa capaz de ofrecer los elementos de una hegemonía emancipadora. Y no solo desde el punto de vista de un compromiso de los intelectuales. Reclama también la forja de virtudes políticas centrales, sin las cuales nadie puede devenir actor con sentido histórico. Véase esta sentencia, capaz de iluminar nuestro presente con fuerza: «El subversivismo popular es correlativo con el subversivismo de arriba; o sea, el no haber existido jamás un dominio de las leyes, sino solo una política de arbitrio y de conventículo personal o de grupo». ¿Nos suena de algo? Desde luego que precisamos completarla con otras sentencias que nos sugieren que la fortaleza de proyecto emancipador está relacionada con la fuerza de la conciencia de la función específica éticopolítica del Estado. Pero aquí no podemos ir más allá de especificar algunos destellos de esa condición siempre teórico-práctica de la mirada de Gramsci y elevar al lector la promesa de un trabajo intelectual fecundo.

Cuando identificamos el metabolismo intelectual de un hombre que debió contener las prisas, percibimos el presente como una realidad que se mueve más lentamente, pero que al mismo tiempo ofrece de nuevo oportunidades que creíamos dejar atrás. Por eso mismo, nos acostumbra a juzgar los procesos históricos en su arco más amplio. Uno de estos textos describe una amenaza presente con una agudeza de la que ningún observador vivo podría presumir: «Se puede decir que, a medida que languidece la tendencia a pedir una constituyente democrática, una revisión del Estatuto en sentido radical, se refuerza la resistencia constitucionalista al cambio, que dando una interpretación restrictiva del Estatuto, amenaza con un golpe de Estado reaccionario». Aunque sugiero cambiar Estatuto por Constitución, no creo necesario proponer más sustituciones para que este pasaje sea lúcido como un aviso. Por lo demás, este pasaje acaba con este otro que quizá conviene a una historia cercana, quizá pasada, quizá todavía no: «Toda elección parecía ser para una constituyente, y al mismo tiempo parecía ser para un club de cazadores. Lo extraño es que todo aparentaba el máximo de democracia».

Sin embargo, el trabajo espera. Como he dicho, comenzamos a ver que la interpretación hegemónica que de la totalidad de la reproducción del mundo social ofrece el neoliberalismo no puede sino generar una aguda conciencia de la necesidad de un nuevo principio civilizatorio, capaz de interpretar de otro modo nuestro aparato productivo a la luz de nuestra historia. En esa tarea no podemos dejarnos cegar por la coyuntura ni podemos reducir la singularidad histórica a mera anécdota. Entramos en un tiempo largo, pero desde luego es un tiempo de *durata* neoliberal. Su principio no es universalizable ni puede reconciliarse con la esfera política y esta va a existir mientras existan seres humanos. Parte de ese trabajo pasa por llevar al capitalismo financiero, tal y como se ha interpretado en el presente, al reto de comprobar si es compatible o incompatible con la democracia. Pues lo que no permitirá el ser humano es un mundo donde el singular no sea libre y donde aumente no solo el dominio del humano por el humano hasta niveles propios del pasado, sino que se haga asfixiante el dominio de un dispositivo anónimo que reduzca la vida a precariedad, pobreza y barbarie. No hace falta leer a Agamben para identificar la nuda vida en el presente, pero sí hace falta leer a Gramsci para saber que eso no es un efecto de la naturaleza de las cosas. «Si, en efecto, las clases dominantes de una nación no han conseguido superar la fase económica-corporativa que las lleva a explotar a las masas populares hasta el extremo consentido por las condiciones de fuerza, o sea, a reducirlas solo a la vegetatividad biológica, es evidente que no se puede hablar de potencia del Estado, sino solo de un disfraz de potencia». Juzgue el lector, con esta y con muchas más sugerencias que encontrará en este libro, cuál es el Estado que lo acoge.

Mas Camarena, 6 de abril de 2018.

PASADO Y PRESENTE

Experiencias civiles y morales

Extraer de este título una serie de notas que sean del tipo de los *Ricordi politici e civili* de Guicciardini (respetando todas las proporciones). Los *Ricordi* son tales en cuanto reasumen no tanto los sucesos autobiográficos en sentido estricto (si bien estos no faltan), como las «experiencias» civiles (morales en sentido más bien ético-político), estrechamente vinculadas con la propia vida y con sus vicisitudes, consideradas con su valor universal o nacional. Por muchos motivos, una redacción así puede ser más útil que la autobiografía en sentido estricto, especialmente si se refiere a procesos vitales que se caractericen por la permanente tentativa de superar un modo de vivir y de pensar atrasado, como aquel que caracterizaba a un sardo de comienzos de siglo, para apropiarse de un modo de vivir y de pensar que no sea más regional y de «aldea», sino nacional, y tanto más nacional (incluso nacional justamente por eso) en cuanto trataba de insertarse en los modos de vivir y pensar europeos, o por lo menos el modo nacional se comparaba con los modos europeos, las necesidades culturales italianas se comparaban con las necesidades culturales y las corrientes europeas (del modo en que era posible y factible en las condiciones personales dadas, es cierto, pero por lo menos según exigencias y necesidades mucho más sentidas en tal sentido). Si es cierto que una de las necesidades más fuertes de la cultura italiana era la de desprovincializarse, en los centros urbanos más avanzados y modernos, tanto más evidente tendría que aparecer el proceso en cuanto fuera experimentado por un «triple o cuádruple provincial», como por cierto era un joven sardo de principios de siglo.

NOTA I. Los *Ricordi politici e civili* de Francisco Guicciardini son riquísimos en chispazos morales sarcásticos, pero apropiados. Ejemplo: «Rogad a Dios de encontraros siempre del lado de la victoria, porque os elogiarán incluso aquellas cosas en que no habéis tenido parte alguna; como, por el contrario, quien se encuentra del lado perdidoso es responsabilizado de innumerables cosas en las que no tiene parte alguna». Recordar una afirmación de Arturo Labriola sobre cuán moralmente revulsivo es sentir cómo recriminan a las masas los antiguos jefes que han cambiado de bandera, por hacer precisamente lo que esos jefes habían ordenado antes. Para los *Ricordi* de Guicciardini ver la edición de la sociedad editora Rinascimento del Libro, 1929, con prólogo de Pedro Pancrazi.

NOTA II. Para la compilación exacta de esta sección, para tener chispazos iniciales y para ayuda de la memoria será necesario examinar cuidadosamente algunas colecciones de revistas: por ejemplo de la *Italia che scrive* de Formiggini que en determinados tópicos da un cuadro del movimiento práctico de la vida intelectual: fundación de nuevas revistas, concursos, asociaciones culturales, etc. (sección de secciones); de *Civiltà Cattolica*, recoger ciertas actitudes y para las iniciativas y las afirmaciones de entidades religiosas (por ejemplo: en 1920, el episcopado lombardo se pronunció sobre las crisis económicas, afirmando que los capitalistas y no los obreros deben ser los primeros en sufrir las consecuencias). La *Civiltà Cattolica* publica cierto artículo sobre el marxismo muy interesante y sintomático.

Un pensamiento de Guicciardini

«Cuánto se engañan aquellos que a cada palabra apelan a los romanos. Sería necesario tener una ciudad condicionada como la de ellos; y después gobernarse según su ejemplo; lo cual, a quien tiene las cualidades desproporcionadas, es tan desproporcionado cuanto lo sería querer que un asno corriera como un caballo».[1]

---

1. De los *Ricordi*, ed. Rinascimento del Libro, pág. 47. Editado en castellano por Espasa Calpe Argentina, Colección Austral, pág. 105.

Crítica del pasado

Cómo (y por qué) el presente sea una *crítica* del pasado, además de su «superación». Pero ¿por eso debe rechazarse integralmente el pasado? Se debe rechazar lo que el presente ha criticado «intrínsicamente» y esa parte de nosotros mismos que le corresponde. Tal cosa, ¿qué significa? Que tenemos que tener conciencia exacta de esta crítica real y darle una expresión no sólo teórica, sino *política*. O sea que debemos adherirnos más al pasado que nosotros mismos contribuimos a crear, teniendo conciencia del pasado y de su continuación (y revivirlo).

Las grandes ideas

Las grandes ideas y las fórmulas vagas. Las ideas son grandes en tanto sean realizables, en tanto tornen clara una relación real que es inmanente a la situación y la torna clara, en tanto muestren concretamente el proceso de actos a través de los cuales una voluntad colectiva organizada esclarece esa relación (la crea), o esclarecida, la destruye sustituyéndola. Los grandes proyectistas verbalistas son tales precisamente porque de la «gran idea» lanzada no saben ver sus vínculos con la realidad concreta, no saben establecer el proceso real de ejecución. El estadista de clase intuye simultáneamente la idea y su proceso real de ejecución; compila el proyecto y simultáneamente el «reglamento» para la ejecución. El proyectista verbalista procede «probando y reprobando»; de su actividad se dice que «hacer y deshacer es un solo quehacer». ¿Qué quiere decir en «idea» que al proyecto debe conectarse un reglamento? Que el proyecto debe entenderse como todo elemento activo, de modo que se vea cuál debe ser el objetivo en su realización y actuación; que el mismo, sugiriendo un acto, hace prever las consecuencias positivas y negativas, de adhesión y de reacción, y contiene en sí las respuestas a estas adhesiones y reacciones, o sea que ofrece un terreno organizativo. Y este es uno de los aspectos de la unidad de la teoría y la práctica.

Corolario: ningún gran político puede dejar de ser también un gran administrador, todo gran estratega debe ser un gran táctico, todo gran doctrinario un gran organizador. Este también puede ser un criterio de valoración: se juzga al teórico, al hacedor de planes, por sus cualidades de administrador, y ser administrador significa prever los actos y las operaciones incluso «moleculares» (y las más complejas, por supuesto) necesarias para realizar el plan.

Naturalmente que también es justo lo contrario: de un hecho necesario se debe saber extraer el principio correspondiente. Críticamente este proceso es de suma importancia. Se juzga por lo que se hace y no por lo que se dice. Constituciones estatales > leyes > reglamentos: son los reglamentos y también su aplicación (hecha en virtud de circulares) los que indican la real estructura política y jurídica de un Estado.

¿Por qué los hombres son inquietos?

¿De dónde procede la inquietud? Porque la acción es «ciega», porque se hace por hacer. En tanto no es cierto que inquietos sean solo los «activos» ciegamente; sucede que la inquietud conduce a la inmovilidad: cuando los estímulos a la actividad son muchos y contrapuestos, la inquietud se convierte justamente en «inmovilidad». Se puede decir que la inquietud se debe a que no hay identidad entre teoría y práctica, lo que quiere decir que existe una hipocresía doble: se actúa mientras en el actuar hay una teoría o justificación implícita que no se quiere confesar, y «se confiesa», o sea, se afirma una teoría que no tiene correspondencia con la práctica. Este contraste entre lo que se hace y lo que se dice produce inquietud, o sea, descontento, insatisfacción. Pero existe una tercera hipocresía: a la inquietud se le busca una causa ficticia, que al no justificarse y no explicarse, no permite ver cuándo terminará la inquietud. Pero así planteada, la cosa resulta simplificada. En la realidad las cosas son más complejas. Mientras tanto es necesario tener en cuenta que en la realidad los hombres de acción no coinciden con los intelectuales y existen por otra parte las relaciones entre generaciones adultas y generaciones jóvenes.

Las responsabilidades mayores en esta situación son de los intelectuales, y de los intelectuales más maduros. En la lucha de los jóvenes contra los mayores, aun en sus formas caóticas, existe también el reflejo de este juicio de condena, que solo es injusto en la forma. En realidad los adultos «dirigen» la vida, pero fingen no dirigirla y dejar a los jóvenes la dirección, pero también la «ficción» tiene importancia en estas cosas. Los jóvenes ven que los resultados de sus acciones son contrarios a sus expectativas, creen «dirigir» (o fingen creerlo) y se tornan tanto más inquietos y descontentos. Lo que agrava la situación es que se trata de una crisis que impide que los elementos de resolución se desarrollen con la celeridad necesaria; el dominante no puede resolver la crisis, pero tiene el poder suficiente para impedir que otros la resuelvan, o sea: solo tiene el poder de prolongar la misma crisis. Cándido podría tal vez decir que eso es justamente necesario para que los elementos reales de la solución se preparen y se desarrollen, dado que la crisis es tan grave y requiere remedios tan excepcionales, que solo quien ha visto el infierno puede decidirse a emplearlos sin temblar y vacilar.

Del soñar con los ojos abiertos y del fantasear

Prueba de falta de carácter y de pasividad. Se imagina que un hecho ha sucedido y que el mecanismo de la necesidad ha sido subvertido. La propia iniciativa se ha tornado libre. Todo es fácil. Se puede lo que se quiere, y se quieren toda una serie de cosas que no existen en el presente. Es, en el fondo, el presente subvertido el que se proyecta en el futuro. Se desencadena todo lo reprimido. Es, en cambio, necesario atraer la atención hacia el presente tal como es, si se quiere transformarlo. Pesimismo de la inteligencia, optimismo de la voluntad.

La tendencia a disminuir al adversario

Es de por sí un documento de la inferioridad de quien la posee; se tiende en efecto a disminuir violentamente al adversario para poder creerse seguramente victorioso. En esta tendencia existe por eso ínsito oscuramente un juicio sobre la propia incapacidad y debilidad (que quiere aparentar coraje), y se podría incluso reconocer en ella un comienzo de autocrítica (que se avergüenza de sí misma, que tiene miedo de manifestarse explícitamente y con coherencia sistemática). Se cree en la «voluntad de creer» como condición de la victoria, lo que no sería equivocado si no se la concibiese mecánicamente y no se la transformase en autoengaño (cuando contiene una indebida confusión entre masa y jefes y rebaja la función de jefe al nivel más atrasado y groseramente gregario: en el momento de la acción el jefe puede infundir en la masa partidaria la persuasión de que el adversario será ciertamente vencido, pero él mismo debe tener un juicio exacto y calcular todas las posibilidades, incluso las más pesimistas). Un elemento de esta tendencia es de naturaleza opiácea: es, en efecto, propio de los débiles abandonarse a la fantasía, soñar con los ojos abiertos que los propios deseos son la realidad, que todo se desarrolla según los deseos. Por eso se ve, por una parte, la estupidez, la barbarie, la vileza, etc.; por la otra, las más altas dotes de carácter e inteligencia: la lucha no puede ser dudosa y ya parece tener en un puño a la victoria. Pero la lucha queda en sueños y vence en sueños. Otro aspecto de esta tendencia es el de ver las cosas como en un grabado, en los momentos culminantes de alto carácter épico. En la realidad, allí donde se comienza a actuar las dificultades aparecen graves desde un principio porque jamás se había pensado concretamente en ellas; y así como es necesario comenzar siempre por pequeñas cosas (por lo demás las grandes cosas son un conjunto de pequeñas cosas), la «pequeña cosa» es menospreciada; es mejor continuar soñando y remitir la acción al momento de la «cosa grande». La función de centinela es pesada, fastidiosa, fatigante; ¿para qué «derrochar» así la personalidad humana y no conservarla para la gran hora del heroísmo?, y así sucesivamente. No se piensa en que si el adversario te domina y tú lo disminuyes, reconoces estar dominado por uno que consideras inferior; pero entonces ¿cómo consiguió dominarte? ¿Cómo te venció siempre y fue superior a ti, aun en el momento decisivo en que debía dar la medida de tu superioridad y de su inferioridad? Ciertamente que estará de por medio la «cola del diablo». Pues bien, aprende a tener a la cola del diablo de tu parte.

Un chispazo literario: en el capítulo XIV de la segunda parte de *Don Quijote*, el caballero de los espejos sostiene que venció a don Quijote: «Y héchole confesar que es más hermosa mi Casildea que su Dulcinea; y en solo este vencimiento hago cuenta que he vencido todos los caballeros del mundo, porque el tal don Quijote que digo los ha vencido a todos; y habiéndole yo vencido a él, su gloria, su fama y su honra se ha transferido y pasado a mi persona,

> y tanto el vencedor es más honrado,
> cuanto más el vencido es reputado;

así que ya corren por mi cuenta y son mías las innumerables hazañas del ya referido don Quijote».[2]

Optimismo y pesimismo

Es de observar que, muy a menudo, el optimismo no es otra cosa que un modo de defender la propia pereza, las propias irresponsabilidades, la voluntad de no hacer nada. E incluso una forma de fatalismo y de mecanicismo. Se cuenta con factores extraños a la propia voluntad y operati-

---

2. Siempre que Gramsci cita a Cervantes lo hace en castellano *(N. del T.)*.

vidad, se los exalta, parece quemarse en el ardor de un sacro entusiasmo. Y el entusiasmo no es más que exterior adoración de fetiches. Reacción necesaria, que tiene que tener por punto de partida a la inteligencia. El único entusiasmo justificable es el que acompaña la voluntad inteligente, la actividad inteligente, la riqueza inventiva en iniciativas concretas que modifican la realidad existente.

Caracteres nacionales

Cuando se habla de «caracteres nacionales» es necesario determinar bien lo que se quiere decir. En tanto es necesario distinguir entre nacional y «folklórico». ¿A qué criterios recurrir para hacer tal distinción? Uno (y tal vez el más exacto) puede ser este: el folklórico se asemeja al «provincial» en todos los aspectos, sea en el del «particularismo», sea en el anacrónico, sea en el sentido preciso de una clase privada de caracteres universales (al menos europeos). Hay un folklorismo en la cultura al que no se suele prestar atención: es, por ejemplo, folklórico el lenguaje melodramático, así como lo es el complejo de sentimientos y de «poses» esnobistas inspirados en las novelas de folletín.

Por ejemplo, Carolina Invernizio, que ha transferido a Florencia un ambiente novelesco copiado mecánicamente de las novelas de folletín francesas que tienen por ambiente a París, creó determinadas tendencias de folklore. Lo que se dijo del vínculo Dumas-Nietzsche a propósito del origen popular del «superhombre»[3] da precisamente, luego, motivos de folklore. Si Garibaldi reviviese hoy, con sus extravagancias exteriores, etc., sería más folklórico que nacional: por eso hoy la figura de Garibaldi hace sonreír irónicamente, y esto es equivocado, porque en su tiempo, Garibaldi, en Italia, no era anacrónico ni provincial, porque toda Italia era anacrónica y provincial. Se puede, pues, decir que un carácter es «nacional» cuando es contemporáneo a un nivel mundial (o europeo) determinado de cultura y ha alcanzado (se entiende) este nivel.[4] En este sentido era nacional Cavour en su política liberal, De Sanctis en la crítica literaria (y también Carducci, pero menos que De Sanctis), Mazzini en

---

3. Cfr. el capítulo «Orígenes populares del "superhombre"», en Antonio Gramsci, *Lettera-tura e vita nazionale*, Einaudi, Turín, 1950, págs. 122-124. Edición en castellano: Lautaro, Buenos Aires, 1961, págs. 142-144.
4. Es interesante recordar que Engels sitúa a Garibaldi entre los grandes caracteres de ejemplaridad clásica que de tanto en tanto produce Italia. Ver el prólogo al tercer libro de *El Capital*; ver también F. Engels, *Temas militares*, Estudio, Buenos Aires, 1966 *(N. del T.)*.

la política democrática; tenían destacado carácter folklórico Garibaldi, Vittorio Emanuele II, los Borbones de Nápoles, la masa de los revolucionarios populares, etc. En la relación Nietzsche-superhombre, D'Annunzio tiene carácter folklórico destacado; así también Gualino en el campo económico-práctico (más todavía Luca Cortese, que es la caricatura de D'Annunzio y de Gualino); igualmente Scarfoglio, si bien menos que D'Annunzio, D'Annunzio aun menos que otros, por su cultura superior y no vinculada estrechamente con la mentalidad de novela de folletín. Muchos individualistas, anárquicos, populistas, parecen salidos de las novelas de folletín.

Este provincialismo folklórico tiene otros caracteres en Italia, y esto está ligado a lo que a los extranjeros aparece como histrionismo italiano, teatralidad italiana, algo filodramático, ese énfasis en el decir aun las cosas más sencillas, esa forma de chovinismo cultural que Pascarella describe en la *Scoperta dell'America*, la admiración por el lenguaje de libreto de ópera, etcétera.

Caracteres italianos

Algunos observan con complacencia, otros con desconfianza y pesimismo, que el pueblo italiano es «individualista»: unos dicen «desgraciadamente», otros «afortunadamente», etc. Este «individualismo», para ser evaluado exactamente, tendría que ser analizado porque existen diversas formas de «individualismo», más progresivas, menos progresivas, correspondientes a diversos tipos de civilización y de vida cultural. Individualismo atrasado correspondiente a una forma de «apoliticismo» que corresponde al antiguo «anacionalismo». Se decía antes: «Venga Francia, venga España, con tal que coma», así como hoy se es indiferente a la vida estatal, a la vida política de los partidos, etcétera.

Pero ¿este individualismo es tal? No participar activamente en la vida colectiva, esto es, en la vida estatal (y esto significa solamente no participar en dicha vida a través de la adhesión a los partidos políticos «regulares»), ¿significa no ser «partidario», no pertenecer a ningún grupo constituido? ¿Significa el «espléndido aislamiento» del individuo singular que solo cuenta consigo para crear su vida económica y cultural? ¡Ni pizca! Significa que, al partido político y al sindicato económico «modernos», tal como han sido elaborados por el desarrollo de las fuerzas productivas más progresivas, se «prefieren» formas organizativas de otro tipo, y precisamente del tipo de la «mala vida», como las pandillas, las camorras, las mafias, sean populares o sean ligadas a las clases altas. Todo nivel o tipo de civilización tiene su «individualismo», o sea que tiene una peculiar posición y actividad de individuo singular en sus cuadros generales. Este «individualismo» italiano (que además es más o menos acentuado y dominante según los sectores económico-sociales del territorio) es propio de una fase en la cual las necesidades económicas más inmediatas no pueden encontrar satisfacción regular permanentemente (desocupación endémica entre los trabajadores rurales y entre los sectores intelectuales pequeños y medios). Las razones de este estado de cosas tienen orígenes históricos lejanos, y de la permanencia de tal situación es responsable el grupo dirigente nacional. Se plantea el problema histórico-político: una situación así, ¿puede ser superada con los métodos de la concentración estatal (escuela, legislación, tribunales, policía) que tienda a nivelar la vida según un tipo nacional, esto es, con una acción que descienda de lo alto y que sea resuelta y enérgica? Entre tanto se plantea la cuestión de cómo formar el grupo dirigente que explique esa acción: ¿por medio de la concurrencia de los partidos y de sus programas económicos y políticos?, ¿a través de la acción de un grupo que ejercite el poder monopólicamente? Tanto en un caso como en otro es difícil superar el ambiente mismo que se reflejará en el personal de los partidos, o en la burocracia al servicio del grupo monopólico, puesto que si es pensable la selección según un tipo de pocos dirigentes, es imposible tal selección «preventiva» de las grandes masas de individuos que constituyen todo el aparato organizativo (estatal y hegemónico) de un gran país. Método de la libertad pero no entendido en sentido «liberal»: la nueva construcción no puede más que surgir de abajo, en tanto todo un sector nacional, el más bajo económica y culturalmente, participe en un hecho histórico radical que implique toda la vida del pueblo y ponga a cada uno, brutalmente, delante de sus propias responsabilidades inderogables. El equívoco histórico de la clase dirigente ha sido el haber impedido sistemáticamente que tal fenómeno sucediera en el período del Risorgimento y haber hecho, del Risorgimento en adelante, razón de ser de su continuidad histórica el mantenimiento de esa situación cristalizada.

Apoliticismo

Confrontar las observaciones difundidas sobre el carácter del pueblo italiano que puede ser llamado «apoliticismo». Este carácter, naturalmente, es de las masas populares, o sea, de las clases subalternas. En los estratos superiores y dominantes corresponde un modo de pensar que puede llamarse «corporativo», económico, de categoría, y que por otra parte ha sido registrado en la nomenclatura política italiana con el nombre de «consorteria», una variante italiana de la «cricca» francesa o de la «camarilla» española,[5] que indica algo diferente, particularista, sí, pero en el sentido personal o de grupo estrechamente político-sectario (ligado a la actividad política de los grupos militares o de cortesanos), mientras que en Italia el término indica algo más vinculado a los intereses económicos (especialmente agrarios y regionales). Una variedad de este «apoliticismo» popular es el «más o menos» de la fisonomía de los partidos tradicionales, el «más o menos» de los programas y de las ideologías. Por eso también en Italia no ha habido un «sectarismo» particular, no de tipo jacobino a la francesa o a la rusa (o sea: fanática intransigencia por los principios generales y por eso el partido político se transforma en el centro de todos los intereses de la vida individual); el sectarismo en los elementos populares corresponde al espíritu de consortería en las clases dominantes, no se basa en principios, sino sobre pasiones incluso bajas e innobles y termina con una aproximación al «punto de honor» de la mala vida y a la «omertá»[6] de la mafia y de la camorra.

Este apoliticismo, unido a las formas representativas (especialmente de los cuerpos electivos locales), explica el deterioro de los partidos políticos, que nacieron todos sobre el terreno electoral (en el congreso de Génova la cuestión fundamental fue la electoral); o sea: los partidos no fueron una fracción orgánica de las clases populares (una vanguardia, una élite), sino un conjunto de galopines o maniobreros electorales, una asamblea de pequeños intelectuales de provincia, que representaban una selección al revés. Dada la miseria general del país y la desocupación crónica de estos sectores, las posibilidades económicas que los partidos ofrecían no eran para nada despreciables. Se ha sabido que en algún lugar, cerca de un décimo de los inscritos en los partidos de izquierda rebuscaban una parte de sus medios de vida como soplones, lo que daba poco dinero a los informadores dada la abundancia de los mismos y más bien les pagaban con permisos para actividades marginales propias de vagabundos y con la impunidad para ganancias equívocas. En realidad, para ser de un partido bas-

5. En castellano en el original *(N. del T.).*
6. Omertá: palabra del dialecto siciliano, tal vez derivada de *umiltà*, que garantizaba el silencio solidario de todo componente de la mafia frente a la policía. Aproximadamente, juramentación *(N. del T.).*

taban pocas vagas ideas, imprecisas, indeterminadas, difuminadas: cualquier selección era imposible, faltaba todo mecanismo de selección y las masas tenían que seguir a estos partidos porque no existían otros.

Entre los otros elementos que manifiestamente muestran este apoliticismo, son de recordar los tenaces residuos parroquiales y otras tendencias que de ordinario se catalogan como manifestaciones de un llamado «espíritu pendenciero y faccioso» (luchas locales para impedir que las muchachas se enamoren de jóvenes forasteros, también de países vecinos, etc.). Cuando se dice que este primitivismo ha sido superado por los progresos de la civilización, sería necesario precisar que eso sucedió por la difusión de cierta vida política de partido que ensanchaba los intereses intelectuales y morales del pueblo. Al desaparecer esta vida los parroquialismos han renacido, por ejemplo a través del deporte y de la rivalidad deportiva, de manera a menudo sangrienta y salvaje. Junto al tipo «deportivo», está el tipo «parroquial deportivo».

Popularidad política de D'Annunzio

¿Cómo se explica la relativa popularidad política de D'Annunzio? Es innegable que en D'Annunzio han existido siempre algunos elementos de «popularismo»: en sus discursos como candidato al Parlamento, en sus poses en el Parlamento, en la tragedia *La gloria*, en el *Fuoco* (discurso sobre Venecia y el artesanado), en el *Canto di calendimaggio* y, más o menos, hasta en las manifestaciones (algunas al menos) políticas del Fiume. Pero no me parece que «concretamente» estos elementos sean de suficiente, real significado político como para explicar su relativa popularidad. Otros elementos han contribuido: 1) el apoliticismo fundamental del pueblo italiano (especialmente de la pequeña burguesía y de los pequeños intelectuales), apoliticismo inquieto, litigioso, que permitía toda aventura, que daba a cada aventurero la posibilidad de tener un séquito de algunas decenas de miles de hombres, especialmente si la policía dejaba hacer o si se oponía solo débilmente y sin método; 2) el hecho de que no se había encarnado en el pueblo italiano ninguna tradición de partido político de masas, de que no existían «directivas» histórico-políticas de masas, orientadoras de las pasiones populares, tradicionalmente fuertes y dominantes; 3) la situación de posguerra, en la que tales elementos se presentaban multiplicados, porque después de cuatro años de guerra decenas de miles de hombres se habían transformado moral y socialmente en «vagabundos», desarraigados, ávidos de sensaciones no impuestas ya por la disciplina estatal, sino libre y voluntariamente escogidas por sí mismos; 4) cuestiones sexuales, que después de cuatro años de guerra, se entiende, se habían enardecido enormemente: las mujeres del Fiume atraían mucho (y sobre este elemento insiste extrañamente también Nino Daniele en su librito sobre D'Annunzio). Estos elementos solo parecen ineficaces si no se piensa que los veinte mil jóvenes reunidos en el Fiume no representaban una masa social y territorialmente homogénea, sino que eran «seleccionados» en toda Italia, y que su extracción era de lo más diversa y dispar; muchos eran muy jóvenes y no habían hecho la guerra, pero habían leído la literatura de guerra y las novelas de aventuras.

Sin embargo, por debajo de estas motivaciones momentáneas, ocasionales, parece que se deba también plantear un motivo más profundo y permanente del pueblo italiano: la admiración ingenua, y fanática, por la inteligencia como tal, por el hombre inteligente en sí, que corresponde al nacionalismo cultural de los italianos, tal vez única forma del chovinismo popular en Italia. Para apreciar a este nacionalismo es necesario pensar en el «Descubrimiento de América» de Pascarella: Pascarella es el «aedo» de este nacionalismo y su tono zumbón es el más digno de tal epopeya. Este sentimiento tiene una intensidad diferente según las partes de Italia (es más fuerte en Sicilia y en el Mediodía), pero está difundido por todos lados en una cierta dosis, incluso en Milán y en Turín (en Turín, por cierto, menos que en Milán y en otros lugares), es más o menos ingenuo, más o menos fanático, también más o menos «nacional» (se tiene la impresión, por ejemplo, de que en Florencia es más regional que en otras partes, así también en Nápoles, donde es de carácter más espontáneo y popular por cuanto los napolitanos creen ser los más inteligentes de todos como masa y como individuos; en Turín pocas «glorias» literarias y más tradiciones político-nacionales, por la tradición ininterrumpida de independencia y libertad nacionales). D'Annunzio se presentaba como la síntesis popular de tales sentimientos: «apoliticismo» fundamental, en el sentido de que de él se podía esperar todos los fines imaginables, del más izquierdista al más derechista, y el ser considerado D'Annunzio popularmente como el hombre más inteligente de Italia.

La política de D'Annunzio

Son interesantes algunas páginas del volumen *Per l'Italia degli italiani*, Bottega di Poesia, Milán, 1923. En cierto lugar, D'Annunzio recuerda su tragedia *La gloria* y se publicita por su política hacia los campesinos que deben «reinar» porque son los «mejores». Conceptos políticos reales, ni siquiera uno: frases y emociones, etcétera.

A propósito de las dos mil liras donadas para los hambrientos de la carestía de 1921,[7] busca, en el fondo, que se olviden presentando la oferta como un trozo de política «maquiavélica»: las habría dado para agradecer el haber liberado al mundo de una ilusión, etc. Se podría estudiar la política de D'Annunzio como una de las tantas repetidas tentativas de literatos (Pascoli) para promover un nacionalsocialismo en Italia (o sea, para conducir a las grandes masas a la «idea» nacional o nacionalista imperialista).

«Subversivo»

El concepto puramente italiano de «subversivo» puede ser explicado así: una posición negativa y no positiva de clase: el «pueblo» siente que tiene enemigos y los individualiza solo empíricamente en los llamados señores. En el concepto de «señores» hay mucho de la vieja aversión del campo hacia la ciudad, y la vestimenta es un elemento fundamental de distinción: está también la aversión contra la burocracia, en la que se ve únicamente al Estado: el campesino, también el propietario medio, odia al «funcionario», no al Estado que no comprende, y para él este es el «señor» aunque económicamente el campesino sea superior a él, de donde la aparente contradicción por la cual para el campesino el señor es a menudo un «muerto de hambre». Este odio «genérico» todavía es de tipo «semifeudal», no moderno, y no puede ser considerado como expresión de una conciencia de clase: es apenas el primer barrunto, y solo justamente la posición negativa y polémica elemental; no solo no se tiene conciencia exacta de la propia personalidad histórica, sino que tampoco se tiene conciencia de la personalidad histórica y de los límites precisos del propio adversario. Las clases inferiores, al estar históricamente a la defensiva, no pueden adquirir conciencia de sí más que por negación, a través de la conciencia de la personalidad y de los límites de clase del adversario: pero justamente este proceso es todavía crepuscular, al menos a escala nacional.

Otro elemento para comprender el concepto de «subversivo» es el del sector conocido con el nombre típico de «muertos de hambre». Los

---

7. En 1921 D'Annunzio se había suscrito con dos mil liras para la lucha contra el hambre en Rusia.

«muertos de hambre» no constituyen un estrato homogéneo, y se pueden cometer graves errores en su identificación abstracta. En las aldeas y en los pequeños centros urbanos de ciertas regiones agrícolas existen dos capas diferentes de «muertos de hambre»: una es la de los «obreros rurales»; la otra, la de los pequeños intelectuales. Estos obreros no tienen como característica fundamental su situación económica, sino su condición intelectual-moral. El campesino típico de estas regiones es el pequeño propietario o el mediero primitivo (que paga el arriendo con la mitad, el tercio o aun los dos tercios de la cosecha según la fertilidad y la posición del fundo), que posee algunos instrumentos de trabajo, el yugo de bueyes y la casita que, a menudo, se ha fabricado él mismo en las jornadas no laborables, y que se procuró el capital necesario o con algunos años de emigración, o yendo a trabajar a «la mina», o con algunos años de servicio en carabineros, etc., o haciendo de doméstico de algún gran propietario durante varios años, o sea «ingeniándoselas» y ahorrando. El «jornalero», en cambio, no supo o no quiso ingeniárselas y no posee nada, es un «muerto de hambre», porque el trabajo jornalizado es escaso e intermitente.

El «muerto de hambre» pequeñoburgués es creado por la burguesía rural: la propiedad se subdivide en las familias numerosas y termina por ser liquidada, pero los elementos de esa clase no quieren trabajar manualmente: así se forma una capa famélica de aspirantes a pequeños empleados municipales, de escribanos, de comisionistas, etc. Este estrato es un elemento perturbador en la vida de la campaña, siempre ávido de cambios (elecciones, etc.), y marca al «subversivo» local, y puesto que está bastante difundido, tiene cierta importancia: se alía especialmente a la burguesía rural contra los campesinos, organizando a su servicio incluso a los «jornaleros muertos de hambre». En todas las regiones existen estos estratos, que tienen difusión también en la ciudad, donde confluyen en la mala vida profesional y en la mala vida fluctuante. Muchos pequeños empleados de la ciudad derivan socialmente de estos sectores y conservan la psicología arrogante del noble arruinado, del propietario que se ve constreñido al trabajo. El «subversivismo» de estas capas tiene dos faces: hacia la derecha y hacia la izquierda, pero la faz izquierda es solo una forma de resentimiento: en los momentos decisivos se van a la derecha y su «coraje» desesperado prefiere siempre tener a los carabineros como aliados.

Otro elemento para examinar es el llamado «internacionalismo» del pueblo italiano. Es correlativo al concepto de «subversivismo». Se trata en realidad de un vago «cosmopolitismo» ligado a elementos históricos bien determinables: al cosmopolitismo y universalismo medieval y católico, que tenía su sede en Italia y que se ha conservado por la ausencia de una «historia política y nacional» italiana. Escaso espíritu nacional y estatal en sentido moderno. En otra parte,[8] he anotado que existe y existió un particular chovinismo italiano, más difundido de lo que parece. Las dos observaciones no son contradictorias: en Italia la unidad política, territorial, nacional, tiene una escasa tradición (y tal vez ninguna tradición), porque antes de 1870 Italia no fue jamás un cuerpo unido y aún el nombre de Italia, que en tiempo de los romanos indicaba a Italia meridional y central hasta la Magra y el Rubicón, en el Medioevo perdió terreno frente al nombre de Longobardía (ver el estudio de C. Cipolla sobre el nombre de Italia, publicado en las *Atti dell'Accademia di Torino*). Sin embargo, Italia tuvo y conservó una tradición cultural que no se remonta a la antigüedad clásica, sino al período del trescientos al seiscientos y que fue vinculada a la edad clásica por el Humanismo y el Renacimiento. Esta unidad cultural fue la base, en verdad muy débil, del Risorgimento y de la unidad para concentrar en torno a la burguesía a los sectores más activos e inteligentes de la población, y es todavía el sustrato del nacionalismo popular: por ausencia en este sentimiento del elemento político-militar y político-económico, o sea, de los elementos que están en la base de la psicología nacionalista francesa o alemana o americana, sucede que muchos de los llamados «subversivos» o «internacionalistas» sean «chovinistas» en tal sentido, sin creer que incurren en contradicción. Esto debe anotarse para entender la virulencia que asume a veces este chovinismo cultural y es lo siguiente: que en Italia un mayor florecimiento científico, artístico, literario coincidió con el período de decadencia política, militar, estatal (quinientos-seiscientos; explicar este fenómeno: cultura áulica, cortesana, es decir, cuando la burguesía de las Comunas estaba en decadencia, y la riqueza productiva se había transformado en usuraria, con concentraciones de «lujo», preludio de la completa decadencia económica). El concepto de revolucionario y de internacionalista, en el sentido moderno de la palabra, es correlativo al concepto preciso de Estado y de clase: escasa comprensión del Estado significa escasa conciencia de clase (comprensión del Estado existe no solo cuando se lo defiende, sino cuando se lo ataca para transformarlo); de ahí, escasa

8. Cfr. supra, pág. 42.

eficiencia de los partidos, etc. Bandas gitaniles, nomadismo político no constituyen hechos peligrosos y, por lo tanto, no eran peligrosos el subversivismo y el internacionalismo italiano. El «subversivismo» popular es correlativo con el «subversivismo» de arriba, o sea, el no haber existido jamás un «dominio de las leyes», sino solo una política de arbitrio y de conventículo personal o de grupo. Todas estas observaciones no deben ser, naturalmente, categóricas y absolutas: sirven para intentar describir ciertos aspectos de una situación, para evaluar mejor la actividad desarrollada para modificarla (o la no actividad, es decir, la incomprensión de los propios objetivos) y para dar mayor importancia a los grupos que emergían de esta situación por haberla entendido y modificado en su ámbito.

Borbónicos

Recordar la publicación de B. Croce sobre las relaciones entre María Sofía y Malatesta (y la precedente publicación en *Unità* de Florencia del 14 y del 15). En un artículo de Alberto Consiglio: «Giro per l'Aspromonte», en el *Corriere della Sera* del 24 de diciembre de 1931, se dice: «El intento de Fabricio Ruffo, que reunió a estos montañeses y los condujo a "comer el corazón" de los jacobinos napolitanos, creó en el reino una fama de lealtad borbónica que los calabreses compartían equitativamente con los pescadores de Santa Lucía y con los *lazzaroni*[9] de los arrabales napolitanos. Este mito (!) produjo y alimentó a gran parte del bandidismo político del primer decenio unitario y estaba todavía vivo a principios de siglo, entre los últimos y extenuados borbónicos. En efecto, se dice que desde París, donde estaba exilada, María Sofía envió a Musolino[10] un poco de dinero para que el bandido mantuviese despierta a la rebelión calabresa». (Un diarito borbonizante apareció en Nápoles hasta 1907 o 1908: Eugenio Guarino publicó en el *Viandante* de Monicelli un artículo para su desaparición).

Ética y política

Es de observar la virulencia de algunas polémicas entre políticos por su carácter personalista y moralista. Si se quiere disminuir o hacer desapare-

---

9. El lazzaronismo es la expresión típica del vagabundismo napolitano *(N. del T.)*.
10. No confundir con Mussolini *(N. del T.)*.

cer el influjo político de una personalidad o de un partido, no se intenta demostrar que su política es inepta o nociva, sino que determinadas personas son canallas, etc., que no hay «buena fe», que determinadas acciones son «interesadas» (en sentido personal o privado), etc. Es una prueba de simplismo en el sentido político, de nivel todavía bajo en la vida nacional. Esto es debido al hecho de que realmente existe un amplio sector que «vive» de la política de «mala fe», esto es, sin convicciones; está vinculado a la miseria general, por la cual fácilmente se cree que un acto político se debe a causas pecuniarias, etc. «Inepto, pero honrado», curioso modo de decir en política: se le reconoce inepto, pero puesto que se le cree «honrado» se confía en él; pero «inepto» en política ¿no corresponde a «bribón» en moral? Es cierto que las consecuencias de estas campañas moralistas no cambian nada, si es que no son un instrumento para determinar a la opinión popular a aceptar cierta «liquidación» política, o a reclamarla, etcétera.

Los muertos de hambre y la mala vida profesional

Bohemia, desenfreno, liviandad. En el libro *La scapigliatura milanese*,[11] Pietro Malini intenta una reconstrucción del ambiente general de este movimiento literario (antecedentes y derivaciones), incluso los representantes del desenfreno popular, como la «compagnia della teppa»[12] (hacia 1817), entendida como una copia un poco deteriorada de la Carbonería, disuelta por Austria cuando esta comenzó a temer la acción patriótica del *Bikenkommer*. La «teppa» se ha transformado hoy en sinónimo de mala vida, incluso de una especial mala vida, pero esta derivación no deja de tener significado para comprender la orientación de la vieja «compañía».

Lo que dice Victor Hugo en *El hombre que ríe* de las trapacerías que cometían los jóvenes aristócratas ingleses, era una forma de «teppa»; hay huellas de lo mismo en cierto período histórico («petimetres», Santa Vehme, etc.), pero ha sido conservada por más largo tiempo en Italia. Recordar el episodio de Terlizzi reproducido en el diario de Rerum Scriptor[13] en el 12 o el 13. También las llamadas «burlas», que tanto tema dieron a los novelistas del Trescientos-Quinientos, entran en este cuadro:

---

11. Casa editora: Famiglia Meneghina, Milán, 1929, 267 páginas.
12. Teppa: voz del dialecto milanés que aproximadamente podría traducirse como cuadrilla al margen de la ley *(N. del T.)*.
13. *L'Unità*, de Gaetano Salvemini.

los jóvenes de una clase desocupada económica y políticamente se transforman en «teppistas».

Tontos y granujas

Se ha observado que es preferible el granuja al tonto, porque con el granuja se puede llegar a un acuerdo y hacerlo posar de honesto por conveniencia, pero del tonto... *sequitur quodlibet*. Es también verdad que el granuja es preferible al semigranuja. En realidad, en la vida, no se encuentran nunca granujas declarados, tan íntegros, de carácter, por decir así, sino solo semigranujas, te veo y no te veo, de acciones ambiguas, que conseguirán siempre justificarse haciéndose aplaudir. Es imaginable que el granuja es una invención romántica, o que tal vez es tal cuando se combina con la estupidez (pero entonces es poco peligroso porque se descubre solo). Es de hacer notar que el verdadero granuja es superior al honesto; en efecto, el granuja puede también ser «honesto» (o sea, puede «hacerse» el honesto), mientras que el honesto no hace granujerías en ningún caso y precisamente por eso es «honesto». Es verdaderamente estúpido quien espera vérselas solamente con granujas declarados, patentes, indiscutibles: lo más frecuente es en cambio tenérselas que ver con los semigranujas, siendo estos, por lo tanto, los... verdaderos y únicos granujas, los de la realidad cotidiana.

Para la relación tonto-granuja debe tenerse presente la relación «tonto-inteligente», en el sentido de que el inteligente puede fingirse zonzo y conseguir que lo crean tal, pero el tonto no puede fingirse inteligente y hacerse pasar por tal, a menos que encuentre gente más tonta que él, lo que no es difícil.

«Méritos» de las clases dirigentes

Resulta extraño que, no siendo la identidad «Estado-clase» de fácil comprensión, suceda que un gobierno (Estado) pueda hacer refluir sobre la clase representada como un mérito y una razón de prestigio el haber finalmente hecho lo que debió hacerse hace más de cincuenta años, y por eso tendría que ser un demérito y un motivo de infamia. Se deja morir de hambre a un hombre hasta los cincuenta años; a los cincuenta años se acuerdan de él. En la vida individual esto sería motivo de una pateadura. En la vida estatal aparece como un «mérito». No solo eso, sino que el «lavarse» a los cincuenta años aparece como superioridad sobre los otros hombres de cincuenta años que se han lavado siempre. Lo mismo debe decirse de las bonificaciones, de los trabajos públicos, la construcción de caminos, etc.; son la instrumentación civil general de un país: que un país se dé esta instrumentación, que otros se dieron a su tiempo, es proclamado con trompetas y se dice a los otros: haced otro tanto si podéis. Los otros no pueden porque ya lo hicieron hace tiempo y esto se presenta como su «impotencia». No obstante, el hecho de que el Estado-gobierno, concebido como una fuerza autónoma, haga refluir su prestigio sobre la clase que lo fundamenta, es de lo más importante práctica y teóricamente y merece ser analizado en toda su extensión si se quiere tener un concepto más realista del Estado mismo. Por otra parte, no se trata de algo excepcional o que sea propio de un solo tipo de Estado: pareciera que puede ser incluido dentro de la función de las élites o vanguardias, por lo tanto de los partidos, en relación con las clases que representan. Esta clase, a menudo, como hecho económico (y eso es esencialmente tal clase), no gozaría de ningún prestigio intelectual y moral, o sea, sería incapaz de ejercitar una hegemonía y por lo tanto de fundar un Estado. De ahí la función de las monarquías también en la vida moderna, y de ahí el hecho verificado, especialmente en Inglaterra y en Alemania, de que el personal dirigente de la clase burguesa organizada como Estado esté constituido por elementos de las viejas clases feudales desposeídos del predominio económico tradicional (*Junker y Lords*), pero que encontraron en la industria y en la banca nuevas formas de potencia económica, sin querer ni siquiera fundirse con la burguesía y permaneciendo unidos con su grupo social tradicional.

Un juicio sobre Paolo Boselli

En la conmemoración de Paolo Boselli escrita en *Gerarchia* (marzo de 1932) por Felipe Caparelli se dice lo siguiente: «Parece tal vez un poco extraño que en esos años (los del Risorgimento), tan llenos de admirables vicisitudes, él no pensase en extraer de otras fuentes que aparecían incluso copiosas y dignísimas, por su directo contacto con la vida, estos generosos entusiasmos. En cambio, no hay que alarmarse (sic) porque este era su temperamento (!); y su inclinación (!) lo llevaba más a cultivar los entusiastas acentos patrióticos en las tranquilas corrientes literarias que sobre los campos sumamente incómodos de la acción».

Franco Ciarlantini, en 1929, en *Augustea*, preguntó a los escritores italianos si pensaban que, para hacer valer la cultura italiana en el mundo, sería más conveniente la apología sin reservas o la crítica sincera. Problema característico.

La retórica y el espíritu de lucha

De la *Enciclopedia Italiana* (artículo «Guerra», pág. 79): «Muchos escritores del Segundo Imperio parecen convencidos de que la retórica, a la que dan fácil atractivo los grandes episodios guerreros de la Revolución y del Primer Imperio, basta para mantener en algo el espíritu militar y que el alto espíritu militar basta por sí solo para neutralizar la eventual superioridad técnica de los otros».

Esta afirmación, si es justa en la crítica militar, es todavía más perentoria en la crítica de la acción política. Tal vez en un solo aspecto de la vida política, o sea, en el electoral de los regímenes ultrademocráticos liberales, puede ser verdad que la retórica y «el alto espíritu» de lucha (libresco) sustituyan a la preordenación técnica minuciosa y orgánica y dar por lo tanto «estrepitosas» victorias. (Este juicio puede ser transferido a la serie de notas sobre Maquiavelo, en la parte en la que se analizan los diversos momentos de una situación y en especial en el momento más inmediato que es culminación de toda situación, solución efectiva, o sea que se transforma en historia).

Parlamento italiano

Ver para qué movimiento político se interpretó el Estatuto como modo de ampliar las funciones y las atribuciones del Parlamento. En realidad, la formación de un gobierno que emana del Parlamento y se constituye en gabinete con un presidente propio, etc., es práctica que se inicia desde los primeros tiempos de la era constitucional y es el modo «auténtico» de interpretar el Estatuto. Solo más tarde, para brindar una satisfacción a los demócratas, se dio a esta interpretación una tendenciosidad de izquierda (tal vez las discusiones políticas del tiempo de la proclama de Moncalieri pueden servir para probar la justeza de este análisis). Por iniciativa de la derecha se llega a una contraposición de la letra del Estatuto y de la que siempre había sido práctica normal e indiscutida (artículo de Sonnino, «Torniamo allo Statuto» en la *Nuova Antologia* del 1 de enero de 1897, y la fecha debe recordarse porque preludia el conato reaccionario del 98); y esta iniciativa marca una fecha, porque presenta el manifiesto de la formación grupal que se va organizando, que durante aproximadamente veinte años no consigue jamás tomar y mantener el poder establemente, pero que tiene parte fundamental en el gobierno «real» del país. Se puede decir que, a medida que languidece la tendencia a pedir una constituyente democrática, una revisión del Estatuto en sentido radical, se refuerza la tendencia «constitucionalista» al cambio, que, dando una interpretación restrictiva del Estatuto, amenaza con un golpe de Estado reaccionario.

Claridad del mandato y mandato imperativo

En las elecciones italianas ninguna claridad en el mandato, porque no existían partidos definidos en torno de programas definidos. El gobierno era siempre de coalición, y de coalición en el terreno estrictamente parlamentario, y por eso –a menudo– entre partidos alejados uno de otro: conservadores con radicales, mientras los liberales democráticos estaban fuera del gobierno, etc. Las elecciones se hacían sobre cuestiones muy genéricas, porque los diputados representaban posiciones personales y locales, no posiciones de partidos nacionales.

Toda elección parecía ser para una constituyente, y al mismo tiempo parecía ser para un club de cazadores. Lo extraño es que todo aparentaba el máximo de la democracia.

«La moral de los reyes»

Recordar el ensayo publicado por Gino Doria (en la *Nuova Italia* de 1930) en el que se sostiene que la moral y el comportamiento de los reyes están únicamente en relación con los intereses de la dinastía, y en función de esta deben ser juzgados. Doria es napolitano, y es de hacer notar que los teóricos más ortodoxos de la monarquía fueron siempre napolitanos (De Meis, por ejemplo). Doria escribió el ensayo con ocasión del llamado año carlalbertino, cuando se volvió a discutir la figura de Carlo Alberto; pero tal vez sus intenciones eran más amplias y comprensivas. Pero ¿qué significa la fórmula de Doria? ¿No es, por lo tanto, una vacua generalidad? ¿Corresponde a la propaganda que se hizo para reforzar la institución monárquica y que creó la «ortodoxia»? La tesis de Doria es un reflejo de la tesis de Maurras, que en resumidas cuentas desciende del «Estado patrimonial».

Concepciones monárquicas

Sería interesante un parangón entre las concepciones monárquicas militantes propias de Italia meridional y las de Italia septentrional. Para el Mediodía se puede apelar desde el escrito de C. De Meis sobre el *Soberano*, hasta el ensayo de Gino Doria publicado en la *Nuova Italia* hace algunos años. Para el Norte las teorías de Giuseppe Brunati, de los diarios *Il Sabaudo* y *La Monarchia*. Es cierto que solo para Italia meridional se puede hablar de una ortodoxia absoluta y consecuente. En el Norte la institución monárquica estuvo siempre conectada con una ideología general cuyo instrumento debía ser la monarquía. En tal sentido, el monarquismo septentrional puede extenderse a Gioberti.

El error de los antiproteccionistas de izquierda (escritores de la «voce», «unità», sindicalistas, etcétera)

Ellos planteaban las cuestiones como si fueran de principio (científico), como selección de una orientación general de la política estatal e incluso nacional de los gobiernos. Separaban a los industriales librecambistas de los proteccionistas, etc., invitando a escoger entre estas dos categorías. Pero se podían separar, ¿o sus intereses estaban estrechamente ligados a través de las bancas y tendían cada vez más a vincularse a través de los grupos financieros y de los carteles industriales? Era necesario por eso, si se quería crear una fuerza política «librecambista» eficiente, no proponerse fines inalcanzables, como el de dividir el campo industrial y darle a una parte del mismo la hegemonía sobre las masas populares (especialmente sobre los campesinos), sino tender a crear un bloque entre las clases populares, con la hegemonía de la más avanzada históricamente (el libro de Rerum Scriptor sobre *Tendenze vecchie e necessità nuove del movimento operaio italiano* podría ser examinado en tal sentido). En efecto, Rerum Scriptor y sus socios obtuvieron el éxito mezquino de desviar el rencor campesino contra grupos sociales relativamente «inocentes», etcétera.

Potencia y nivel de vida material del pueblo

Tendría que ser una máxima de gobierno buscar elevar el nivel de la vida material del pueblo sobrepasando cierto límite. Para esta orientación no se debe buscar un especial motivo «humanitario» y tampoco una tendencia «democrática»: hasta el gobierno más oligárquico y reaccionario tendría que reconocer la validez «objetiva» de esta máxima, o sea, su valor esencialmente político (universal en la esfera de la política, en el arte de conservar y acrescer la potencia del Estado). Ningún gobierno puede prescindir de la hipótesis de una crisis económica y no puede, especialmente, prescindir de la hipótesis de verse constreñido a encarar una guerra, o sea, tener que superar la máxima crisis a la que puede estar sometido un complejo estatal y social. Y puesto que toda crisis significa un retroceso de las condiciones de vida popular, es evidente que es necesaria la preexistencia de una zona de detención necesaria para que la resistencia «biológica», y por tanto psicológica, del pueblo no se quiebre al primer choque con la nueva realidad. El grado de potencia real de un Estado debe, por tanto, ser medido también en proporción con este elemento, que debe después ser coordinado con los otros elementos de juicio sobre la solidez estructural de un país. Si, en efecto, las clases dominantes de una nación no han conseguido superar la fase económico-corporativa que las lleva a explotar a las masas populares hasta el extremo consentido por las condiciones de fuerza, o sea, a reducirlas solo a la vegetatividad biológica, es evidente que no se puede hablar de potencia del Estado, sino solo de un disfraz de potencia. Me parece que es importante, en este examen de un punto esencial de arte política, evitar sistemáticamente toda referencia extrapolítica (en sentido técnico, o sea, fuera de la esfera técnicamente política), es decir, humanitaria, o de una determinada ideología política (no porque el «humanitarismo» deje de ser también una política, etcétera).[14]

Ejército nacional y apoliticismo

Aldo Valori, en el *Corriere della Sera* del 17 de noviembre de 1931, publica un artículo, «L'esercito di una volta», sobre el libro de Emilio De Bono *Il nostro esercito prima della guerra*, Mondadori, 1931, que debe de ser interesante, y reproduce este trozo: «Se leía poco, poco los diarios, poco las novelas, poco el *Giornale ufficiale* y las circulares de servicio... Nadie se ocupaba de política. Yo, por ejemplo, recuerdo no haber prestado atención a las crisis ministeriales, de haberme enterado de casualidad del nombre del presidente del Consejo... Nos interesaban los períodos electorales porque daban derecho a doce días de licencia para ir a votar.

---

14. Para este parágrafo es indispensable consultar el artículo del profesor Mario Camis, publicado en el número de enero-febrero de la *Riforma Sociale* de 1926.

El ochenta por ciento, en cambio, disfrutaba de las vacaciones pero las urnas no las miraba ni por fotografía». Y Valori observa: «Puede parecer una exageración y sin embargo no lo es. Abstenerse de la política no quería decir extrañarse de la vida de la nación, sino de los aspectos más bajos de la lucha entre los partidos. Comportándose de este modo, el ejército permaneció inmune a la degeneración de muchas otras instituciones públicas, y constituyó la gran reserva de las fuerzas del orden, que era el modo más seguro para servir, incluso políticamente, a la nación».

Esta situación, para ser entendida, debe ser parangonada a las aspiraciones del Risorgimento con respecto al ejército, de lo que se puede ver una manifestación en el libro de Giuseppe Cesare Abba dedicado a los soldados, libro considerado oficial, premiado, etc. Abba y su corriente pensaban que el ejército era una institución que debía insertar a las fuerzas populares en la vida nacional y estatal, en cuanto el ejército representaba a la nación en armas, la fuerza material sobre la que se apoyaba el constitucionalismo y la representación parlamentaria, la fuerza que debía impedir los golpes de Estado y las aventuras reaccionarias: el soldado se tenía que transformar en el soldado-ciudadano, y el servicio militar obligatorio no se tenía que considerar como un servicio, sino, activamente, como el ejercicio de un derecho, el de la libertad popular armada. Utopías, evidentemente, porque, como surge del libro de De Bono, se recae en el apoliticismo, y por lo tanto el ejército no fue otra cosa que un nuevo tipo de ejército profesional, y no un ejército nacional, y eso es precisamente el apoliticismo. Para las «fuerzas del orden» este estado de cosas era ideal: cuanto menos participara el pueblo en la vida política estatal, tanto más estas fuerzas eran fuerzas. Pero ¿cómo juzgar a los partidos continuadores del Partido de Acción? Y lo que se dice del ejército se puede hacer extensible a todo el personal empleado en el aparato estatal, burocracia, magistratura, policía, etc. Una educación «constitucional» del pueblo no podía efectuarla la fuerza del orden: era el objetivo del Partido de Acción, que falló completamente en eso; más bien fue un elemento para reforzar la posición de las fuerzas del orden.

En lo que respecta a De Bono, debe observarse que hacia 1918-1919 sus opiniones a propósito de las relaciones entre política y ejército no eran precisamente las mismas de hoy: sus notas militares en el *Mondo*, y una publicación suya de ese tiempo en la que se mantenía vivo el recuerdo de las enseñanzas dejadas por la derrota de Caporetto tendrían que volver a examinarse.

Giolitti

En la conmemoración de Giolitti (muerto el 17 de julio de 1928), escrita en el *Journal des Débats* por Maurice Pernot, se dice: «Tomó como punto de partida una idea original y quizá justa: en el momento en que en Italia se delineaban dos fuerzas nuevas, o sea, una burguesía emprendedora y una clase obrera organizada, era necesario sustituir los viejos gobiernos de partido por un gobierno de opinión pública y hacer participar a estas fuerzas en la vida política del país». La afirmación no es exacta ni en general ni en ciertos puntos particulares. ¿Qué quiere decir «sustituir los viejos gobiernos de partido por un gobierno de opinión pública»? Significa sustituir el gobierno de «ciertos» partidos por el gobierno de «otros» partidos. En el caso concreto de Italia significaba destruir las viejas pandillas y conventículos particularistas, que vivían parasitariamente sobre la policía estatal que defendía sus privilegios y su parasitismo, y determinar una mayor participación de «ciertas» masas en la vida estatal a través del Parlamento. Para Giolitti, que representaba el Norte y la industria del Norte, era necesario despedazar la fuerza retrógrada y asfixiante de los propietarios terratenientes, para dar a la nueva burguesía más amplio lugar en el Estado, e incluso ponerla en la dirección del Estado. Giolitti obtuvo esto con las leyes liberales sobre la libertad de asociación y de huelga, y es de hacer notar cómo en sus *Memorias* insiste especialmente sobre la miseria de los campesinos y sobre la sordidez de los propietarios. Pero Giolitti no creó nada: «comprendió» que era necesario conceder algo a tiempo para evitar daños peores y para controlar el desarrollo político del país, y lo consiguió. En realidad, Giolitti fue un gran conservador y un reaccionario hábil, que impidió la formación de una Italia democrática, consolidó la monarquía con todas sus prerrogativas y ligó más estrechamente la monarquía con la burguesía a través del reforzado poder ejecutivo, que permitía poner al servicio de los industriales todas las fuerzas económicas del país. Es Giolitti quién creó así la estructura contemporánea del Estado italiano; y todos sus sucesores no han hecho más que continuar su obra, acentuando este o aquel elemento subordinado.

Que Giolitti desacreditó el parlamentarismo es cierto, pero no en el sentido que sostienen muchos críticos; Giolitti fue antiparlamentarista, y buscó sistemáticamente evitar que el gobierno se convirtiera de hecho y de derecho en una expresión de la asamblea nacional (que en Italia era, por otra parte, débil por la existencia del Senado tal como está organizado); así se explica que Giolitti fuera el hombre de las «crisis extraparlamentarias». Que el contraste entre el Parlamento tal como se pretendía que fuera y tal como era realmente –es decir, poco menos que nada– desacreditó el parlamentarismo, era inevitable que sucediese: pero es la lucha contra el parlamentarismo por parte de Giolitti, y no el ser él parlamentarista, lo que desacreditó el parlamentarismo. (Un gesto «parlamentarista» de Giolitti fue el realizado con el discurso de Cuneo sobre el artículo 5 del Estatuto, pero se trató de una maniobra para desconcertar a los adversarios políticos: en efecto, Giolitti no hizo nada al respecto cuando llegó al poder).

Giolitti y Croce

Se puede observar, y será necesario documentarlo cronológicamente, cómo Giolitti y Croce, uno en el orden de la política activa y el otro en el de la política cultural e intelectual, cometieron los mismos y precisos errores. Ni el uno ni el otro comprendieron hacia dónde iba la corriente histórica y prácticamente ayudaron a lo que hubieran querido evitar y trataron de combatir. En realidad, así como Giolitti no comprendió qué cambio había traído en el mecanismo de la vida política italiana el ingreso de las grandes masas populares, Croce no entendió, prácticamente, qué poderoso influjo cultural (en un sentido modificatorio de los cuadros directivos intelectuales) podrían haber tenido las pasiones inmediatas de estas masas. Desde este punto de vista, hay que ver la colaboración de Croce en *Politica* de F. Coppola (también De Ruggiero colaboró en el mismo período): ¿cómo Croce, que había asumido una determinada posición hacia Coppola y C. en el período 1914-1915 con los artículos de *Italia Nostra* y de *Critica* (y Coppola había especialmente tomado como punto de mira las notículas escritas, me parece, por De Lollis), pudo en 1919-1920 dar su apoyo a este grupo, sus colaboraciones, con artículos que justamente criticaban y limitaban el sistema liberal?, etcétera.

La utopía croceana

De la colaboración dada por Croce a la *Politica* de Coppola, en contradicción con la postura de este último, su ideología y su particular *forma mentis*, que había asumido en 1915 *Italia Nostra*, se puede ver y juzgar el carácter «utópico» de la actividad teórica y práctica de Croce: digo «utópico» en el sentido de que las consecuencias que derivan de la postura de Croce son contrarias a sus «intenciones» tal como resultan de su postura subsiguiente hacia tales consecuencias. Croce cree hacer «ciencia pura», «pura historia», «filosofía pura», pero en realidad hace «ideología», ofrece instrumentos prácticos de acción a determinados grupos políticos; después se sorprende de que no hayan sido «comprendidos» como «ciencia pura», sino «desviados» de sus propios fines que eran puramente «científicos». Confrontar, por ejemplo, en el volumen *Cultura e vita morale* los dos capítulos «Fissazione filosofica», página 296, y «Fatti politici e interpretazioni storiche», página 270. En la página 296 Croce protesta contra el famoso discurso de Gentile en Palermo en 1925: «Pero, si en un cierto lugar del planeta llamado tierra, los ciudadanos de un Estado, que antes tenían el hábito de debatir sus asuntos mediante aquellos "modos de fuerza" que son la crítica, la oratoria, la asociación, la votación y otros semejantes, han adoptado ahora el otro hábito de recurrir al bastón o al puñal, y hay entre ellos quienes reprueban eso y se empeñan en que cese el nuevo modo al que califican de salvaje, ¿qué papel cumple el filósofo que –interviniendo en la lid– sentencia que toda fuerza, y por eso también la del puñal y el bastón, es fuerza espiritual?», etc. (la continuación es interesante y debe ser citada, si se da el caso); pero él mismo había escrito en la página 270: «Hacer poesía es una cosa, y dar puñetazos es otra, me parece, y quien no tiene éxito en el primer oficio, puede muy bien tenerlo en el segundo, a no ser que la eventual lluvia de puñetazos no sea en ciertos casos útil y oportunamente suministrada». Así escribía Croce en 1924: es probable que Gentile en 1925 haya justamente querido filosofar sobre ese «útil y oportunamente», y a los puños haya agregado el bastón y también el puñal. Pero Croce llegará solo hasta los «puños» y no más allá (por otra parte, también con los puños se mata, y hay una medida de seguridad pública contra la «trompada prohibida»). Gentile ha puesto en lenguaje «actualista» la proposición croceana basada en la distinción lógica y práctica; para Croce esto es grosero, pero así sucede siempre, y es una bella pretensión la de querer ser entendido a la perfección y justificarse por no haber sido comprendido. Se puede confrontar en otros capítulos lo que Croce escribió sobre la intolerancia, sobre la Inquisición, etc., y ver sus diferentes estados de ánimo: de los signos de admiración, que, afirmaba, eran también medios de la Santa Inquisición para presionar sobre la voluntad ajena, debió volver al bastón y al puñal que reaparecieron en adelante como medios de persuasión de la verdad.

«El mundo va hacia...»

En la *Critica* del 20 de marzo de 1933 hay una «apostilla» de Croce: «El mundo va hacia...». Parece, sin embargo, que Croce no tocó todos los aspectos de la fórmula, que es esencialmente una fórmula política, de acción política. Conseguir convencer de que «el mundo va hacia...» una cierta dirección no significa otra cosa que convencer sobre la ineluctabilidad de las propias acciones y obtener el consenso pasivo para su explicación. Cómo se forma esta convicción es, por cierto, un tema interesante: que contribuyen las «vilezas» y tantas otras formas de bajeza moral es indudable; pero incluso el hecho de que tanta «vileza» y tanta bajeza estén así difundidas es un hecho político que sería de analizar y cuyo origen concreto habría que buscar. De este análisis tal vez surgiría el resultado de que la misma posición de Croce hacia la vida es uno de los orígenes de esta difusión: no querer comprometerse a fondo, distinguir entre lo que debe hacer un intelectual y lo que debe hacer un político (como si el intelectual no fuese también un político, y no solo un político... de la «intelectualidad»), y, en el fondo, toda la concepción histórica croceana está en el origen de esta concepción. Se ve. entonces, que ser partidario de la libertad en abstracto no cuenta para nada, es simplemente una posición de hombre de gabinete que estudia los hechos del pasado, pero no de hombre actual partícipe de las luchas de su tiempo.

Esta fórmula del «mundo que va» hacia la izquierda o hacia la derecha o hacia un compromiso, etc., comenzó a difundirse en Italia en 1921, y era un índice elocuente de la desmoralización que comenzaba a difundirse en amplios sectores de la población. Se podría reconstruir este movimiento intelectual casi con una fecha exacta. Que la fórmula en sí no significa nada, es cierto. Entre tanto resulta cómoda la expresión de que el «mundo» corpulento va hacia alguna parte. Se trata de una «previsión» que no es otra cosa que un juicio sobre el presente, interpretado del modo más facilón, para reforzar un determinado programa de acción con la sugestión de los imbéciles y de los miedosos. Pero si se ve la tarea del intelectual como la del mediador entre dos extremismos y no se confía esta tarea al desarrollo histórico mismo, ¿qué hace el intelectual, sino colaborar con el actor del drama histórico que tiene menos escrúpulos y menos sentido de responsabilidad? Esta parece haber sido la actitud de Croce. ¿No hubiera sido más honesto intelectualmente aparecer en la escena en el verdadero papel de aliado «con reservas» de una de las partes, que querer aparecer en cambio como superior a las miserias pasionales de las mismas partes y como encarnación de la «historia»? Como se ha indicado otras veces, esta «parte» de arbitraria mediación dialéctica tiene una larga y desafortunada historia: Proudhon en Francia, para quien Napoleón III no escondió sus simpatías (ver el libro de Sainte-Beuve[15]); Gioberti en Italia, que justamente puede asumir el papel de símbolo del desorden intelectual y político de 1848, etcétera.

Sobre este nexo de problemas merece verse el artículo de Ugo Spirito en la *Italia Letteraria* del 13 de noviembre de 1932 («Storicismo rivoluzionario e storicismo antistorico»). Es notable el hecho de que también Spirito vincula la polémica actual sobre el «historicismo» con la polémica planteada en el siglo sobre la fórmula *natura non facit saltus*. Pero Spirito no sabe superar la superficie de los hechos y de las ideas; y si afirma, como el Anti-Proudhon, que es necesario que los términos dialécticos se desarrollen en toda su potencia y como «extremismos» contrapuestos, no sabe ver que su misma posición es una mediación o superación arbitraria, en cuanto se basa en que la antítesis es suprimida violentamente y pone como antítesis justamente una tentativa de mediación totalmente intelectualista que solo vive en el cerebro de unos pocos intelectuales de no gran estatura. Incluso Spirito debe ser colocado entre los teóricos (más o menos inconscientes, puesto que en sus escritos, especialmente en *Critica Fascista*, aparece su preocupación de «dar algo para que no se pierda todo»: a propósito hay que ver especialmente un artículo escrito después de la reunión corporativa de Ferrara y de la exposición de la tesis de la «corporación propietaria») de la «revolución pasiva o revolución-restauración», y no ya, como pretendería, entre los «extremistas» de semejante dialéctica ideal o real. Si el error de Croce es el de querer aparecer diferente de lo que realmente es, exactamente el mismo es el de Spirito y su grupo; y en el fondo los dos errores prácticamente se identifican: se trata de dos hermanos siameses que disputan porque están demasiado unidos.

«Novelería histórica»

En *Critica* del 20 de noviembre de 1930, en una recensión de *Feinde Bismarcks* de Otto Westphal, Benedetto Croce escribe que «el motivo del éxito que tienen los volúmenes de Ludwig, y de muchos otros similares

---

15. *P.-J. Proudhon, sa vie et sa correspondance*, París, 1872.

a los de él, nace de... un cierto debilitamiento o frivolidad mental, que la guerra ha provocado en el mundo». ¿Qué significa esta afirmación? Al analizarla vemos que no significa nada, absolutamente nada. Me parece que la cosa puede explicarse de forma más realista: en la posguerra afloró en el mundo de la cultura y del interés por la historia un estrato social muy considerable, cuya expresión literaria son escritores tipo Ludwig. Este fenómeno Ludwig ¿significa progreso o regresión intelectual? Me parece que más bien indica progreso, pero el juicio debe ser entendido exactamente: los lectores actuales de la novelería histórica (según la expresión de Croce) corresponden a aquellos elementos sociales que en el pasado leían las novelas históricas, aprendían historia en las novelas de Hugo, de Dumas, etc. Por eso me parece que sea un «progreso». Para que se pueda hablar de debilitamiento mental y de frivolidad sería necesario que hubiera desaparecido la historia de los historiadores, pero no es este el caso; tal vez sucede lo contrario: que incluso la historia sería hoy mucho más leída, como lo demuestra, en Italia al menos, la multiplicación de las colecciones históricas (por ejemplo: las colecciones de Vallecchi y de *Nuova Italia*). Incluso los libros históricos de Croce son hoy más leídos de lo que lo fueron antes de la guerra: hay hoy más interés intelectual por la política, y en consecuencia por la historia, en los sectores pequeñoburgueses, que satisfacen inmediatamente sus exigencias con la «novelería histórica». Un hecho, sin embargo, es cierto: que en la organización de la cultura, la estatura relativa de los «historiadores serios» ha disminuido por la entrada en el campo de los Ludwig y Cía.: Croce expresa el resentimiento por este hecho, que representa una «crisis de autoridad» en la esfera de la ciencia y de la alta cultura. La función de los grandes intelectuales, si permanece intacta, encuentra, sin embargo, un ambiente mucho más difícil para afirmarse y desarrollarse: también el gran intelectual debe sumergirse en la vida práctica, convertirse en un organizador de los aspectos prácticos de la cultura, si quiere continuar dirigiendo; tiene que democratizarse, ser más actual: el hombre del Renacimiento ya no es posible en el mundo moderno, cuando en la historia participan activa y directamente masas humanas cada vez más ingentes.

En realidad, el fenómeno Ludwig y la «novelería histórica» no son novedades de la posguerra: estos fenómenos están contenidos *in nuce* en el periodismo, en el gran diario popular: precursores de Ludwig y Cía. son los articulistas de la tercera página, los escritores de bocetos históricos, etc. El fenómeno es entonces esencialmente político, práctico; pertenece a esa serie de movimientos prácticos que Croce incluye bajo la rúbrica general de «antihistoricismo», que analizada desde este punto de vista se podría definir así: crítica de los movimientos prácticos que tienden a transformarse en historia, que no han recibido todavía el crisma del éxito, que aún son episodios aislados y por eso abstractos, irracionales, del movimiento histórico, del desarrollo general de la historia mundial. Se olvida a menudo (y cuando el crítico de la historia *in fieri* olvida esto, significa que no es historiador sino político de hecho) que en todo momento de la historia *in fieri* hay lucha entre lo racional y lo irracional, entendido por irracional lo que no triunfará en última instancia, no se transformará jamás en historia efectiva, pero que en realidad es racional también porque está necesariamente ligado a lo racional, del que es un momento imprescindible; que en la historia se triunfa siempre en general, e incluso el «particular» lucha por imponerse, en última instancia, y se impone también en cuanto determina un cierto desarrollo de lo general y no otra cosa. Pero en la historia moderna, «particular» no tiene el mismo sentido que tenía en Maquiavelo y en Guicciardini; ya no indica el mero interés individual, porque en la historia moderna el «individuo» histórico-político no es el individuo «biológico» sino el grupo social. Solo la lucha con su éxito, y ni siquiera con su éxito inmediato sino con el que se manifiesta en una permanente victoria, dirá lo que es racional o irracional, lo que es «digno» de vencer porque continúa a su modo y supera al pasado.

La posición práctica de Croce es un elemento para el análisis y la crítica de su posición filosófica y es incluso un elemento fundamental; en Croce filosofía e «ideología» finalmente se identifican; también la filosofía no muestra otra cosa que el «instrumento práctico» de la organización y de la acción: de organización de un partido, incluso de una internacional de partidos, y de una línea de acción práctica. El discurso de Croce en el Congreso de Filosofía de Oxford es en realidad el manifiesto político de una unión internacional de grandes intelectuales de todas las naciones, especialmente de Europa: y no se puede negar que esto se pueda transformar en un partido importante y que puede tener una función nada pequeña. Se podría decir ya, así en conjunto, que hoy se verifica en el mundo moderno un fenómeno similar a la separación entre lo «espiritual» y lo «temporal» en el Medioevo: fenómeno mucho más complejo que el de entonces por cuanto la vida moderna se ha tornado también mucho más compleja. Los agrupamientos sociales regresivos y conservadores se reducen cada vez más a su fase inicial económico-corporativa, mientras que los agrupamientos progresivos e innovadores se encuentran todavía en la fase inicial precisamente económico-corporativa; los intelectuales tradicionales, separándose del grupo social al que habían dado hasta hoy su forma más alta y comprensiva y por eso la conciencia más amplia y perfecta del Estado moderno, en realidad cumplen un acto de incalculable importancia histórica: señalan y sancionan la crisis estatal en su forma decisiva. Pero estos intelectuales no tienen organización eclesiástica, ni nada que se le parezca, y en esto la crisis moderna es más grave que la medieval que se desarrolló durante varios siglos, hasta la Revolución francesa, cuando la agrupación social que después del siglo XI fue la fuerza motriz económica de Europa pudo presentarse como «Estado» integral con todas las fuerzas intelectuales y morales necesarias y suficientes para organizar una sociedad completa y perfecta. Hoy lo «espiritual», que se separa de lo «temporal» y se distingue de él como presente por sí, es algo desorgánico, descentrado, un polvillo inestable de grandes personalidades culturales «sin papa» y sin territorio. Este proceso de desintegración del Estado moderno es, por lo tanto, mucho más catastrófico que el proceso histórico medieval, que era desintegrativo e integrativo al mismo tiempo, dado el especial reagrupamiento que era el motor del proceso histórico mismo y dado el tipo de Estado existente después del siglo XI en Europa, que no conocía la centralización moderna y más se podría llamar «federación de clases dominantes» que Estado de una sola clase dominante.

Debe observarse en qué medida el «actualismo» de Gentile corresponde a la fase estatal positiva, a la que en cambio se opone Croce. La «unidad en el acto» da la posibilidad a Gentile de reconocer como «historia» lo que para Croce era antihistoria. Para Gentile la historia es toda historia del Estado; para Croce, en cambio, es «ético-política», o sea que Croce quiere mantener una distinción entre sociedad civil y sociedad política, entre hegemonía y dictadura; los grandes intelectuales ejercitan la hegemonía que presupone una cierta colaboración, o sea, un consenso activo y voluntario (libre), es decir, un régimen liberal, democrático. Gentile plantea la fase corporativo-económica como fase ética en el acto histórico: hegemonía y dictadura son indistinguibles, la fuerza es consenso sin más; no se puede distinguir la sociedad política de la sociedad civil; existe solo el Estado y naturalmente el Estado-gobierno, etcétera.

La misma posición contrapuesta que en la esfera filosófica se verifica entre Croce y Gentile, se verifica en el campo de la economía política entre Einaudi y los discípulos de Gentile;[16] el concepto de ciudadano-fun-

---

16. Ver la polémica Einaudi-Benini-Spirito en los *Nuovi Studi* de 1930.

cionario del Estado, propio de Spirito, deriva directamente de la inexistente división entre sociedad política y sociedad civil, entre hegemonía política y gobierno político-estatal; en realidad, por consiguiente, de la antihistoricidad o ahistoricidad de la concepción del Estado que está implícita en la concepción de Spirito, no obstante sus afirmaciones perentorias y su desgañitarse polémico. Spirito no quiere reconocer que, por el hecho de que toda forma de propiedad está ligada al Estado, hasta para los economistas clásicos el Estado interviene en todo momento en la vida económica, que es un tejido continuo de pasajes de propiedad. La concepción de Spirito concretamente representa una vuelta a la pura economicidad, que él desaprueba en sus opositores. Es interesante anotar que en esta concepción está contenido el «americanismo», porque América no ha superado todavía la fase económico-corporativa, atravesada por los europeos en el Medioevo, o sea que no ha creado todavía una concepción del mundo y un grupo de grandes intelectuales que dirijan al pueblo en el ámbito de la sociedad civil: en tal sentido, es cierto que América está bajo el influjo europeo, de la historia europea. (Esta cuestión de la forma-base estatal de los Estados Unidos es muy compleja, pero el núcleo de la cuestión me parece justamente el anteriormente expuesto).

Influjo popular del romanticismo francés de folletín

Muchas veces me he referido a esta «fuente de cultura» para explicar ciertas manifestaciones intelectuales subalternas (recordar el hombre de las letrinas inglesas y los carteles mecánicos).[17] La tesis podría ser desarrollada con un cierto acabamiento y con referencias más amplias. Las «proposiciones» económico-sociales de Eugenio Sue están ligadas a ciertas tendencias del sansimonismo, a las que se vinculan también las teorías del Estado orgánico y el positivismo filosófico. El sansimonismo tuvo difusión popular también en Italia directamente (existen publicaciones al respecto que tendrían que ser consultadas) e indirectamente a través de las novelas populares que recogían opiniones más o menos ligadas al sansimonismo, a través de Luis Blanc, etc., al igual que las novelas de Eugenio Sue.

Esto sirve también para mostrar cómo la situación política e intelectual del país era tan atrasada que se planteaban los mismos problemas que

---

17. Gramsci se refiere a dos notas, «Sotto la mole», publicadas en *Avanti!* el 1 y 8 de febrero de 1916.

en la Francia de 1848 y que los representantes de estos problemas eran elementos sociales muy semejantes a los franceses de entonces: bohemios, pequeños intelectuales llegados de provincia, etc. (cfr. siempre la *Sagrada Familia* en los capítulos «Revelación de los conceptos de la economía política»). El príncipe Rodolfo es nuevamente convertido en regulador de la sociedad, pero es un príncipe Rodolfo salido del pueblo, por consiguiente más romántico (por otra parte, no se sabe si en el tiempo de los tiempos no hubo una casa principesca de ese pedigrí).

El influjo intelectual de Francia

La increíble fortuna del superficialísimo libro de Léon Daudet sobre *El estúpido siglo XIX*: la fórmula del «estúpido siglo» se ha transformado en una verdadera jaculatoria sin reparo y sin haber entendido su verdadero significado. En el sistema ideológico de los monárquicos franceses esta fórmula es comprensible y justificada: crean o quieren crear el mito del *ancien régime* («solo en el pasado está la verdad, solo en el pasado está la belleza») y programáticamente desprecian todo el paréntesis encerrado entre 1789 y la Restauración: entre otras cosas, también la formación de la unidad estatal italiana. Pero para los italianos ¿qué significado tiene esta fórmula? ¿Quieren restaurar las condiciones anteriores al Risorgimento? ¿Es el siglo XIX estúpido por haber expresado las fuerzas que unificaron a Italia?

Ideología de subterfugios: hay una corriente, muy estúpida en sus manifestaciones, que realmente busca rehabilitar los antiguos regímenes, especialmente el borbónico, y ello justamente con espíritu apologético (paralelamente a los estudios históricos que tratan de reconstruir objetivamente los hechos). Pero en todas estas expresiones me parece que existe el embarazo de quien quisiera tener una tradición y no puede tenerla (una tradición ruidosa como podría ser la francesa de Luis XIV o de Napoleón) o se ve constreñido a volver a saltar muchos siglos, y en la real tradición del país ve contenida gran cantidad de argumentos polémicos negativos. Precisamente por esto la fortuna de la frase de Daudet es un típico ejemplo de supeditación a las corrientes intelectuales francesas.

La cuestión tiene, sin embargo, un aspecto general muy interesante: ¿cuál debe ser la posición de un grupo político innovador hacia el pasado, especialmente hacia el pasado más próximo? Naturalmente que debe ser una posición esencialmente «política», determinada por las necesidades prácticas, pero la cuestión consiste precisamente en la determinación de los «límites» de tal posición. Una política realista no solo debe tener presente el éxito inmediato (para determinados grupos políticos, sin embargo, el éxito inmediato es todo: se trata de movimientos puramente represivos, para los cuales todo consiste especialmente en dar un gran golpe a los enemigos inmediatos, aterrorizar a los partidarios de estos y conquistar, por consiguiente, el respiro necesario para reorganizar y reforzar con instituciones apropiadas la máquina represiva del Estado), sino también salvaguardar y crear las condiciones necesarias para la actividad del porvenir; y entre estas condiciones está la educación popular. Este es el punto. La posición será tanto más «imparcial», o sea, históricamente «objetiva», cuanto más elevado sea el nivel cultural y desarrollado el espíritu crítico, el sentido de las diferencias. Se condena en bloque el pasado cuando no se perciben las diferencias, o al menos las diferenciaciones son de carácter secundario y se extinguen, por consiguiente, en el entusiasmo declamatorio. Es cierto, por otra parte, que en el pasado se puede encontrar todo lo que se quiera, manipulando las perspectivas y los órdenes de las grandezas y de los valores.

El siglo XIX significó, en el orden político, el sistema representativo y parlamentario. ¿Es cierto que en Italia este sistema fue importado mecánicamente? Se obtuvo con una lucha en la que no fueron llamadas a participar las grandes masas de la población: fue adaptado a estas condiciones asumiendo formas bien específicas, italianas, inconfundibles con las de otros países. Por eso la tradición italiana presenta diversos filones: el de la resistencia tenaz, el de la lucha, el del acomodamiento y del espíritu de combinación (que es la tradición oficial). Cada grupo puede referirse a uno de estos filones tradicionales, distinguiendo entre hechos reales e ideologías, entre luchas verbales, etc.; puede también sostener que inicia una nueva tradición de la que en el pasado solo se encuentran elementos moleculares, no orgánicos, y valorar estos elementos, que por su mismo carácter no son comprometedores, esto es: no pueden dar lugar a una elaboración ideológica orgánica que se contraponga a la actual, etcétera.

¿Nos hemos verdaderamente liberado o trabajamos efectivamente para liberarnos del influjo francés? Me parece que, en cierto sentido, el influjo francés fue aumentando en estos últimos años y que irá aumentando cada vez más. En la época precedente el influjo francés llegaba a Italia desorgánicamente, como un fermento que ponía en ebullición una materia todavía amorfa y primitiva: las consecuencias eran, en cierto sentido, originales. Incluso el impulso inicial del movimiento era exterior, la dirección del movimiento era original, porque resultaba de un conjunto de fuerzas autóctonas despertadas.

Ahora, en cambio, se intenta limitar o directamente anular este influjo «inorgánico» que se ejercía espontánea y casualmente, pero el influjo francés ha sido transportado al sistema mismo, en el centro de las fuerzas motrices que justamente lo quisieran anular y limitar. Francia se convirtió en un modelo negativo, pero así como este modelo negativo es una mera apariencia, un fantoche de la argumentación polémica, la Francia real es el modelo positivo. La misma «romanidad», en cuanto tiene algo de eficiente, se transforma en modelo francés porque, como justamente observa Sorel (Cartas a Michels, publicadas en *Nuovi Studi di Politica, Economia e Diritto*),[18] la tradición estatal de Roma fue conservada especialmente en el centralismo monárquico francés y en el espíritu nacional estatal del pueblo francés. Se podrían encontrar curiosas pruebas lingüísticas de tales imitaciones: los «mariscales» después de la guerra, el título de director del Banco de Italia cambiado por el de «gobernador», etc. En la lucha Francia-Italia hay una sobreentendida gran admiración por Francia y por su estructura real; y de esta lucha nace un influjo real enormemente más grande que el del período precedente. (El nacionalismo italiano copiado del nacionalismo francés, etc., era la prueba, mucho más importante que el mimetismo democrático, de que este influjo real había nacido ya en el período precedente).

Cultura histórica italiana y francesa

La cultura histórica y general francesa pudo desarrollarse y transformarse en «popular-nacional» por la misma complejidad y variedad de la historia política francesa de los últimos ciento cincuenta años. La tendencia dinástica se disolvió en la sucesión de tres dinastías radicalmente antagónicas entre sí: legitimista, liberal-conservadora, militar-plebiscitaria, y en la sucesión de gobiernos republicanos, también ellos fuertemente diferenciados: el jacobino, el radical-socialista y el actual. Es imposible una «hagiografía» nacional unilateral: toda tentativa de este género rápidamente parece sectaria, forzada, utópica, antinacional, en tanto se ve constreñida a arrojar por la borda o a menospreciar páginas imborrables de la historia nacional (ver actualmente la tendencia de Maurras y la mísera

---

18. De 1920.

Historia de Francia de Bainville). Por tal razón, el protagonista de la historia francesa se transformó en el elemento permanente de estas variaciones políticas, el pueblo-nación; por consiguiente, existe un tipo de nacionalismo político y cultural que rechaza los límites de los partidos propiamente nacionalistas y que impregna toda la cultura, como consecuencia de una dependencia y un estrecho vínculo entre pueblo-nación e intelectuales. Nada similar existe en Italia, en la que en el pasado se debe buscar el sentimiento nacional con linterna, haciendo distinciones, interpretando, callando, etc., en el cual si se exalta a Ferrucci es necesario explicar a Maramaldo, si se exalta a Florencia es necesario justificar a Clemente VII y al papado, si se exalta a Milán y a la Liga es necesario explicar a Como y las ciudades favorables a Barbarroja, si se exalta a Venecia es necesario explicar a Julio II, etc. El preconcepto de que Italia fue siempre una nación complica toda la historia y requiere acrobacias intelectuales antihistóricas. Por eso, en la historia del siglo XIX no podía haber unidad nacional, al faltar el elemento permanente, el pueblo-nación. La tendencia dinástica, de una parte, tenía que prevalecer dado el apoyo que le otorgaba el aparato estatal, y las tendencias políticas más opuestas no podían tener un mínimo común de objetividad: la historia era propaganda política, tendía a crear la unidad nacional, esto es, la nación, en lo externo contra las tradiciones, basándose en la literatura; era un *querer ser*, no un deber ser, porque existen ya las condiciones de hecho. Por esa misma posición los intelectuales debían distinguirse del pueblo, colocarse fuera, crear entre ellos el espíritu de casta, o reforzarlo, *desconfiar* en el fondo del pueblo, sentirlo extraño, tener miedo, porque en realidad era algo desconocido, una misteriosa hidra de innumerables cabezas. Me parecía que actualmente existían las condiciones mínimas para superar este estado de cosas, pero dichas condiciones no fueron explotadas como se debía y la retórica retomó la delantera (la incierta interpretación de Caporetto ofrece un ejemplo de este actual estado de cosas, así como la polémica sobre el Risorgimento y últimamente sobre el Concordato). No es necesario negar que se han dado muchos pasos adelante en todos los sentidos, pero sería caer en una retórica opuesta. Incluso, especialmente antes de la guerra, muchos movimientos intelectuales estaban orientados a rejuvenecer y desretorizar la cultura y aproximarla al pueblo, o sea, nacionalizarla. (Las dos tendencias podrían denominarse nación-pueblo y nación-retórica). Sobre este último tema confrontar Volpe, *L'Italia in cammino*, donde hay muchas inexactitudes de hecho y de proporciones y donde se nota el nacimiento de una nueva retórica; el libro de Croce, la *Storia d'Italia*, donde hay defectos de otra índole pero no menos peligrosos, porque la historia se vacía en la abstracción de los conceptos; y los libros de Prezzolini sobre la cultura italiana.

Francia-Italia

¿Existió realmente alguna vez una francofilia en Italia? ¿Y eran realmente francófilos los radical-masones del *Secolo*, a quienes precisamente se juzga de ordinario como impudorosamente francófilos? Pienso que, analizando más profundamente, se puede descubrir que ni siquiera esa corriente fue verdaderamente francófila. Francia representó un mito para la democracia italiana, la transfiguración en un modelo extranjero de lo que la democracia italiana no había nunca conseguido y no se proponía concretamente hacer, el sentido de la propia impotencia e ineptitud en el ámbito precisamente nacional. Francia era la Revolución francesa y no el régimen actual, era la participación de las masas populares en la vida política y estatal, era la existencia de fuertes corrientes de opinión, la desprovincialización de los partidos, el decoro de la actividad parlamentaria, etc.; cosas que no existían en Italia, que se ambicionaban pero para cuya concreción no se sabía y no se quería hacer nada preciso, coordinado, continuo. Se mostraba al pueblo italiano el ejemplo francés, como si se esperara que el pueblo italiano hiciera de por sí, o sea, por iniciativa espontánea de las masas lo que los franceses habían conseguido por medio de una serie de revoluciones y de guerras, al costo de torrentes de sangre. Pero no era francofilia en el sentido técnico y político: también era propio de estos demócratas mucha envidia y un odio sordo hacia Francia. Francófilos han sido los moderados que creían que era deber de Francia ayudar siempre a Italia como a la niña de los ojos y que se habrían subordinado a la política francesa: por desilusión se arrojaron en brazos de Alemania.

En *Histoire d'un crime*, Victor Hugo escribe: «Todo hombre de corazón tiene dos patrias en este siglo. La *Roma del pasado y París de hoy*». Aquella patria asociada a la de hoy supone que Francia es la heredera de Roma: he aquí una afirmación que no ha sido hecha y que no se hace especialmente por agradar a muchos.

«Oleada de materialismo» y «crisis de autoridad»

El aspecto de la crisis moderna que se deplora como «oleada de materialismo» está vinculado con lo que se llama «crisis de autoridad». Si la clase dominante ha perdido el consenso, entonces no es más «dirigente», sino únicamente dominante, detentadora de la pura fuerza coercitiva, lo que significa que las clases dominantes se han separado de las ideologías tradicionales, no creen más en lo que creían antes. La crisis consiste justamente en que lo viejo muere y lo nuevo no puede nacer, y en este terreno se verifican los fenómenos morbosos más diversos. A este parágrafo deben vincularse algunas observaciones hechas sobre la llamada «cuestión de los jóvenes», determinada por la «crisis de autoridad» de las viejas generaciones dirigentes y por el mecánico impedimento que se pone a quien podría dirigir para cumplir su misión.

El problema es este: una ruptura tan grave entre masas populares e ideologías dominantes como la verificada en la posguerra, ¿puede ser «curada» con el puro ejercicio de la fuerza que impide a las nuevas corrientes imponerse? El interregno, cuya crisis impide así la solución históricamente normal, ¿se resolverá necesariamente a favor de una restauración de lo viejo? Dado el carácter de las ideologías ello debe descartarse pero no en sentido absoluto. Mientras tanto, la depresión física llevará a la larga a un escepticismo difuso y nacerá una nueva «combinación», en la que, por ejemplo, el catolicismo se transformará en el más puro jesuitismo, etcétera.

También de aquí se puede deducir que se crean las condiciones más favorables para una expansión inaudita del materialismo histórico. La misma pobreza inicial que el materialismo histórico tiene necesariamente que poseer, como teoría difundida en las masas, lo tornará más expansivo. La muerte de las viejas ideologías se verifica como escepticismo hacia todas las teorías y fórmulas generales y aplicación al puro hecho económico (ganancia, etc.) y la política no solo realista de hecho (como siempre), sino cínica en su manifestación inmediata (recordar la historia del *Preludio al Machiavelli*,[19] escrito bajo la influencia del profesor Rensi, que en cierto período, en 1921 o 1922, exaltó la esclavitud como medio moderno de política económica).

Pero esta reducción a la economía y a la política significa justamente reducción de las superestructuras más elevadas a las más adherentes a la estructura, o sea, posibilidad y necesidad de formación de una nueva cultura.

---

19. De Mussolini.

El miedo al kerenskismo

Es uno de los rasgos más sobresalientes de los años de posguerra. Corresponde tal vez, en cierta medida, al miedo al lafayetismo en el período siguiente a la Revolución francesa.

En torno al kerenskismo se ha formado todo un «mito negativo». Se han atribuido a Kerenski todas las cualidades negativas, las debilidades, las vacilaciones, las deficiencias de toda una época histórica. No ser el Kerenski del propio país se transformó en la obsesión de toda una serie de jefes de gobierno. De este miedo han surgido algunas de las máximas políticas del maquiavelismo actual y de los principios críticos sobre los que se desarrolla la propaganda política de masas. Pero ¿qué es, realmente, este miedo? No se aprecia que uno de los elementos del kerenskismo es precisamente este miedo a ser Kerenski, o sea, el hecho de que a una orientación positiva se la sustituya por una orientación negativa en la vida política, se piensa más en «no hacer» que en el «hacer concreto», se está obsesionado por el adversario al que se lo siente dominar en el interior mismo de la propia personalidad. Por otra parte, se es Kerenski no por propia voluntad, tanto como la voluntad no puede evitar ser Kerenski. Este ha sido la expresión de una determinada correlación de fuerzas políticas, organizativas, militares inmediatas, que no fue creada por él y que él no consiguió corregir, a pesar de sus esfuerzos desesperados, tan desesperados y descompuestos que le dieron el aspecto de un Arlequín. Se ha tomado en serio el cuadro moral e intelectual de Kerenski pintado por sus adversarios como arma de lucha contra el mismo, como instrumento inmediato para liquidarlo, aislarlo, y se lo convirtió en un hombre de paja completamente fuera del tiempo y del espacio, un típico «ilota» para mostrar a los «separados» a fin de educarlos. Se podría demostrar que no es cierto que Kerenski no recurrió a las medidas de fuerza, todo lo contrario; pero tal vez justamente este recurso a la fuerza aceleró el proceso político por el cual fue removido. En realidad Kerenski tuvo muchos éxitos relativos y su línea política en sí no estaba equivocada; pero esto contó poco en el conjunto de las fuerzas desencadenadas a su alrededor, que eran incontrolables por políticos del tipo de Kerenski, o sea, del conjunto de las fuerzas sociales del que Kerenski era la expresión más adecuada.

Sucesos de junio de 1914

Recordar el artículo de Rerum Scriptor sobre la ausencia de programa de tales sucesos. Es extraño que Rerum Scriptor no se haya dado cuenta de que esos sucesos tenían un gran valor porque renovaban las relaciones entre Norte y Sur, entre las clases urbanas septentrionales y las clases rurales meridionales. Si el hecho que dio origen a los sucesos tuvo lugar en Ancona, es preciso recordar que el origen real fue la destrucción de Roccagorga, típicamente «meridional», y que se trataba de oponerse a la política tradicional de Giolitti, pero también a los gobiernos de todos los otros partidos, de pasar inmediatamente por las armas a los campesinos meridionales si elevaban una mera protesta pacífica contra el mal gobierno y las malas administraciones de los amigos de todos los gobiernos. Es digno de recordar también el adjetivo «innoble» utilizado por Adolfo Omodeo para calificar esos sucesos.[20] Omodeo habla de «Ignacio de Trabia (el segundón del príncipe Pedro)», que, como oficial de caballería en junio de 1914, «tuvo que cargar por las calles de Roma contra la multitud durante la innoble semana roja». Produjo un disgusto profundo. Escribía: «Fue una hora realmente mala para toda Italia y todos debemos amargarnos. El país ha dado un espectáculo decididamente incivil. No fue...», etc. Sería necesario confrontar con estas palabras del principito de Trabia las deposiciones de los campesinos de Roccagorga en el proceso llevado en Milán contra Mussolini y Scalarini. Pero debe observarse que Adolfo Omodeo, liberal clásico, comenta los sucesos originados por la defensa de los campesinos meridionales con las palabras de un latifundista siciliano, uno de los organizadores de las condiciones de embrutecimiento de los campesinos meridionales. Y por la superficialidad de historiador y la incongruencia política de Omodeo es necesario parangonar esta posición con la que resulta del libro *L'età del Risorgimento*, en el que Omodeo esclarece las envilecedoras condiciones del campesinado meridional como causa del retardo del Risorgimento italiano.

Mil novecientos quince

Por lo que se refiere a la correlación de fuerzas en el momento de la entrada de Italia en la guerra y para juzgar la capacidad política de Salandra-Sonnino no es necesario considerar cuál era la situación al 24 de mayo,

---

20. Cfr. en *Critica* del 20 de enero de 1932, «Momenti della vita di guerra», págs. 29-30.

sino cuál fue cuando fijó la fecha del 24 de mayo para iniciar las hostilidades. Es evidente que, una vez fijada por tratado esta fecha, no era ya posible cambiarla porque en ese momento había cambiado la situación en el frente oriental. La cuestión que se plantea es si no hubiera convenido que la entrada en guerra de Italia hubiera coincidido con el comienzo de la ofensiva rusa y no calcular «absolutamente» sobre el buen éxito de la ofensiva misma. Que Salandra ponga en claro e insista sobre el hecho de que la entrada en la guerra coincidió con el revés ruso, casi hasta afirmar que no se iba en socorro del vencedor, no demuestra mucha seriedad política y responsabilidad histórica.

Cuestión de la disolución del imperio austro-húngaro

De las memorias del conde Czernin[21] parecería inferirse que Czernin creía que la existencia del pacto de Londres significaba la destrucción de la monarquía de los Habsburgo, porque sin Trieste la monarquía no habría existido más. Las tentativas de una paz separada por parte de Austria (iniciativa de Sixto de Borbón; polémica Clemenceau-Czernin en los primeros meses de 1918; dimisión de Czernin) habrían fracasado por la oposición de Italia y por el pacto de Londres, a pesar de la austrofilia latente en Francia y en Inglaterra (tanto que Czernin escribió que Italia tenía «la dirección diplomática de la guerra»). Pero estas afirmaciones de Czernin no cambian el juicio sobre la conducta de Sonnino y sobre el problema de Austria, porque se trataba no de saber si el imperio de los Habsburgo hubiera «mecánicamente» muerto por la amputación de Trieste, sino si Sonnino quería el fin del imperio de los Habsburgo. Entre tanto, debe dudarse sobre si el imperio se hubiese hundido sin Trieste; todavía podía tener un acceso de energía y dar lugar a una nueva guerra con Italia. La posición de Sonnino debe considerarse respecto de las cuestiones nacionales existentes en Austria y, por consiguiente, como problema político-militar inmediato, como elemento de la guerra de hecho: una política de las nacionalidades (como quería también el general Cadorna) ¿habría acelerado la victoria italiana determinando la disolución interna del ejército austro-húngaro? Este es el problema y en torno a él se deben discutir las responsabilidades de Salandra-Sonnino y especialmente de Sonnino.

---

21. Ottokar Czernin, *Im Weltkriege*, Berlín-Viena, 1919. Czernin fue ministro austro-húngaro de Relaciones Exteriores de diciembre de 1916 a abril de 1918.

El pacto de Londres

El artículo 13 del pacto de Londres establece que, en el caso de que Francia e Inglaterra aumentaran sus dominios coloniales a expensas de Alemania, estos dos países tendrían que reconocer como principio que Italia podría exigir compensaciones equitativas, especialmente en la regulación de las cuestiones concernientes a las fronteras de las colonias, etc. La imprecisión y la ambigüedad de las formulaciones están conexas con el carácter del pacto, por el cual Italia se comprometía a declarar la guerra a Austria y no a Alemania. Este elemento constituye el factor central de la política exterior y de alianzas de Italia en ese período. ¿Por qué se tomó esta decisión y cómo se conocía la posición que hubiera tomado Alemania, o sea, si Alemania no hubiese declarado la guerra a Italia? Problemas que aún permanecen sin resolver. Elementos para resolver: 1) el documento Cadorna que Salandra afirma no haber conocido; 2) posición Salandra-Sonnino por la cual no se asocian a Giolitti pero pretenden «hacer historia» por sí solos, o sea, en beneficio de su partido, sin dominar –sin embargo– las fuerzas sociales prevalecientes del país; 3) posición de Giolitti en 1918-1919, o sea, sus movimientos para una constituyente, o al menos para una limitación del poder ejecutivo, que parecía no haber mantenido los pactos o las promesas hechas a Giolitti a espaldas de Salandra y Sonnino.

Cadorna

SPECTATOR (Mario Missiroli), «Luigi Cadorna» en *Nuova Antologia* del 1 de marzo de 1929. Observaciones brillantes, pero superficiales, sobre la tradición político-militar de la familia Cadorna y sobre las condiciones de crisis del ejército italiano en el período en el que Luigi inició y completó su carrera. Importancia del general napolitano Pianell en la penetración de espíritu nuevo en el nuevo ejército nacional, contra las tradiciones burocráticamente francesas del Estado Mayor piamontés, compuesto por elementos mediocres: pero Pianell era viejo y su herencia fue más de crítica que de construcción. Importancia de la guerra de 1870 en la transformación de las ideas sobre el arte militar, fosilizadas sobre la base de la tradición francesa. Cadorna colabora con Pianell. Se «fosiliza» en el aspecto técnico, de organización de la guerra, y descuida el aspecto histórico-social (me parece que esta es una acusación exagerada: la culpa no es de Cadorna, sino de los gobiernos que tendrían que haber educado políticamente a los militares). No se puede apelar al modelo napoleónico: Napoleón representaba la sociedad civil y el militarismo de Francia, conjugaba en su persona las dos funciones de jefe del gobierno y jefe del ejército. La clase dominante italiana no ha sabido preparar jefes militares, eso es todo. ¿Por qué se tendría que reclamar a Cadorna una gran capacidad política si no se reclama a los jefes políticos una correspondiente capacidad militar? Es cierto que el jefe militar debe tener, por su misma función, una capacidad política, pero la posición política hacia las masas militares y la política militar deben ser fijadas por el gobierno y bajo su responsabilidad.

He aquí una serie de cuestiones muy interesantes para estudiar a propósito de la guerra hasta Caporetto: ¿existe identidad de miras entre el gobierno y Cadorna sobre la política militar, sus fines estratégicos y los medios generales para alcanzarlos y sobre la administración política de las masas militares? Sobre el primer punto había desacuerdo entre Cadorna y Sonnino, y Cadorna era mejor político que Sonnino. Cadorna quería hacer una política de nacionalidades en Austria, esto es: quería conseguir la disgregación del ejército austríaco; Sonnino se opuso: no quería la destrucción de Austria. Sobre el segundo punto no hay elementos; es muy probable que el gobierno haya descuidado el ocuparse de él, pensando que fuera de la jurisdicción de los poderes discrecionales del jefe del ejército. No sucedió así en Francia, donde los diputados mismos iban al frente y controlaban el tratamiento dado a los soldados; en Italia esto parecía una enormidad, etc., y habría dado lugar seguramente a todo tipo de inconvenientes, pero los inconvenientes no fueron, por cierto, de la magnitud de Caporetto.

«Las deficiencias naturales de sentido histórico y de intuición de los sentimientos de las masas se tornaron más sensibles por una concepción de la vida militar que había asimilado en la escuela de Pianell y que se había entrelazado con una fe religiosa tendiente al misticismo». Sería más exacto hablar de gazmoñería y precisar que bajo el influjo del sentimiento religioso Cadorna fundaba su política hacia las masas militares: en efecto, el único coeficiente moral del reglamento era confiado a los capellanes militares. La aversión de Cadorna por la vida política parlamentaria es incomprensión: pero no era el único responsable, más bien y especialmente lo era el gobierno. No participó en las guerras de África. Llegó a jefe del Estado Mayor el 27 de julio de 1914. Desconocido por el gran público, «con un halo de respeto sin efusión en el sector militar». La referencia a las *Memorias* de Cadorna, publicadas en *Altre pagine sulla grande guerra*, es ingenua y jesuítica. «El plan estratégico contemplaba dos posibilidades igualmente razonables: ¿ofensiva sobre el frente Juliano y defensiva sobre el Trentino o viceversa? Se atiene a la primera solución». ¿Por qué igualmente razonables? No eran la misma cosa: la ofensiva victoriosa en el Trentino llevaba la guerra a una completa germanización, ya que hubiera galvanizado la resistencia alemana y determinado «rápido» el desencuentro entre italianos y los alemanes de Guillermo; la ofensiva victoriosa sobre el frente Juliano, en cambio, habría llevado la guerra a los países eslavos y, apoyada en una política de nacionalidades, hubiera permitido disgregar al ejército austríaco. Pero el gobierno era contrario a la política de nacionalidades y no quería chocar con Alemania, a la que no había declarado la guerra: así, la elección de Cadorna (elección relativa, como se ve, dada la equívoca posición hacia Alemania), mientras podía ser políticamente óptima, fue sin embargo pésima: las tropas eslavas vieron en la guerra una guerra nacional defensiva de sus tierras contra un invasor extranjero y el ejército austríaco se consolidó.

Cadorna era un burócrata de la estrategia; una vez hechas sus hipótesis «lógicas», daba vuelta a la realidad y rechazaba tomarla en consideración.

Caporetto: de las memorias de Cadorna surge que estaba desde hacía algún tiempo informado, antes que Caporetto, de que la moral de las tropas se había debilitado. Y en este punto es necesario situar una actividad política particularmente suya y muy peligrosa: él no se preguntaba si no era necesario cambiar algo en el gobierno político del ejército, o sea, si el debilitamiento moral de las tropas no se debió al comando militar; no sabía emplear la autocrítica; está persuadido de que el hecho depende del gobierno civil, del modo como se gobierna el país, y pide medidas reaccionarias, represiones, etc. En el país se vislumbra algo de esta actividad «política» suya y los artículos de la *Stampa* son la expresión de una crisis del país y del ejército. La *Stampa* objetivamente tiene razón: la situación es muy similar a la que precedió a la «fatal Novara». También en este caso la responsabilidad es del gobierno que tenía entonces que sustituir a Cadorna y ocuparse «políticamente» del ejército. El «misterio» militar de Caporetto. El comando supremo había sido advertido de la ofensiva, hasta del día y de la hora, de la zona y de las fuerzas austro-alemanas que participarían (ver el libro de Aldo Valori sobre la guerra italiana). ¿Por qué en cambio hubo sorpresa? El articulista sale del paso con lugares comunes: Cadorna era un jefe militar de segundo orden. Crítica de los militares italianos que se habían apartado del país y de su vida real. El contraste entre ejército piamontés y garibaldinos se continúa en el contraste entre ejército y país, esto es: continúa desarrollando la negatividad nacional del Risorgimento.

Muchos lugares comunes: ¿es además verdad que antes de la guerra en Italia el ejército hubiera sido descuidado? Sería necesario demostrar que el porcentaje italiano de los gastos militares sobre el presupuesto total fue más bajo que en los otros países: me parece, en cambio, que en Italia fue más alto que en muchos países.

La política de Luigi Cadorna. En el artículo de Fermi «La Spagna cattolica», en *Gerarchia* de diciembre de 1931, se alude a la constitución española de 1812 y se dice: «La resistencia indómita opuesta a los franceses de 1808 a 1813 por parte de todas o casi todas las clases de la nación, guiadas por el clero también rebelado, marcó una página gloriosa. Fernando VII y las Cortes de 1812 se encargaron de anular los resultados. Estas, con la constitución modelada sobre el figurín francés de 1791, impusieron al país un disfraz: mala copia de otra mala copia, como decía Luigi Cadorna de otro disfraz análogo». ¿Dónde y cuándo se expresó Cadorna en tales términos? El juicio de Fermi sobre la constitución española de 1812 es el frecuente juicio superficial de la demagogia reaccionaria.

Sucesos de 1917

El ministerio Salandra cae el 10 de junio de 1916, contragolpe de la declaración de guerra a Alemania, mientras duraba la amenaza del ejército austríaco en el Trentino. Boselli forma el ministerio nacional (ver la posición de los giolittianos a este respecto). El 12 de junio de 1917, crisis de ministerio: los ministros devuelven a Boselli sus carteras para darle la posibilidad de organizar mejor la obra de gobierno. Contrastes tanto en política exterior como en política interior: Bissolati y los otros hostilizaban la política de Sonnino, o sea, querían que se determinaran y cambiaran los objetivos de la guerra, hostilizaban la política militar de Cadorna (memorial Douhet a Bissolati), hostilizaban la política interior muy liberal e indulgente hacia los adversarios del gobierno (socialistas, giolittianos y católicos). Cadorna, a su vez, hostilizaba la política interior del gobierno, etc. Es de hacer notar que en Turín comienza a faltar el pan justamente en la segunda mitad de junio (confrontar los artículos de la *Gazzetta del Popolo*, publicados, pero sería necesario conocer si ya antes la *Gazzetta del Popolo* no quiso intervenir y ello no fue impedido por la censura, sin que en el diario apareciesen rastros de estas tentativas: tal vez en el archivo del Estado se encuentren indicios más concretos. Confrontar también la autodefensa del prefecto Verdinois, no obstante ser descolorida e imprecisa). El gabinete Boselli cayó el 16 de octubre de 1917, en vísperas de Caporetto.

¿Podría llamarse nacional un gobierno del que estuviera ausente Giolitti? Precisamente en 1917 se tienen los frutos de la política Salandra-Sonnino, que quisieron monopolizar para sí y para su partido la gloria de la entrada en la guerra y, al no impedir la caza de Giolitti, determinaron su ulterior actitud.

Los memoriales del entonces coronel Douhet fueron publicados en el volumen: GIULIO DOUHET, *Le profezie di Cassandra*, al cuidado del general Gherardo Pantano, Génova, Soc. ed. Tirrena, 1931, en 8.ª, pág. 443. Sobre este volumen confrontar la extraña reseña de Giacomo Devoto en *Leonardo* de febrero de 1932. Devoto se interroga: «¿Por qué críticas tan fundamentadas, viniendo de un hombre de primer orden como sin duda lo era Douhet, no tuvieron el éxito que en sí mismas merecían?». Y se contesta: «No por la maldad de los hombres, no por el carácter inflexible del autor, ni tampoco por un destino cruelmente adverso. Las pérdidas morales y materiales que el deficiente mando ha procurado a Italia eran necesarias. Italia, que por un largo hábito a la primera noticia de derrota o de incertidumbre en una batalla colonial perdía la calma, tenía que aprender a soportar pacientemente pruebas francamente duras. Una buena mitad de nuestros soldados fueron sacrificados, desde el punto de vista militar, inútilmente. Pero como para aprender a obrar bien es fatal primero equivocarse, así también, para aprender a sacrificarse útilmente, un país debe templarse en sacrificios desproporcionados. Ninguna apología nos podrá hacer creer que el viejo comando supremo hubiera conducido bien al ejército. Pero para llegar a mandar bien, es necesario querer mandar». Sería necesario averiguar si este señor Giacomo Devoto es militar (un G. Devoto es profesor de glotología en la Universidad de Padua).

Su razonamiento se parece al del honorable Giuseppe Canepa, comisario de aprovisionamiento en 1917, que, después de los sucesos de Turín, se justificó de la desorganización de su servicio, recordando el «probando» y el «reprobando» de la Academia de la Prueba.[22] Pero esta es la filosofía de monseñor Perrelli en el gobierno de los caballos. Y no se tie-

---

22. *Accademia del Cimento*, instituida en Florencia en 1657. Tuvo una existencia efímera *(N. del T.)*.

ne en cuenta que la masa del ejército no es un cuerpo vil y pasivo para hacer tales experiencias, sino que reacciona justamente desintegrándose: por eso sería útil saber quién es Devoto, si pertenece a los círculos militares y si sus opiniones son pura idiosincrasia o concepción difusa.

Paolo Boselli podría ser llamado la «cigarra nacional». Su elección como jefe del gobierno nacional en junio de 1916 es el indicio de la debilidad de las combinaciones que se construyen en un terreno de retórica verbalista y no de realismo político: bajo el velo de la unidad, proporcionado por los discursos de Boselli, el gobierno estaba despedazado por disidencias incurables y que, por otra parte, no se querían curar, sino tan solo cubrir.

Política de los giolittianos en la posguerra: discursos de Giolitti en Dronero, donde planteó la supresión del artículo 5 del Estatuto, o sea, la ampliación de los poderes parlamentarios contra el poder ejecutivo. La característica de la política giolittiana es la de no tener confianza en sí misma. (¿Qué se proponía Giolitti? ¿No se contentaba acaso con obtener lo que justamente obtuvo, o sea, la dispersión del partido salandrino?). Los giolittianos quieren una constituyente sin constituyente, o sea: sin la agitación política popular que acompaña a la convocatoria de una constituyente; quieren que el Parlamento normal funcione como constituyente reducida a su mínima expresión, edulcorada, domesticada. Es necesario buscar la función desempeñada por Nitti para librar del residuo de veneno a la consigna lanzada por Giolitti, para diluirla, anegarla en el marasmo parlamentario: es cierto que la cuestión de la supresión del artículo 5 hace su aparición oficial en el Parlamento para ser olvidada. Los giolittianos, antes del retorno de Giolitti al gobierno, lanzan la consigna de una «encuesta política sobre la guerra». Es difícil de entender qué significa con exactitud esta fórmula; pero es sin duda solo un seudónimo de la constituyente reducida querida por Giolitti como arma para atemorizar a los adversarios. Debe recordarse que los giolittianos ponían todas sus esperanzas políticas en el Partido Popular, como partido de masa centrista, que tendría que haber servido (y, en realidad, sirvió) como instrumento para la maniobra giolittiana. Artículos de Luigi Ambrosini en la *Stampa*, entrada de Ambrosini en el Partido Popular (confrontar algunos de estos artículos recogidos en el librito *Fra Galdino alla cerca*). Es todo un período de historia política y de los partidos italianos para estudiar y profundizar.

Giolittismo y nittismo

Confrontación entre la concentración cultural francesa, patente en el Instituto de Francia, y la no coordinación italiana (tipo *Nuova Antologia*, *Revue des Deux Mondes*). Diarios italianos mucho mejor hechos que los franceses; ellos cumplen dos funciones: una de información y de dirección política general y las funciones de cultura política, literaria, artística, científica que no tiene un órgano específico difundido (la pequeña revista para la cultura media). En Francia, incluso, también la primera función se ha separado en dos series de periódicos: los de información y los de opinión, que a su vez dependen de los partidos por vía directa, o si no tienen una apariencia de imparcialidad (*Action Française*, *Temps*, *Débats*). En Italia, por ausencia de partidos organizados y centralizados, no se puede prescindir de los diarios: son los diarios, agrupados en serie, los que constituyen verdaderos partidos.

Por ejemplo, en la posguerra, Giolitti tenía una serie de diarios que representaban las diversas corrientes o fracciones del partido liberal democrático: la *Stampa*, en Turín, que intentaba influir sobre los obreros y tenía intermitentemente y en forma nítida tendencias reformistas (en la *Stampa* todas las posiciones eran alternadas, intermitentes, según Giolitti estuviera o no en el poder, etc.); la *Tribuna*, en Roma, que estaba ligada a la burocracia y a la industria proteccionista (mientras que la *Stampa* era más bien librecambista y en mayor medida cuando Giolitti no estaba en el poder); el *Mattino*, en Nápoles, ligado a los grupos meridionales giolittianos, con otros órganos menores (la *Stampa*, para ciertas colaboraciones y servicios de información, estaba a la cabeza de un trust periodístico del que formaban parte especialmente el *Mattino*, la *Nazione* y también el *Resto del Carlino*). *Il Corriere della Sera* formaba una corriente que quería ser en Italia lo que el *Times* era en Inglaterra, custodio de los valores nacionales por encima de las corrientes particulares. De hecho estaba ligado a la industria lombarda de exportación textil (y del caucho) y por eso era más permanentemente librecambista: en la posguerra el *Corriere* estaba a la derecha del nittismo (después de haber sostenido a Salandra).

El nittismo también tenía una serie de diarios: el *Corriere* a la derecha, el *Carlino* al centro-derecha, el *Mondo* al centro-izquierda, el *Paese* en la izquierda. El nittismo tenía dos aspectos: plutocrático, ligado a la industria protegida, y de izquierda. Una posición aparte ocupaba el *Giornale d'Italia*, ligado a la industria protegida y a los grandes terratenientes de la Emilia, del Centro y del Mediodía. Es interesante notar que los grandes diarios que representan la tradición del Partido de Acción: *Secolo* en Milán, *Gazzetta del Popolo* en Turín, *Messaggero* en Roma, *Roma* en Nápoles, tuvieron entre 1921 y 1925 una posición diferente de la *Stampa*, del *Corriere*, del *Giornale d'Italia*, de la *Tribuna*, del *Mattino* y también del *Resto del Carlino*. El *Corriere* fue siempre antigiolittiano, como expliqué en una nota precedente.[23] Incluso en tiempos de la guerra de Libia, el *Corriere* se mantuvo neutral hasta pocos días antes de la declaración de guerra, cuando publicó el artículo de Andrea Torre, ruidoso y lleno de disparates.

El nittismo era todavía una formación política *in fieri*, pero Nitti careció de algunas dotes esenciales para el hombre de Estado; era muy miedoso físicamente y muy poco decidido; era, sin embargo, muy astuto, pero esta es una cualidad subalterna. La creación de la guardia real es el único acto político importante de Nitti: Nitti quería crear un parlamentarismo del tipo francés (debe notarse de qué modo Giolitti buscaba siempre las crisis extraparlamentarias: Giolitti, con esta «trampa», quería mantener formalmente intacto el derecho real de nombrar los ministros, aparte del Parlamento, o por lo menos *a latere*; en todo caso, impedir que el gobierno estuviese muy o exclusivamente ligado al Parlamento), aunque se planteara el problema de las fuerzas armadas y de un posible golpe de Estado. Puesto que los carabineros dependían disciplinada y políticamente del Ministerio de Guerra, o sea, del Estado Mayor (aunque financieramente del Ministerio del Interior), Nitti creó la guardia real, como fuerza armada dependiente del Parlamento, y contrapeso contra toda veleidad de golpe de Estado. Por una extraña paradoja, la guardia real, que era un verdadero ejército profesional, es decir, de tipo reaccionario, habría de tener una función democrática: como fuerza armada de la representación nacional contra las posibles tentativas de las fuerzas irresponsables y reaccionarias. Debe tenerse en cuenta la oculta lucha desarrollada en 1922 entre nacionalistas y demócratas en torno a los carabineros y a la guardia real. Los liberales, bajo la máscara de Facta, querían reducir el cuerpo de carabineros e incorporar una gran parte de este (el 50%) a la guardia real. Los nacionalistas reaccionaron y en el Senado el general Giardino habló contra la guardia real e hizo disolver la caballería (recordar la cómica y miserable defensa que de esta caballería hizo el *Paese*: el prestigio del caballo, etcétera).

---

23. A. Gramsci, *Gli intellettuali e l'organizzazione della cultura*, Einaudi, Turín, 1949, pág, 157 y sigs.

Las directivas de Nitti eran muy confusas: en 1918, cuando era ministro del Tesoro, hizo una campaña oratoria apoyando la industrialización acelerada de Italia y desenfardando gruesas mentiras sobre las riquezas mineras de hierro y carbón del país (el hierro era el de Cogne, el carbón era la lignita toscana: Nitti llegó a sostener que Italia podía exportar estos minerales, después de haber satisfecho una industria propia decuplicada; confrontar a este respecto F. Ciccotti, *L'Italia in rissa*). Sostuvo, antes del armisticio, la póliza de mil liras a los combatientes, conquistando la simpatía de los campesinos. Significado de la amnistía a los desertores (italianos en el extranjero que no hubieran mandado más remesas, de las cuales el Banco de Descuentos tenía casi el monopolio). Discurso de Nitti sobre la imposibilidad técnica de la revolución en Italia, que produjo un fulgurante efecto en el Partido Socialista (confrontar el discurso de Nitti con la carta abierta de Serrati en noviembre o diciembre de 1920).[24] La guardia real estaba compuesta en un 90% por meridionales. Programa de Nitti sobre las cuencas de montaña en Italia meridional que produjo tanto entusiasmo. La muerte del general Ameglio, que se suicidó después de un altercado público con el general Tettoni, encargado de una inspección administrativa sobre la gestión en la Cirenaica (Ameglio era el generalísimo de la guardia real). La muerte de Ameglio, por su patetismo, debe vincularse al suicidio del general Pollio en 1914 (Pollio, en 1912, en el momento de la renovación de la Triple,[25] había firmado el tratado militar-naval con Alemania, que entraba en vigor el 6 de agosto de 1914: me parece que justamente en base a este tratado el *Emden* y el *Goeben* pudieron refugiarse en el puerto de Messina; confrontar al respecto las publicaciones de Rerum Scriptor en *Rivista delle Nazioni Latine* y en *Unità* de 1917-1918, que yo resumí en el *Grido del Popolo*). En sus *Memorias* Salandra se refiere a la muerte «repentina» de Pollio (no dice que fue suicidio); el famoso *Memorándum* de Cadorna, que Salandra declara no haber conocido, debe de reflejar los puntos de vista del Estado Mayor bajo la gestión de Pollio y en relación con el tratado de 1912: la declaración de Salandra de no haber conocido el *Memorándum* es extremadamente importante y plena de significado en la política italiana y en la real situación del elemento parlamentario en el gobierno.

---

24. La carta se encuentra en *Avanti!* del 16 de diciembre de 1920.

25. Alianza que ligaba a Italia con Alemania y Austria, luego desconocida por la primera (*N. del T.*).

En el estudio de los diarios como funciones de partidos políticos es necesario tener en cuenta a los individuos particulares y su actividad. Mario Missiroli es uno de estos. Pero los dos tipos más interesantes son Pippo Naldi y Francesco Ciccotti. Naldi comenzó como joven liberal borelliano, colaborador de pequeñas revistas liberales, director del *Resto del Carlino* y de *Tempo*: fue un agente importantísimo de Giolitti y de Nitti; ligado a los hermanos Perrone y también a otros grandes negociantes; durante la guerra su actividad es de lo más misteriosa.

La actividad de Ciccotti es de las más complejas y difíciles, aunque su valor personal es mediocre. Durante la guerra tuvo actitudes diferentes: ¿fue siempre un agente de Nitti o por algún tiempo también de Giolitti? En Turín, en 1916-1917, era absolutamente derrotista; invitaba a la acción inmediata. Si se puede hablar de responsabilidad individual en los hechos de agosto de 1917, debiera considerarse a Ciccotti como el más responsable: en cambio, apenas si fue interrogado por el juez instructor y tampoco se procedió en su contra. Recuerdo su conferencia de 1916 o 1917, después de la cual fueron arrestados un centenar de jóvenes acusados de haber gritado «¡viva Austria!». No creo que ninguno haya emitido ese grito, pero después de la conferencia de Ciccotti no habría sido extraño que alguno lo hubiera hecho. Ciccotti empezó diciendo que los socialistas eran responsables de una grave culpa: haber afirmado que la guerra era capitalista. Según él, esto significaba ennoblecer la guerra. Luego, con una sutileza notable por la habilidad para suscitar los sentimientos populares elementales, desarrolló una novela de folletín de fuertes tintas que comenzaba más o menos así: en la tarde del día tal se reunieron en el café Faraglino Vicente Morello (*Rastignac*), el senador Artom y un tercero que no recuerdo, etc.; la guerra se debió a la conjura de estos tres y al dinero de Barrère. Recuerdo haber visto a algunos obreros a los que conocía como gente muy tranquila y calma salir de la sala después de la perorata, con los pelos de punta, frenéticos, en un estado de increíble excitación. Un día después la *Stampa* publicaba un artículo sin firma, escrito por Ciccotti, en el que se sostenía la necesidad de un bloque entre Giolitti y los obreros antes de que el aparato estatal cayese completamente en las manos de los puglieses de Salandra. Pocos días después, *Giustizia* de Reggio Emilia publicaba el resumen de una conferencia de Ciccotti en Reggio, donde había exaltado el prampolinismo, etc. Recuerdo que le mostré el diario a algunos «rígidos», los cuales estaban entusiasmados y orgullosos con Ciccotti y querían que se montase una campaña (cierto que por instigación del mismo Ciccotti) para dar el *Avanti!* a Ciccotti.

Nadie ha estudiado todavía a fondo los sucesos de Turín de agosto de 1917. Es cierto que esos hechos fueron espontáneos y debidos a la prolongada falta de pan y a que en los diez días anteriores faltó todo tipo de alimento (arroz, polenta, papas, legumbres, etc.). Pero la cuestión es precisamente esta: ¿cómo se explica esta absoluta carencia de víveres? (Absoluta: en la casa donde yo vivía, y era una casa del centro, nos habían salteado tres comidas, después de un mes en el que las comidas salteadas iban en aumento). El prefecto Verdinois, en la autodefensa publicada en 1925, no da explicaciones suficientes; el ministro Orlando reclamó solo administrativamente a Verdinois y en el discurso en la Cámara se las vio negras también él; entretanto no se realizó ninguna investigación. Verdinois acusa a los obreros. Pero su acusación es ineficaz; dice que los sucesos no tuvieron por causa la falta de pan, porque continuaron cuando el pan elaborado con la harina de los depósitos militares fue puesto en venta. La *Gazzetta del Popolo*, sin embargo, ya veinte días antes preveía graves hechos por la falta de pan y advertía cotidianamente de la necesidad de proveerlo a tiempo: naturalmente, cambió de tono y después solo habló de dinero extranjero. ¿Cómo se permitió que faltara el pan en una ciudad que pertenece a una provincia poco productora de granos y que se había transformado en una gran fábrica de guerra, con una población acrecentada en más de 100.000 habitantes por los trabajadores de las fábricas de municiones?

Siempre tuve la convicción de que la falta de pan no fue casual sino debida al sabotaje de la burocracia giolittiana y, en parte, a la ineptitud de Canepa, que no tenía capacidad para su tarea, ni condiciones para dirigir la burocracia dependiente de su comisariado. Los giolittianos eran de un fanatismo germanófilo increíble: sabían que Giolitti aún no podía llegar al poder, pero querían crear un eslabón intermedio, Nitti u Orlando, y cambiar a Boselli. El mecanismo funcionó tarde, cuando Orlando estaba ya en el poder, pero el asunto había sido preparado para hacer caer al gobierno de Boselli en un charco de sangre turinesa. ¿Por qué se escogió Turín? Porque era casi totalmente neutralista, porque Turín había hecho huelga en 1915, pero especialmente porque los hechos tenían una importancia especial en Turín. Ciccotti fue el principal agente de este asunto; iba muy a menudo a Turín y no siempre para conferenciar con los obreros, sino también para hablar con los de la *Stampa*. No creo que los giolittianos estuvieran en conexión con los alemanes, pues no era indispensable. Su resentimiento era a causa de los acontecimientos de Roma de 1915, y porque pensaban que la hegemonía piamontesa hubiera sido fuertemente conmovida o directamente despedazada, pues eran capaces de todo: el proceso de Portogruaro contra Frassati y el asunto del coronel Gamba solo muestran que esta gente había perdido todo control. Es necesario haber visto la satisfacción con que los redactores de la *Stampa*, después de Caporetto, hablaban del pánico que reinaba en Milán entre los dirigentes y de la decisión del *Corriere* de trasladar todas sus instalaciones, para comprender de lo que podían ser capaces. Indudablemente los giolittianos hubieran temido una dictadura militar que los pusiera en el paredón; hablaban de una conjura Cadorna-Albertini para hacer un golpe de Estado: su manía de llegar a un acuerdo con los socialistas era increíble.

Ciccotti, durante la guerra, sirvió de intermediario para publicar en el *Avanti!* artículos del Control democrático inglés (los artículos los recibía la señora Chiaraviglio). Recuerdo el relato de Serrati sobre su encuentro en Londres con una señora que le quería dar las gracias en nombre del comité y la sorpresa del pobre hombre que ante estas intrigas no sabía qué decisión tomar. Otra anécdota contada por Serrati: el artículo de Ciccotti contra el Banco Comercial que se dejó pasar; el artículo contra el Banco de Descuentos que se censuró; el comentario de Ciccotti sobre un discurso de Nitti primero censurado y después permitido luego de una llamada telefónica en la cual Ciccotti se refirió a una promesa de Nitti, no publicada por Serrati, etc. Pero el episodio más interesante es el de los jesuitas que a través de Ciccotti buscaban hacer cesar la campaña por los Santos Mártires: ¿qué le habrán dado los jesuitas a cambio a Ciccotti?

Pero, a pesar de todo, Ciccotti no fue expulsado, porque tenía indemnidad periodística. Otro de estos tipos fue Carlos Bazzi.

G. B. Angioletti

En *Italia Letteraria* del 18 de mayo de 1930, se mencionan una serie de expedientes por un pleito entre Angioletti y Guillermo Danzi, quien en el diario *La Quarta Roma* del 30 de abril de 1930, según parece, había atacado a Angioletti por su pasado político. Angioletti consignó a sus padrinos Nosari y Ungaretti una nota con los datos esenciales de su condición de servicio militar, político, periodístico. Angioletti habría participado en los sucesos de Milán del 15 de abril de 1919 y habría sido en 1923 codirector de la *Scure* de Piacenza, con Barbiellini.

Primer epílogo

El argumento de la «revolución pasiva» como interpretación de la época del Risorgimento y de toda época compleja de trastocamientos históricos. Utilidad y peligro de tal argumento. Peligro de derrotismo histórico, o sea, de indeferentismo, porque el planteo general del problema puede hacer creer en un fatalismo, etc.; sin embargo, la concepción es dialéctica, es decir que presupone, e incluso postula como necesaria, una antítesis vigorosa y que ponga sobre el tapete intransigentemente todas sus posibilidades de explicación. Entonces no teoría de la «revolución pasiva» como programa, como en los liberales italianos del Risorgimento, sino como criterio de interpretación, ante la ausencia de otros elementos activos dominantes. (Por consiguiente, lucha contra el morfinismo político que exhala Croce y su historicismo. Parece que la teoría de la revolución pasiva es un necesario corolario crítico de la *Introduzione alla critica dell'economia politica*). Revisión de algunos conceptos sectarios sobre la teoría de los partidos que precisamente representan una forma de fatalismo del tipo de «derecho divino». Elaboración de los conceptos del partido de masas y del pequeño partido de élite y relación entre los dos (relación teórico-práctica: ¿teóricamente puede existir un grupo, relativamente pequeño, pero siempre evidente, por ejemplo de algunos millares de personas, homogéneo social e ideológicamente, sin que su misma existencia demuestre una amplia condición de cosas y de estados de ánimo correspondientes que no pueden expresarse solo por causas mecánicas externas y por eso transitorias?).[26]

Intervencionistas y socialistas

A este ensayo pertenecen las observaciones escritas en otra parte sobre los tipos «extraños» que circulaban en el partido y en el movimiento obrero: Ciccotti-Scozzese, Gatto-Roissard, etc. Ninguna política interna de partido, ninguna política organizativa, ningún control sobre los hombres. Pero mucha demagogia contra los intervencionistas, aunque hubieran sido intervencionistas cuando muy jóvenes. La moción por la cual se establecía que los intervencionistas no podían ser admitidos en el partido fue solo un medio de desquite y de intimidación individual y una afirma-

---

26. Sobre el concepto de revolución pasiva, ver Gramsci, *El «Risorgimento»*, Granica Editor, Buenos Aires, 1974.

ción demagógica. De hecho, no impidió que Nenni fuera admitido (lo mismo que Francisco Rèpaci); sirvió, en cambio, para falsificar la posición política del partido que no debía hacer del antiintervencionismo el eje de toda su actividad, y desencadenar odios y persecuciones personales contra determinadas categorías pequeñoburguesas. (Rèpaci se convirtió en corresponsal del diario de Turín, del cual Nenni fue redactor; por lo tanto, no se trata de gente entrada con taladro).

El discurso de «expiación» de Treves y la fijación del intervencionismo están estrechamente ligados: y la política de evitar el problema fundamental, el problema del poder, y de desviar la atención y las pasiones de las masas hacia objetivos secundarios, de esconder hipócritamente la responsabilidad histórico-política de la clase dominante, haciendo recaer las iras populares sobre los instrumentos materiales y a menudo inconscientes de la política de las clases dominantes; todo ello seguía en el fondo una política giolittiana.

A esta misma tendencia pertenece el artículo «Carabinieri reali» de Italo Toscani: el perro que muerde la piedra y no la mano que la lanza. Toscani terminó después como escritor católico de derecha en el *Corriere d'Italia*. Era evidente que la guerra, con el enorme trastorno económico y psicológico que había causado, especialmente entre los pequeños intelectuales y los pequeñoburgueses, había radicalizado a estos sectores. El partido los convirtió en enemigos *gratis*, en lugar de transformarlos en aliados, o sea, los rechazó e impulsó hacia la clase dominante.

Función de la guerra en los otros países para seleccionar a los jefes del movimiento obrero y para determinar la precipitación de las tendencias de derecha. En Italia esta función no fue desempeñada por la guerra (giolittismo), sino que sucedió posteriormente de modo más bien catastrófico y con fenómenos de traición en masa y deserciones como no se habían visto en ningún otro país.

Los sucesos de 1919 en Milán

De una carta de Giorgio Sorel a Uberto Lagardelle (escrita el 15 de agosto de 1898 y publicada por *Educazione Fascista* en marzo de 1933): «El gran argumento de Deville es que la campaña a favor de Dreyfus refuerza a los militares y puede provocar una reacción. El desdichado no se da cuenta de que sucede todo lo contrario: la reacción que marchaba en tren expreso chocó contra una resistencia inesperada, donde los más avanzados son apoyados por los moderados. La gente que no percibía sino el movimiento real, que se detenía en las apariencias engañosas de los escrutinios, creía que Francia avanzaba deprisa hacia el socialismo: por mi parte, siempre percibí que marchaba hacia el cesarismo. Hoy el movimiento se hace patente porque hay una piedra en el engranaje, los dientes rechinan y se rompen; pero no fue la piedra la que dio origen al engranaje, sino lo que obliga a los ciegos a percibirlo».

La mentalidad a la Deville fue siempre difusa. Cuestión de ofensiva y defensiva. Cabe preguntarse si cada vez que el escrutinio era favorable a la izquierda, no hubo una preparación de golpe de Estado por parte de la derecha, que nunca hubiera permitido a la izquierda tener de su lado la fuerza y el prestigio de la llamada «legalidad» estatal (recordar los artículos de Garofalo en *Epoca* de 1922, el libro de Nino Daniele sobre D'Annunzio político, el modo de presentar la narración de los sucesos de 1918, 1919, 1920, etc.). En las memorias del diplomático Aldovrandi, publicadas en *Nuova Antologia* del 15 de mayo-1 de junio de 1933, hay algunos chispazos utilísimos para evaluar los sucesos de abril de 1919 en Milán. La cuestión relacionada con la de la llamada «violencia» como método dogmático, estupidísima forma de sarampión de aquellos años. (Orlando, que en abril de 1919 estaba en París, no debe de haber sido extraño a los sucesos de Milán, que eran necesarios a la comisión italiana para sostener su posición. Incluso la caída de Jacinto Menotti[27] no debe de haber sucedido sin un motivo determinado indirectamente por el gobierno).

Espontaneidad y dirección consciente

De la expresión «espontaneidad» se pueden dar varias definiciones, porque el fenómeno al que se refiere es multilateral. Por lo pronto, es necesario señalar que no existe en la historia espontaneidad «pura»: coincidiría con la mecanicidad «pura». En el movimiento «más espontáneo» los elementos de «dirección consciente» son simplemente incontrolables, no han dejado documentos comprobables. Se puede decir que el elemento de la espontaneidad es por eso característico «de la historia de las clases subalternas», y también de los elementos más marginales y periféricos de esas clases, que no han alcanzado la conciencia de clase «para sí» y por eso ni siquiera sospechan que su historia puede tener importancia alguna ni que tenga ningún valor dejar restos documentales.

---

27. G. M. Serrati.

Existe, por lo tanto, una «multiplicidad» de elementos de «dirección consciente» en estos movimientos, pero ninguno de ellos es predominante, ni sobrepasa el nivel de la «ciencia popular» de un determinado estrato social, del «sentido común», o sea, de la concepción tradicional del mundo de aquel determinado estrato. Es justamente este elemento el que De Man, empíricamente, contrapone al marxismo, sin darse cuenta (aparentemente) de que cae en la misma posición de aquellos que habiendo descrito el folklore, la hechicería, etc., y habiendo demostrado que estos modos de concebir tienen una raíz históricamente auténtica y están arraigados tenazmente en la psicología de determinados estratos populares, creyeran haber «superado» a la ciencia moderna y tomaran como «ciencia moderna» groseros sueltos de las revistas de difusión popular de la ciencia y las publicaciones por entregas. Este es un verdadero caso de teratología intelectual, del cual existen otros ejemplos: los admiradores del folklore que sostienen la conservación; los «hechiceristas» relacionados con Maeterlinck que creen que debe retomarse el hilo de la alquimia y de la hechicería, roto por la violencia, para volver a poner la ciencia en un camino más fecundo en descubrimientos, etc. De Man tiene todavía un mérito incidental: muestra la necesidad de estudiar y elaborar los elementos de la psicología popular, histórica y no sociológicamente, activamente (o sea, para transformarlos, educándolos, en una mentalidad moderna) y no descriptivamente como hace él; pero esta necesidad estaba por lo menos implícita (y tal vez incluso explícitamente declarada) en la doctrina de Ilich,[28] cosa que De Man ignora completamente. Que en todo movimiento «espontáneo» hay un elemento primitivo de dirección consciente, de disciplina, está demostrado indirectamente por el hecho de que existen corrientes y grupos que sostienen la espontaneidad como método. Al respecto es necesario hacer una distinción entre elementos puramente «ideológicos» y elementos de acción práctica, entre estudiosos que sostienen la espontaneidad como «método» inmanente y objetivo del devenir histórico y politiqueros que la sostienen como método «político». En los primeros se trata de una concepción errada, en los otros de una contradicción inmediata y mezquina que deja ver un origen práctico evidente, o sea, la voluntad inmediata de sustituir una determinada dirección por otra. También en los estudiosos el error tiene un origen práctico, pero no inmediato como en los políticos. El apoliticismo de los sindicalistas fran-

---

28. Así alude a Lenin para evitar la censura carcelaria (*N. del T.*).

ceses de la anteguerra contenía ambos elementos: era un error teórico y una contradicción (estaba el elemento «soreliano» y el elemento de la competencia entre la tendencia política anarcosindicalista y la corriente socialista). Esa era todavía la consecuencia de los terribles hechos parisinos de 1871: la continuación, con métodos nuevos y con una brillante teoría, de los treinta años de pasividad (1870-1900) de los obreros franceses. La lucha puramente «económica» no se llevaba a cabo para disgustar a la clase dominante, todo lo contrario. Dígase lo mismo del movimiento catalán, que si «disgustaba» a la clase dominante española era solo por el hecho de que objetivamente reforzaba el separatismo republicano catalán, produciendo un verdadero bloque industrial republicano propiamente dicho contra los latifundistas, la pequeña burguesía y el ejército monárquicos. En su momento, el movimiento turinés[29] fue acusado al mismo tiempo de «espontaneísta» y «voluntarista» o bergsoniano (!). La acusación contradictoria, analizada, muestra la fecundidad y la justeza de la dirección que se le dio. Esta dirección no era «abstracta», no consistía en repetir mecánicamente fórmulas científicas o teóricas; no confundía la política, la acción real con la disquisición teórica; aquella se aplicaba a hombres reales, formados en determinadas relaciones históricas, con determinados sentimientos, modos de ver, fragmentos de concepción del mundo, etc., que resultaban de las combinaciones «espontáneas» de un ambiente dado de producción material, con el «casual» encuentro en él de elementos sociales dispares. Este elemento de «espontaneidad» no fue descuidado y mucho menos menospreciado: fue *educado*, fue orientado, fue purificado de todo elemento extraño que pudiera contaminarlo, para tornarlo homogéneo, pero de modo viviente, históricamente eficiente, con la teoría moderna. Se hablaba entre los mismos dirigentes de la «espontaneidad» del movimiento; era justo que se hablase así: esta afirmación era un estimulante, un energético, un elemento de unificación en profundidad, era sobre todo la negación de que se tratara de algo arbitrario, aventurero, artificioso e históricamente innecesario. Daba a la masa una conciencia «teorética», de creadora de *valores históricos* e institucionales, de fundadora de Estados. Esta unidad de la «espontaneidad» y la «dirección consciente», o sea, de la «disciplina», es justamente la acción política real de las clases subalternas, en cuanto política de masas y no simple aventura de grupos que apelan a la masa.

---

29. El movimiento del *Ordine Nuovo*.

A este propósito se plantea una cuestión teórica fundamental: ¿la teoría moderna puede estar en oposición con los sentimientos «espontáneos» de las masas? («espontáneos» en el sentido de que no son producidos por una actividad educadora sistemática por parte de un grupo dirigente ya consciente, sino formados a través de la experiencia cotidiana iluminada por el «sentido común», esto es, por la concepción tradicional popular del mundo, esa que muy pedestremente se llama «instinto» y que no es sino una adquisición histórica primitiva y elemental). No pueden estar en oposición: entre ellos hay una diferencia «cuantitativa» de grado, no de calidad: tiene que hacerse posible una «reducción», por así decirlo, recíproca, un pasaje de uno a la otra y viceversa. (Recordar que Kant creía que sus teorías filosóficas estaban de acuerdo con el sentido común; la misma posición se verifica en Croce: recordar la afirmación de Marx en *La Sagrada Familia*, según la cual las fórmulas de la política francesa de la Revolución se reducen a los principios de la filosofía clásica alemana). Descuidar y, peor aún, menospreciar a los movimientos llamados «espontáneos», es decir, renunciar a darles una dirección consciente y a elevarlos a un plano superior insertándolos en la política, puede a menudo tener consecuencias muy serias y graves. Sucede casi siempre que un movimiento «espontáneo» de las clases subalternas es acompañado por un movimiento reaccionario de la derecha de la clase dominante, por motivos concomitantes: una crisis económica, por ejemplo, determina descontento en las clases subalternas y movimientos espontáneos de masa por una parte y, por la otra, ocasiona complots de los grupos reaccionarios, que aprovechan el debilitamiento objetivo del gobierno para intentar golpes de Estado. Entre las causas eficientes de estos golpes de Estado se debe incluir la renuncia de los grupos responsables a dar una dirección consciente a los movimientos espontáneos y a transformarlos así en un factor político positivo. Ejemplo de las Vísperas Sicilianas[30] y discusiones de los historiadores para determinar si se trata de un movimiento espontáneo o de un movimiento concertado de antemano: me parece que ambos elementos se han combinado en las Vísperas Sicilianas; la insurrección espontánea del pueblo siciliano contra los provenzales, rápidamente extendida, da la impresión de ser simultánea y a la vez de la concertación existente por la opresión convertida entonces en intolerable sobre toda el área nacional, con el elemento consciente de diferente importancia y efi-

---

30. Sangrienta revuelta de Palermo contra la opresión francesa que se extendió a toda Sicilia. Comenzó el martes de Pascua de 1282 *(N. del T.)*.

ciencia, con el predominio de la conjura de Giovanni da Procida con los Aragoneses. Otros ejemplos se pueden extraer de todas las revoluciones pasadas, en las que las clases subalternas eran numerosas y jerarquizadas por la posición económica y por la homogeneidad. Los movimientos «espontáneos» de los más amplios estratos populares hacen posible el advenimiento al poder de la clase subalterna más adelantada por el debilitamiento objetivo del Estado. Este es todavía un ejemplo «progresivo»; pero, en el mundo moderno, son más frecuentes los ejemplos regresivos.

Concepción histórico-política escolástica y académica, para la cual solo es real y digno aquel movimiento que es consciente en un cien por cien y que, incluso, está determinado por un plan minuciosamente trazado de antemano o que se corresponde (lo que es lo mismo) con la teoría abstracta. Pero la realidad es rica en las combinaciones más extrañas y el teórico debe rastrear en ellas la comprobación de su teoría, «traducir» al lenguaje teórico los elementos de la vida histórica y no, por el contrario, presentar la realidad de acuerdo con el esquema abstracto. Esto no debe suceder y, por consiguiente, esta concepción no es más que una expresión de pasividad. (Leonardo sabía encontrar el número en todas las manifestaciones de la vida cósmica, hasta donde los ojos profanos no veían más que arbitrariedad y desorden).

La fábula del castor

(El castor, seguido por los cazadores que quieren arrancarle los testículos de los que se extraen medicamentos para salvar la vida, se los arranca él mismo). ¿Por qué no existió defensa? Escaso sentido de la dignidad humana y de la dignidad política de los partidos: pero estos elementos no son datos naturales, deficiencias propias de un pueblo de modo permanente y característico. Son «hechos históricos» que se explican con la historia pasada y con las condiciones sociales presentes. *Contradicciones aparentes*: dominaba una concepción fatalista y mecánica de la historia (Florencia, 1917, acusación de bergsonismo);[31] y, sin embargo, se producían posiciones de un voluntarismo formalista torpe y trivial: por ejemplo, el proyecto de constituir en 1920 un consejo urbano[32] en Bolonia solo con los elementos de las organizaciones, o sea, crear un duplicado inútil, sus-

---

31. Convención de Florencia del Partido Socialista, realizada en 1917, en la que se discutieron perspectivas de acción socialista en la posguerra.
32. Un sóviet.

tituir a un organismo histórico arraigado en las masas, como era la Cámara del Trabajo, por un organismo puramente abstracto y libresco. ¿Tenía al menos el fin político proporcionar hegemonía al elemento urbano que con la constitución del consejo vendría a poseer un centro propio, dado que la Cámara del Trabajo era provincial? Esta intención estaba totalmente ausente y, por otra parte, el proyecto no se realizó.

El discurso de Treves sobre la «expiación»: este discurso me parece fundamental para entender la confusión política y el diletantismo político de los líderes. Detrás de estas fintas polémicas está el miedo a las responsabilidades concretas, detrás de este miedo la inexistente unión con la clase representada, la inexistente comprensión de sus necesidades fundamentales, de sus aspiraciones, sus energías latentes: partido paternalista, de pequeñoburgueses que hacen de moscas de cochería. ¿Por qué no defensa? La idea de la psicosis de guerra, y de que un país civilizado no puede «permitir» que se verifiquen ciertas escenas salvajes. También estas generalidades eran el disfraz de otros motivos más profundos (que, por otra parte, estaban en contradicción con la afirmación siempre repetida después de un desastre: ¡habíamos dicho siempre que la clase dominante es reaccionaria!), que siempre se concentran en la separación de la clase, es decir, de las «dos clases»: no se alcanza a comprender qué sucederá si la reacción triunfa, porque no se vive la lucha real, sino solo la lucha como «principio libresco».[33] Otra contradicción en torno al voluntarismo: si se está contra el voluntarismo se tendría que apreciar la «espontaneidad». Por el contrario: lo que era «espontáneo» era cosa inferior, indigna de consideración, ni siquiera digna de ser analizada. En realidad, lo «espontáneo» era la prueba más aplastante de la ineptitud del partido, porque demostraba la escisión entre sonoros programas y hechos miserables. Pero, entre tanto, los hechos «espontáneos» sucedían (1919-1920), perjudicaban intereses, perturbaban posiciones adquiridas, suscitaban odios terribles incluso en gentes pacíficas, arrancaban de la pasividad a estratos anquilosados en la putrefacción: creaban, precisamente por su espontaneidad y por el hecho de no ser confesados, el «pánico» genérico, el «gran miedo» que no podía dejar de concentrar a las fuerzas represivas implacables en reprimirlos.

Un documento excepcional de esta separación entre representantes y representados es el llamado pacto de alianza entre Confederación y

---

33. Todo esto se refiere a la posición de los reformistas (Turati, Treves, etc.) frente al fascismo: no resistencia al escuadrismo fascista, definición del fascismo como manifestación transitoria de la psicosis bélica, etc.

Partido,[34] que puede ser comparado con un concordato entre Estado e Iglesia. El partido, que es en embrión una estructura estatal, no puede admitir ninguna división de sus poderes políticos, no puede admitir que una parte de sus miembros se proponga como propietaria de una igualdad de derecho, como aliados del «todo», así como un Estado no puede admitir que una parte de sus súbditos, al margen de las leyes generales, hagan con el Estado al que pertenecen y a través de una potencia extranjera un contrato especial de convivencia con el mismo Estado. La admisión de tal situación implica la subordinación de hecho y de derecho del Estado y del partido a la llamada mayoría de representantes: en realidad, a un grupo que se coloca como antiestado y antipartido y que termina por ejercitar indirectamente el poder. En el caso del pacto de alianza parece claro que el poder no pertenecía al partido.

Al pacto de alianza correspondían los extraños vínculos entre partido y grupo parlamentario, también ellos de alianza y de paridad de derecho. Este sistema de vínculos hacía que el partido en concreto no existiese como organismo independiente, sino solo como elemento constitutivo de un organismo más complejo que tenía todos los rasgos de un partido del trabajo, descentrado, sin voluntad unitaria, etc. ¿Deben, por lo tanto, los sindicatos estar subordinados al partido? Plantear de este modo el problema sería errado. La cuestión debe ubicarse así: todo miembro del partido, ocupe la posición o cargo que ocupe, es siempre un miembro del partido y está subordinado a su dirección. No puede existir subordinación entre sindicato y partido: si el sindicato eligió espontáneamente como dirigente a un miembro del partido, significa que el sindicato acepta libremente las directivas del partido y, por consiguiente, acepta libremente (incluso lo desea) el control sobre sus funcionarios. Esta cuestión no se planteó debidamente en 1919, aunque existiese un gran precedente instructivo, el de junio de 1914: porque en realidad no existía una política para las fracciones, o sea, una política de partido.

Agitación y propaganda

La debilidad de los partidos políticos italianos en todo su período de actividad, del Risorgimento en adelante (exceptuado en parte el partido nacionalista), consistía en lo que se podría llamar un desequilibrio entre agi-

---

34. Al final de la Primera Guerra Mundial, el P.S.I. y la Confederación General del Trabajo, dirigida por los reformistas, firmaron un pacto de alianza.

tación y propaganda y que, en otros términos, se llama falta de principios, oportunismo, falta de continuidad orgánica, desequilibrio entre táctica y estrategia, etc. La causa principal de este modo de ser de los partidos debe buscarse en la delicuescencia de las clases económicas, en la gelatinosidad de la estructura económica y social del país, pero esta explicación es bastante fatalista; de hecho, si bien es cierto que los partidos no son sino la nomenclatura de las clases, es también verdad que los partidos no son solo una expresión mecánica y pasiva de las mismas clases, sino que actúan enérgicamente sobre ellas para desarrollarlas, consolidarlas, universalizarlas. Esto justamente no sucedió en Italia y la manifestación de esta «omisión» es este desequilibrio entre agitación y propaganda o como quiera llamársele.

El Estado-gobierno tiene una cierta responsabilidad en este estado de cosas (se puede llamar responsabilidad por cuanto impidió el reforzamiento del Estado mismo, es decir que se ha demostrado que el Estado-gobierno no era un factor nacional): el gobierno operó de hecho como un «partido», se colocó por encima de los partidos no para armonizar los intereses y la actividad de los cuadros permanentes de la vida y de los intereses estatales y nacionales, sino para disgregarlos, para separarlos de las grandes masas y tener «una fuerza de los "sin partido", ligados al gobierno con vínculos paternalistas de tipo cesáreo-bonapartista». Así es necesario analizar las llamadas *dictaduras* de Depretis, Crispi y Giolitti, y el fenómeno parlamentario del *transformismo*. Las clases se expresan en los partidos, los partidos forman a los hombres de Estado y de gobierno, los dirigentes de la sociedad civil y de la sociedad política. Debe existir una cierta relación útil y fructífera entre estas manifestaciones y estas funciones. No puede haber formación de dirigentes donde está ausente la actividad teórica, doctrinaria de los partidos, donde sistemáticamente no se han buscado y estudiado las razones de ser y de desarrollo de la clase representada. Por consiguiente, escasez de hombres de Estado, de gobierno, miseria de la vida parlamentaria, facilidad para disgregar a los partidos, corrompiendo, absorbiendo a los pocos hombres indispensables. Por consiguiente, miseria de la vida cultural y angustia mezquina de la alta cultura: en vez de historia política, erudición descarnada; en vez de grandes revistas, el diario y el libelo; el día a día con su facciosidad y sus choques personalistas, en lugar de la política seria. La universidad, todas las instituciones que elaboran las capacidades intelectuales y técnicas, no permeabilizadas ante la vida de los partidos, ante el realismo viviente de la vida nacional, formaban cuadros nacionales apolíticos, con formación intelectual puramente retórica, no nacional. La burocracia se alejaba de tal modo del país y a través de las posiciones administrativas se transformaba en un verdadero partido político, el peor de todos, porque la jerarquía burocrática sustituía a la jerarquía intelectual y política: la burocracia se transformaba justamente en el partido estatal-bonapartista.

Ver los libros que después de 1919 criticaron un «similar» (pero mucho más rico en la vida de la «sociedad civil») estado de cosas en la Alemania guillermina; por ejemplo, el libro de Max Weber *Parlamento y gobierno en el nuevo ordenamiento de Alemania*. Crítica política de la burocracia y de la vida de los partidos. Traductor al italiano y prefacio Enrico Ruta, págs. XVI-200 (traducción muy imperfecta e imprecisa).

Contra el bizantinismo

Se puede llamar «bizantinismo» o «escolasticismo» a la tendencia degenerativa a tratar las cuestiones llamadas teóricas como si tuviesen un valor por sí mismas, independientemente de toda práctica determinada. Un ejemplo típico de bizantinismo son las llamadas tesis de Roma,[35] en las que se aplica el método matemático a los problemas como en la economía pura. Se plantea el problema de si una verdad descubierta en correspondencia con una determinada práctica puede ser generalizada e interpretada como universal en una época histórica. La prueba de su universalidad consiste justamente en aquello en que se transforma: 1) estímulo a conocer mejor la realidad de hecho en un ambiente diferente del que fue descubierta, y en esto está su primer grado de fecundidad; 2) habiendo estimulado y ayudado esta mejor comprensión de la realidad de hecho, se incorpora a esta realidad misma como si fuera expresión originaria. En este incorporarse está su concreta universalidad y no meramente en su coherencia lógica y formal o en el hecho de ser un instrumento polémico para confundir al adversario. En suma, debe tener siempre vigencia el principio de que las ideas no nacen de otras ideas, que las filosofías no son paridas por otras filosofías, sino que son la expresión siempre renovada del desarrollo histórico real. La unidad de la historia, eso que los idealistas llaman unidad del espíritu, no es un presupuesto, sino un continuo hacer progresivo. Igualdad de las realidades fácticas determina identidad de pensamiento y no al revés. Además de ello, se deduce que toda verdad, inclu-

---

35. Las «tesis» extremistas presentadas y hechas votar por Amadeo Bordiga en el segundo congreso del Partido Comunista Italiano (Roma, 1922).

so si es universal, y también si puede ser expresada con una fórmula abstracta, de tipo matemático (para la tribu de los teóricos), debe su eficacia al ser expresada en los lenguajes de las situaciones concretas particulares: si no es expresable en lenguas particulares es una abstracción bizantina y escolástica, buena para el solaz de los rumiadores de frases.

Caballeros azules (o príncipes azules), zánganos y escarabajos estercoleros

Luis Galleani, hacia 1910, compiló una miscelánea farragosa, titulada *Faccia a faccia col nemico* (editada por Crónicas Subversivas en los Estados Unidos, en Chicago o en Pittsburgh), en la cual recogió disparates de los diarios, sin método ni crítica, sobre los informes de los procesos de los llamados libertarios individualistas (Ravachol, Henry, etc.). La compilación debe ser tomada con pinzas, pero algún chispazo curioso puede ser extraído de ella.

1) El honorable Abbo, en su discurso de Liorna en enero de 1921, repite literalmente la declaración de «principios» del individualista Etievant, reproducida en el apéndice del libro de Galleani; incluso la frase sobre la «lingüística», que suscitó la hilaridad general, es repetida literalmente. Ciertamente que el honorable Abbo sabía de memoria el trozo y esto puede servir para indicar cuál era la cultura de tipos como él y por qué tal literatura se difundía y era popular.

2) De las declaraciones de los imputados resulta que uno de los motivos fundamentales de las acciones «individualistas» era el «derecho al bienestar» concebido como un derecho natural (por los franceses, se entiende, que ocupan la mayor parte del libro). Varios de los imputados repiten la frase: «Una orgía de señores consume lo que bastaría para miles de familias obreras». Falta toda referencia a la producción y a las relaciones de producción. La declaración de Etievant, reproducida íntegra en el texto escrito, es típica porque en ella se intenta construir un ingenuo y pueril sistema que justificara las acciones individualistas. Pero las mismas justificaciones son válidas para todos, para los gendarmes, para los jueces, para los jurados, para el verdugo; todo individuo está encerrado en una red determinística de sensaciones, como un cerdo en una caja de hierro, y no puede evadirse. El individualista lanza la «marmita», el gendarme arresta, el juez condena, el

verdugo corta la cabeza y ninguno puede dejar de obrar así. No hay salida, no puede haber punto de resolución. Es un libertarismo que para justificarse a sí mismo se niega de modo piadosamente cómico. El análisis de la declaración de Etievant muestra cómo la oleada de acciones individualistas que se abatió sobre Francia en un cierto período era la consecuencia episódica del desconcierto moral e intelectual que corroía a la sociedad francesa de 1871 hasta el dreyfusismo, en el cual encontró un desahogo colectivo.

3) A propósito de Henry, en el volumen se reproduce la carta de un tal Galtey al *Figaro*. Parece que Henry amó a la mujer de Galtey, reprimiendo «en su propio seno» este amor. La mujer, al saber que Henry había estado enamorado de ella (parece que no lo sabía anteriormente), declaró a un periodista que si lo hubiese sabido se habría entregado. Galtey, en la carta, declara que no tiene nada que objetar a su mujer y argumenta: si un hombre no ha conseguido encarnar el sueño romántico de su mujer sobre el caballero (o príncipe) azul, peor para él: debe admitir que otro lo sustituya. Esta mezcla de príncipes azules, de racionalismo materialista vulgar y de robos en las tumbas a la Ravachol es típico y debe destacarse.

4) En su declaración en el proceso de Lyon, en 1894, el príncipe Kropotkin anuncia, con un tono de seguridad que pasma, de qué modo en los diez años siguientes se produciría el trastocamiento final.

La debilidad teórica, la nula estratificación y continuidad histórica de la tendencia de izquierda fueron algunas de las causas de la catástrofe. Para determinar el nivel cultural se puede citar el caso de Abbo en el congreso de Liorna: cuando está ausente una actividad cultural de partido, los individuos forman su cultura como pueden y, con la ayuda de la vaguedad del concepto de subversivo, sucede precisamente que un Abbo aprenda de memoria las simplezas de un individualista.

Centralismo orgánico, centralismo democrático, disciplina

¿Cómo debe ser entendida la disciplina, si se interpreta con esta palabra un vínculo continuo y permanente entre gobernantes y gobernados que realiza una voluntad colectiva? No por cierto como pasiva y supina recepción de órdenes, como mecánica ejecución de consignas (lo que, sin embargo, es necesario en determinadas ocasiones, como, por ejemplo, en medio de una acción ya decidida e iniciada), sino como una consciente y lúcida asimilación de las directivas a realizar. La disciplina, por lo tanto, no anula la personalidad en sentido orgánico, sino que solo limita el arbitrio y la impulsividad irresponsable, para no hablar de la fatua vanidad de sobresalir. Piénsese que ni siquiera el concepto de «predestinación», propio de algunas corrientes del cristianismo, anula el llamado «libre arbitrio» en la concepción católica porque el individuo acepta «voluntariamente» la voluntad divina (así plantea la cuestión Manzoni en *Pentecoste*), a la cual, es cierto, no podría oponerse, sino que colabora por lo menos con todas sus fuerzas morales. La disciplina, por lo tanto, no anula la personalidad y la libertad: la cuestión de «la personalidad y la libertad» se plantea no por el hecho de la disciplina, sino por «el origen del poder que ordena la disciplina». Si este origen es «democrático», o sea, si la autoridad es una función técnica especializada y no un «arbitrio» o una imposición extrínseca y exterior, la disciplina es un elemento necesario de orden democrático, de libertad. Se dirá función técnica especializada cuando la autoridad se ejercita en un grupo socialmente (o nacionalmente) homogéneo; cuando se ejercita por un grupo sobre otro grupo, la disciplina será autónoma y libre para el primero, pero no para el segundo.

En caso de una acción iniciada y ya decidida (sin que se tenga tiempo para discutir la decisión), la disciplina puede también parecer extrínseca y autoritaria. Pero otros elementos entonces la justifican. Es una observación del sentido común que una decisión (orientación) parcialmente equivocada puede producir menos daño que una desobediencia incluso justificada con razones generales, porque a los perjuicios parciales de la orientación parcialmente equivocada se añaden los otros perjuicios de la desobediencia y de la duplicación de las orientaciones (esto se ha verificado a menudo durante las guerras, cuando los generales no han obedecido las órdenes parcialmente erróneas o peligrosas, provocando catástrofes peores y a menudo irreparables).

Continuidad y tradición

Un aspecto de la cuestión referida en otra parte,[36] *Diletantismo y disciplina*, desde el punto de vista del centro organizativo de una agrupación, es

---

36. Cfr. Antonio Gramsci, *Gli intellettuali e l'organizzazione della cultura*, Einaudi, Turín, 1949, págs. 139-141. En castellano, ed. cit., págs. 153-155.

el de la «continuidad» que tiende a crear una «tradición» entendida, naturalmente, en sentido activo y no pasivo: como continuidad en permanente desarrollo, pero «desarrollo orgánico». Este problema contiene *in nuce* todo el «problema jurídico», o sea, el problema de asimilar todo el resto a la fracción más avanzada de la agrupación: es un problema de educación de las masas, de su «conformación» según las exigencias del fin a alcanzar. Esta es justamente la función del derecho en el Estado y en la sociedad; a través del «derecho» el Estado torna «homogéneo» al grupo dominante y tiende a crear un conformismo social que sea útil a la línea de desarrollo del grupo dirigente. La actividad general del derecho (que es más amplia que la actividad puramente estatal-gubernativa e incluye también la actividad directiva de la sociedad civil, en aquellas zonas que los técnicos del derecho han llamado de indiferencia jurídica, o sea, en la moralidad y en las costumbres en general) sirve para entender mejor, concretamente, el problema ético, que en la práctica es la correspondencia «espontánea y libremente acogida» entre los actos y que se admite de cada individuo, entre la conducta de cada individuo y los fines que la sociedad se plantea como necesarios, correspondencia que es coactiva en la esfera del derecho positivo técnicamente entendido, y espontánea y libre (más estrictamente ética) en aquellas zonas en las que la «coacción» no es estatal sino de opinión pública, de ambiente moral, etc. La continuidad «jurídica» del centro organizado no debe ser de tipo bizantino-napoleónico, o sea, según un código concebido como perpetuo, sino romano-anglosajón, según el cual la característica esencial consiste en el método, realista, siempre adherido a la vida concreta en perpetuo desarrollo. Esta continuidad orgánica requiere un buen archivo bien instrumentado y de consulta fácil, en el cual toda la actividad pretérita sea fácilmente reencontrable y «criticable». Las manifestaciones más importantes de esta actividad no son tanto las «decisiones orgánicas» cuanto las circulares explicativas y razonadas (educativas).

Existe el peligro de «burocratizarse», es cierto; pero toda continuidad orgánica presenta este peligro, que es necesario evitar. El peligro de la discontinuidad, de la improvisación, es aun más grande. Órgano, el *Boletín*, que tiene tres secciones principales: 1) artículos directivos; 2) decisiones y circulares; 3) crítica del pasado, o sea, relación continua del presente al pasado, para mostrar las diferenciaciones y las determinaciones y para justificarlas críticamente.

Gran ambición y pequeñas ambiciones

¿Puede existir política, o sea historia activa, sin ambición? La «ambición» ha asumido un significado peyorativo y despreciable por dos razones principales: 1) porque se confundió la ambición (grande) con las pequeñas ambiciones; 2) porque la ambición condujo muy a menudo al más bajo oportunismo, a la traición a viejos principios y a viejas formaciones sociales que habían proporcionado al ambicioso las condiciones para pasar a un servicio más lucrativo y de más rápido rendimiento. En el fondo, también este segundo motivo se puede reducir al primero: se trata de pequeñas ambiciones porque tienen prisa y no quieren intentar superar excesivas o muy grandes dificultades, o correr muy grandes peligros.

En el carácter de todo jefe está el ser ambicioso, o sea, de aspirar con todas sus fuerzas al ejercicio del poder estatal. Un jefe no ambicioso no es un jefe, es un elemento peligroso para sus seguidores: es un inepto o un cobarde. Recordar la afirmación de Arturo Vera: «Nuestro partido no será jamás partido de gobierno», o sea, será siempre partido de oposición; pero ¿qué significa proponerse estar siempre en la oposición? Significa preparar los peores desastres, porque, si estar en la oposición es cómodo para los opositores, no es «cómodo» (según, naturalmente, las fuerzas opositoras y su carácter) para los dirigentes de gobierno, los cuales en cierto momento tendrán que plantearse el problema de romper y barrer a la oposición. Las grandes ambiciones, aparte de necesarias para la lucha, no son tampoco despreciables moralmente, todo lo contrario: todo consiste en ver si el «ambicioso» se eleva después de haber hecho el vacío en torno a él, o si su elevación está condicionada conscientemente por la elevación de todo un estrato social y si el ambicioso ve justamente su propia elevación como elemento de la elevación general.

A menudo se percibe la lucha por las pequeñas ambiciones (de un particular) contra la gran ambición (que es indisoluble del bien colectivo). Estas observaciones sobre la ambición pueden y deben ser relacionadas con otras sobre la llamada demagogia. «Demagogia» quiere decir muchas cosas: en sentido peyorativo significa servirse de las masas populares, de sus pasiones sabiamente excitadas y alimentadas, para fines particulares propios, para las pequeñas ambiciones propias (el parlamentarismo y el electoralismo ofrecen un terreno propicio para esta forma particular de demagogia, que culmina en el cesarismo y en el bonapartismo con sus regímenes plebiscitarios). Pero si el jefe no considera a las masas humanas como un instrumento servil, adecuado para alcanzar objetivos propios y luego ser arrojado, sino que tiende a alcanzar fines políticos orgánicos de los cuales estas masas son el necesario protagonista histórico, si el jefe desarrolla una obra «constituyente» constructiva, entonces se está en presencia de una «demagogia» superior; las masas necesitan ser ayudadas a elevarse a través de la elevación de individuos particulares y de estratos «culturales» íntegros. El «demagogo» en sentido peyorativo se considera a sí mismo insustituible, crea el desierto en torno a sí, sistemáticamente aplasta y elimina a los posibles competidores, quiere entrar en relación con las masas directamente (plebiscito, etc.; gran oratoria, gestos teatrales, aparato coreográfico fantasmagórico: se trata de lo que Michels ha llamado «jefe carismático»). El jefe político de gran ambición, en cambio, tiende a suscitar un estrato intermedio entre sí y la masa, a suscitar posibles «competidores» e iguales, a elevar el nivel de capacidad de las masas, a crear elementos que puedan sustituirlo en su función de jefe. Piensa según los intereses de las masas, y quiere que el aparato de conquista y de dominio no se destruya por la muerte o la decadencia de un jefe, arrojando a la masa al caos y a la impotencia primitiva. Si es cierto que todo partido es partido de una sola clase, el jefe debe apoyarse en ella y formar un estado mayor y toda una jerarquía; si el jefe es de origen «carismático», debe renegar de su origen y trabajar para tornar orgánica la función de la dirección, orgánica y con los caracteres de la permanencia y la continuidad.

Estado y partidos

La función hegemónica o de dirección política de los partidos puede ser evaluada por el desarrollo de la vida interna de los partidos mismos. Si el Estado representa la fuerza coercitiva y punitiva de reglamentación jurídica de un país, los partidos, al representar la espontánea adhesión de una élite a tal reglamentación, considerada como tipo de convivencia colectiva en la que toda la masa ha de ser educada, deben mostrar en su vida interna particular la asimilación, en calidad de principios de conducta moral, de aquellas reglas que en el Estado son obligaciones legales. En los partidos la necesidad ya se ha transformado en libertad y de ahí nace el grandísimo valor político (o sea, de dirección política) de la disciplina interna de un partido, y por consiguiente el valor de criterio de tal disciplina para evaluar la fuerza de expansión de los diferentes partidos. Desde este punto de vista, los partidos pueden ser considerados escuelas de la vida estatal. Elementos de la vida de los partidos: carácter (resistencia a los impulsos de las culturas superadas), honor (voluntad intrépida en el sostenimiento de un nuevo tipo de cultura y vida), dignidad (conciencia de obrar para un fin superior), etcétera.

Farmacia de provincia

Tendencia al chismorreo, a la maledicencia, a las insinuaciones pérfidas y calumniosas frente a las posibilidades de libre discusión, etc. Institución de la «farmacia de provincia», que tiene su concepción del mundo, cuya orientación principal consiste en que si las cosas van mal es porque el diablo ha metido la cola, y los sucesos son juzgados a partir de los hombres, que son todos sinvergüenzas, ladrones, etc. Si después se descubre que un político es cornudo todo se esclarece.

Recordar la costumbre de la llamada «rienda de la comadre», que era una forma de poner en la picota a las mujeres chismosas, cizañeras y pendencieras. Se le aplicaba a la mujer un mecanismo que, adosado a la cabeza y al cuello, mantenía firme sobre la lengua una planchuela de metal que le impedía hablar.

La lógica de don Ferrante

Se puede comparar la forma mental de don Ferrante a la contenida en las llamadas «tesis» de Roma (recordar las discusiones sobre el «golpe de Estado»,[37] etc.); era tanto como negar la «peste» y el «contagio» por parte de don Ferrante y así morir «estoicamente» (tal vez fuera mejor usar otro adverbio más apropiado). Pero, en realidad, en don Ferrante había por lo menos más razón «formal», es decir que reflejaba el modo de pensar de su época (y esto es lo que satiriza Manzoni, personificándolo en don Ferrante), mientras que en el caso más moderno se trataba de un anacronismo, como si don Ferrante hubiese resucitado con toda su mentalidad en pleno siglo xx.

Dirigir y organizar

Es convicción, cada día más arraigada, que no menos que la iniciativa cuenta el control con que se ejecute la iniciativa, que los medios y los fines

---

37. Los extremistas, con Bordiga a la cabeza, no creían en la inminencia del golpe de Estado fascista.

coinciden perfectamente (si bien esto no debe entenderse materialmente) y que se puede hablar de querer un fin solo cuando se saben predisponer con exactitud, cuidado y meticulosidad los medios adecuados, suficientes y necesarios (ni más ni menos, no más allá ni más acá de la mira). Convicción también arraigada es que, puesto que las ideas caminan y actúan históricamente con los hombres de buena voluntad, el estudio de los hombres, la selección de los mismos, el control de sus acciones, son tan necesarios como el estudio de las ideas, etc. Por eso, toda distinción entre dirigir y organizar (y en el organizar está comprendido el «verificar o controlar») indica una desviación y a menudo una traición.

Élite y décimo sumergido

Se debe plantear la cuestión de si en una sociedad cualquiera es posible la constitución de una *élite*, sin que en ella confluyan una gran cantidad de elementos pertenecientes al «décimo sumergido» de lo social. Pero la pregunta se hace imprescindible si la *élite* se constituye sobre el terreno de una doctrina que puede ser interpretada fatalísticamente: entonces afluyen –creyendo poder justificar idealmente su pobreza de iniciativa, sus deficiencias de voluntad, su falta de paciente perseverancia y concentración de esfuerzos– todos los fracasados, los mediocres, los derrotados, los descontentos porque el maná no cae del cielo, porque los setos no producen salchichas, pues también ellos son una forma de *décimo sumergido* de la sociedad en la que la lucha por la existencia es encarnizada y de los países pobres, donde solo se puede conseguir un lugar bajo el sol después de encarnizadas luchas. Así se puede hablar de una *élite* al revés, una vanguardia de inválidos, una cabeza-cola.

Manifestaciones de sectarismo

Una de las manifestaciones más típicas del pensamiento sectario (pensamiento sectario es aquel según el cual no se alcanza a ver que el partido político no es solamente la organización técnica del partido mismo, sino de todo el bloque social activo del cual el partido es guía porque es expresión necesaria) es aquella por la que se cree poder hacer siempre ciertas cosas incluso cuando la «situación político-militar» haya cambiado. Tizio lanza un grito y todos aplauden y se entusiasman: al día siguiente, la misma gente que ha aplaudido y se ha entusiasmado al sentir ese grito finge no oír, elude, etc.; al tercer día, la misma gente reprueba a Tizio, lo humilla y también lo apalea y lo denuncia. Tizio no comprende nada; pero Cayo, que dirigía a Tizio, le reprocha no haber gritado bien o ser un bellaco o un inepto, etc. Cayo está persuadido de que aquel grito, elaborado por su excelentísima capacidad teórica, debe siempre entusiasmar y atraer, porque en su secta los presentes fingen todavía entusiasmarse, etc. Sería interesante describir el estado de ánimo de estupor e incluso de indignación del primer francés que vio sublevarse al pueblo siciliano de las Vísperas.

Pasaje de la guerra de maniobras (y del ataque frontal) a la guerra de posiciones también en el campo político

Esta me parece la más importante cuestión de teoría política planteada en el período de posguerra y también la más difícil de ser resuelta justamente. Está relacionada con las cuestiones señaladas por Bronstein,[38] que, de un modo u otro, puede considerarse como el teórico político del ataque frontal en un período en que este es solo causa de derrotas. Solo indirectamente (mediatamente) este pasaje está ligado en la ciencia política al que es propio de la ciencia militar, si bien existe un vínculo de carácter esencial. La guerra de posiciones requiere enormes sacrificios de grandes masas de la población; por eso es necesaria una concentración inaudita de la hegemonía y, por consiguiente, una forma de gobierno más «intervencionista», que tome más abiertamente la ofensiva contra los opositores y organice permanentemente la «imposibilidad» de las disgregaciones internas: controles de todo género, políticos, administrativos, etc., reforzamiento de las «posiciones» hegemónicas del grupo dominante, etc. Todo esto indica que se ha entrado en una fase culminante de la situación histórico-política, porque en la política la «guerra de posición», una vez vencida, es definitivamente decisiva. En política subsiste la guerra de movimientos mientras se trate de conquistar posiciones no decisivas y, por consiguiente, no se movilicen todos los recursos de la hegemonía del Estado; pero, cuando por una razón o por otra, estas posiciones han perdido su valor y solo las decisivas tienen importancia, entonces se pasa a la guerra de asedio, comprimida, difícil, en la que se requieren cualidades excepcionales de paciencia y de espíritu de inventiva. En la política el asedio es recíproco, no obstante todas las apariencias, y el solo hecho de que

---

38. Trotski.

el dominante deba hacer uso de todos sus recursos demuestra la apreciación que hizo del adversario.

«Una resistencia que se prolonga mucho en una plaza asediada es desmoralizante por sí misma. Implica sufrimientos, fatigas, privaciones de reposo, enfermedades y la presencia continua no ya del peligro agudo que templa, sino del peligro crónico que abate» (Carlos Marx, «Quistione Orientale», artículo del 14 de septiembre de 1855).

Política y arte militar

Táctica de las grandes masas y táctica inmediata de pequeños grupos. Esto entra en la discusión sobre la guerra de posiciones y de maniobras, en cuanto se refleja en la psicología de los grandes jefes (estrategas) y de los subalternos. Y también (si se puede decir así) el punto de unión entre la estrategia y la táctica, sea en política, sea en el arte militar. Los individuos privados (incluso como componentes de vastas masas) son llevados a concebir la guerra, instintivamente, como «guerra de partigiani»[39] o «guerra garibaldina» (que es un aspecto superior de la «guerra de partigiani»). En la política el error sucede por una torpe comprensión de lo que es el Estado (en su significado integral: dictadura más hegemonía); en la guerra existe un error similar transportado al campo enemigo (incomprensión no solo del propio Estado, sino también del Estado enemigo). El error, en uno y otro caso, está ligado al particularismo individual, de municipio, de región, que lleva a menospreciar al adversario y a su organización de lucha.

El tránsfuga

Se observa a menudo como una incongruencia y un síntoma de que la política de por sí pervierte los ánimos el hecho de que, después de la ruptura, «se descubre» en el tránsfuga o el traidor un montón de defectos que antes parecían ignorarse. Pero la cuestión no es tan simple. En primer lugar, la ruptura es por lo regular un largo proceso, cuyo último acto solamente se revela al público: en esta «instrucción de proceso» se recogen todos los hechos negativos y es natural que se trate de colocar al «tránsfuga» en condición de equivocado incluso en lo inmediato; esto es, se fin-

---

39. Con terminología moderna traduciríamos «guerra de partigiani» por guerrilla y «guerra garibaldina» por guerra revolucionaria (*N. del T.*).

ge ser «longánimi» para mostrar que la ruptura era precisamente necesaria e inevitable. Esto parece ser bastante comprensible políticamente. Muestra también cómo se cree que la pertenencia a un partido es importante y se decide el acto resolutivo solo cuando se ha colmado la medida. Por consiguiente, es evidente que «luego» la enumeración sea fácil: no es sino hacer público un proceso que privadamente ya venía de lejos. En segundo lugar, está también claro que toda una serie de hechos pasados puede ser iluminada por un último hecho de modo incontrovertible. Tizio frecuenta cotidianamente una casa: nada de particular hasta que no se llega a saber que esa casa es una cueva de espionaje y Tizio es un espía. Evidentemente, si se hubiese indicado todas las veces que Tizio se dirigió a esa casa, se podría enumerar cuántas veces Tizio se encontró con espías conscientemente, sin producir sorpresa en nadie.

El proverbio: «hermanos, cuchillos»

¿Es además extraño e irracional que las luchas y los odios se hagan tanto más fervientes y grandes cuanto más cercanos y vecinos parezcan dos elementos y se los crea llevados por «la fuerza de las cosas» a entenderse y colaborar? No. Al menos «psicológicamente» el hecho se explica. En efecto, uno no puede esperar nada bueno de un enemigo o de un adversario; se tiene en cambio el derecho de esperar, de hecho se espera, la ayuda y la colaboración del que está cerca, por parte de quien está ligado a él por vínculos de solidaridad o de cualquier género. En efecto, el proverbio «Hermanos, cuchillos» no solo se aplica a los vínculos de afecto, sino también a los constituidos por obligaciones legales. Que te haga mal tu enemigo o quien te es indiferente no te hiere, te resulta «indiferente», no suscita reacciones sentimentales de exasperación. Pero si quien te ha hecho mal tenía el deber moral de ayudarte (en asociaciones voluntarias) o la obligación legal de hacerlo por otros motivos (en las asociaciones de tipo estatal), eso te exaspera y aumenta el daño, porque te resulta difícil prever el porvenir, te impide hacer proyectos y planes, fijarte una línea de conducta. Es cierto que todo hombre busca determinar la mayor cantidad de elementos y posibilidades de referencia ciertas en su conducta, de limitar lo «casual» y la «fuerza mayor». En el esfuerzo de esta limitación entra en el cálculo la solidaridad, la palabra dada, las promesas hechas a los otros, que tendrían que conducir a hechos ciertos. Si ellos faltaran por incuria, por negligencia, por impericia, por deslealtad, al mal que resulta se agrega la exasperación moral que es típica de este género de relaciones. Si un enemigo te hace un daño y tú te lamentas, eres un estúpido porque lo propio del enemigo es causar daños. Pero si el que te lo produce es un amigo, se justifica tu resentimiento. Así, si un representante de las leyes comete una ilegalidad, la reacción es diferente que si la ilegalidad la comete un bandido. Por eso me parece que no es como para maravillarse el encarnizamiento en las luchas y en los odios entre vecinos (por ejemplo, entre dos partidos de los llamados afines); lo contrario sería sorprendente, o sea la indiferencia y la insensibilidad moral, como sucede entre los enemigos abiertos y declarados.

Economismo, sindicalismo, menosprecio de todo movimiento cultural, etcétera

Recordar la polémica, antes de 1914, entre Tasca y Amadeo,[40] que tuvo repercusión en la *Unità* de Florencia. Se dice a menudo que el extremismo «economicista» estaba justificado por el oportunismo culturalista (y esto se dice para toda el área del conflicto), pero ¿no se podría también decir, en cambio, que el oportunismo culturalista estaba justificado por el extremismo economicista? En realidad, ni uno ni otro eran «justificables» ni deben jamás ser justificados. Se tendrán que «explicar» de manera realista como dos aspectos de la misma inmadurez y del mismo primitivismo.

Lengua china

Si se le pregunta a Tizio, que jamás ha estudiado chino y solo conoce bien el dialecto de su provincia, si puede traducir un trozo de chino, muy razonablemente se maravillará, tomará la pregunta a broma y, si se insiste, creerá que le están tomando el pelo, se ofenderá y llegará a los puñetazos. Sin embargo, el mismo Tizio, sin que siquiera se le haya solicitado, se creerá autorizado a hablar de toda una serie de cuestiones que conoce tanto como el chino, cosas de las que ignora el lenguaje técnico, la posición histórica, la conexión con otras cuestiones, a veces los mismos elementos distintivos fundamentales. Del chino al menos sabe que es la lengua de un determinado pueblo que habita en un determinado punto del globo: de las otras cuestiones ignora la topografía ideal y los confines que las limitan.

---

40. Bordiga.

En el segundo volumen de sus *Memorias* (edición francesa, pág. 233 y sigs.), W. Steed cuenta cómo el 30 de octubre de 1918 el doctor Kramár, jefe del partido joven checo, que había estado preso y condenado a muerte en Austria, se encontró en Ginebra con Beneš. Los dos hicieron grandes esfuerzos para «comprenderse». Desde 1915 Beneš había vivido y trabajado en los países de la Entente y se había asimilado al modo de pensar de ellos, mientras Kramár, que se había quedado en Austria, había, a pesar de todo, recibido la mayor parte de sus impresiones de guerra por la vía de la cultura y de la propaganda alemana y austríaca. «A medida que la conversación avanzaba, Beneš comprendió qué inmenso abismo separaba los puntos de vista bélicos de los Aliados y los de Europa central. A su regreso a París me comunicó sus impresiones y yo comprendí que si la diferencia de pensamiento entre dos patriotas checos podía ser tan grande, tanto más lo debía de ser entre los Aliados y los pueblos germánicos; tan grande, en verdad, como para excluir cualquier posibilidad de entendimiento entre ellos hasta que no se formulara un vocabulario o un grupo de pensamientos comunes».

Por eso Steed propone a Northcliffe transformar la oficina de propaganda y dedicarla a este fin: crear la posibilidad de hacer comprender a los alemanes lo sucedido y por qué, de modo, por decirlo así, de «desencantar» al pueblo alemán y hacerlo pasible de aceptar como necesaria la paz que la Entente había impuesto. Se trata, como se ve, de dos diferentes órdenes de hechos y de observaciones: 1) que hombres cuyo pensamiento era fundamentalmente idéntico, después de haber vivido separados y en condiciones de vida tan diferentes, terminan por entenderse con gran esfuerzo, creándose así la necesidad de un período de trabajo común, imprescindible para armonizarse según el mismo *diapasón*. Si no se comprende esta necesidad se corre el riesgo banal de plantear polémicas sin jugo, sobre cuestiones de «vocabulario», cuando es necesario hacer algo muy diferente. Lo que refuerza el principio de que en todo movimiento el grado de preparación de sus miembros no debe ser entendido abstractamente (como hecho cultural externo, de elevación cultural), sino como preparación «concorde» y coordinada, de modo que en sus miembros, como en el conjunto, exista identidad en el modo de razonar y, por consiguiente, rapidez de entendimiento para actuar de consuno y con prontitud. 2) Que no solo dos campos enemigos no se comprenden por largo tiempo después del fin de la lucha, sino que tampoco se comprenden los elementos, ni siquiera aquellos afines entre sí —existentes en los dos campos en el nivel de masa—, y que después de la lucha debieran amalgamarse rápidamente. Que no se puede pensar que, dada la afinidad, la unión vaya a producirse automáticamente, sino que es necesario prepararla con un trabajo prolongado sobre toda el área, esto es: en toda la extensión del dominio cultural y no abstractamente, es decir, partiendo de principios generales siempre válidos, si no concretamente sobre la experiencia del pasado inmediato y del inmediato presente, desde el cual los principios deben ir surgiendo por férrea necesidad y no aprioísticamente.

Sindicato y corporación

Dificultades que encuentran los teóricos del corporativismo para encuadrar el hecho sindical (organización de las categorías) y sorda lucha entre los sindicalistas tradicionales (por ejemplo, E. Rossoni) y corporativistas de nueva mentalidad (por ejemplo, Giuseppe Bottai y Ugo Spirito). En realidad, Rossoni no llega a superar la vieja concepción del sindicalismo formal y abstracto, pero también es verdad que tampoco Bottai y Spirito llegan a comprender y superar la exigencia que, aunque grosera y sordamente, Rossoni representa. Por otra parte, tampoco Bottai y Spirito están de acuerdo. Bottai afirma que el sindicato es una institución necesaria que no puede ser absorbida por la corporación, pero no alcanza a definir qué debe ser y cuál es la función del sindicato; Spirito, en cambio, con congruencia formal, sostiene que el sindicato debe ser absorbido en la corporación, pero en esta absorción no aparecen cuáles objetivos nuevos y cuáles nuevas formas deben resultar. Spirito, en dos escritos sobre el libro de Bottai (*Il Consiglio nazionale delle corporazioni*, Mondadori, Milán, 1932, págs. XI-427), el primero publicado en *Leonardo* de marzo de 1933 («Il fascismo nella fase corporativa») y el segundo en *Italia Letteraria* del 26 de marzo de 1933 («Origine e avvenire della corporazione fascista»), se refiere a su disensión con Bottai. En este segundo artículo, escribe Spirito: «Cuáles son las perspectivas de que habla Bottai, se deduce de lo que él observa en el mismo artículo (artículo de *Lo Spettacolo Italiano*, 30 de septiembre de 1930), a propósito de la relación entre sindicalismo y corporativismo y, por consiguiente, entre corporaciones nacionales y corporaciones de categoría. En una nota publicada en *Leonardo* me he referido ya a la resuelta posición de Bottai contra toda tentativa de un corporativismo integral que absorba en sí al sindicalismo. Y también pienso que concebir de tal modo el ulterior desarrollo del corporativismo está en la misma lógica de todo su pensamiento y de su acción política, tendiente a dar realidad y concreción a la corporación. Si la corporación no logra todavía encontrar la riqueza que indudablemente le está reservada, es solo porque no alcanza a reabsorber en sí al sindicato, con el cual queda yuxtapuesta y es en gran parte extraña. El sindicalismo de Estado ha marcado el primer paso hacia el corporativismo; hoy ya es necesario plantear el problema de la superación definitiva de una forma social muy ligada todavía al pasado, por eso de algún modo limitadora de la originalidad del fascismo. El sindicalismo es la expresión del clasismo; con el sindicato de Estado las clases son colocadas en el mismo nivel y dirigidas hacia una mayor colaboración espiritual, pero solo con la corporación será superado con seguridad y con él el principio de una arbitraria competencia (liberalismo) y de la lucha materialista (socialismo). Entonces la corporación se enriquecerá con toda la vida del sindicato y, liberada de la función de componer el dualismo inherente al ordenamiento sindical, podrá actuar sin límites en la construcción de la nueva vida económica y política».

Son evidentes las razones políticas y económicas por las cuales Bottai no acepta la tesis de Spirito, como también se evidencia que la construcción de Spirito es una no muy brillante utopía libresca. Pero es interesante anotar que no se comprende tampoco, en verdad, qué entiende Spirito por sindicato y por categoría y que además demuestra no conocer la literatura referente al tema. Aquí se podrían recordar las polémicas sobre la organización por fábrica (de tipo industrial) en contraposición a aquella por categoría; del diferente significado que ha tenido la palabra «categoría» (del simple oficio, por ejemplo de tornero, a aquel de obrero metalúrgico, etc.) y la discusión sobre si, a pesar de ser un progreso la conjunción de todos los elementos de una industria en un solo sindicato unitario, todavía no es necesario, por razones técnico-profesionales (desarrollo de las formas de trabajo, de los utensilios, etc.), conservar algún rasgo de la organización por oficio, en cuanto el oficio se mantiene técnicamente diferenciado e independiente.

Debe señalarse, de cualquier modo, la justeza fundamental de la intuición de Spirito, según la cual, admitido que el clasismo haya sido superado por el corporativismo y por una forma de economía casi regulada y programática, las viejas formas sindicales nacidas sobre el terreno del clasismo deben ser actualizadas, lo que también podría querer decir absorbidas por la corporación; de esto se deduce que la resistencia frente al viejo sindicalismo formal y abstracto es una forma de crítica real a las afirmaciones que solo se pueden hacer sobre el papel. ¿Significa esto que el sindicalismo abstracto y formal es únicamente una forma de fetichismo y de superstición? ¿En el elemento *sindicato* prevalece todavía el asalariado, por una parte, y el receptor del beneficio, por la otra, o bien realmente el hecho productivo ha superado el de la distribución del rédito industrial entre los diferentes elementos de la producción? Mientras el obrero, por una parte, y el industrial, por la otra, tengan que preocuparse por el salario y el beneficio, es evidente que el sindicalismo de viejo tipo no está superado y no puede ser absorbido por otras instituciones. El equívoco científico de Spirito es el de no examinar en concreto estos problemas, sino el de presentar las cuestiones en su aspecto formal y apodíctico, sin las necesarias distinciones y las indispensables fases de transición: de aquí tal vez no solo su diferencia con Rossoni sino también con Bottai, cuyo espíritu político no puede dejar de sentir estas necesidades.

Si se parte del punto de vista de la producción, y no del de la lucha por la distribución del rédito, es evidente que el terreno sindical debe ser totalmente cambiado. En una fábrica de automóviles de cierta dimensión, aparte de obreros mecánicos, trabaja un número de obreros de otras «categorías»: albañiles, electricistas, acolchonadores, carroceros, tapiceros, vidrieros, etc. ¿A qué sindicato deben pertenecer estos obreros desde el punto de vista de la producción? Ciertamente al sindicato metalúrgico, o mejor todavía al sindicato del automóvil, porque su trabajo es necesario para la construcción de los automóviles. Esto significa que en todo complejo productivo todos los oficios están volcados en la construcción del objeto principal en el cual el complejo se especializa. Pero si la base es el salario, es evidente que los albañiles tendrán que unirse a los albañiles, etc., para regular el mercado de trabajo, etc. Por otra parte, reconocida incluso la necesidad de que todos los oficios de un establecimiento productivo se unan por la producción, en torno al producto mismo, es necesario tener en cuenta que todo oficio es un hecho técnico en continuo desarrollo y que es necesario que exista un órgano de este desarrollo que controle, difunda, favorezca las innovaciones progresivas. Se puede reconocer que, en el actual gran establecimiento racionalizado, las viejas calificaciones por oficio van perdiendo día a día su importancia y se desarrollan nuevas calificaciones, a menudo referidas a una sola empresa o a un grupo de empresas: sin embargo, la exigencia existe y está demostrada por las dificultades de los *turnover* y por los gastos excesivos que los *turnover* representan para el establecimiento mismo. La solución representada por los delegados de sección electos por las cuadrillas de producción, para las cuales en el complejo representativo todos los oficios tienen su importancia, parece ser hasta ahora la mejor. Es posible, en efecto, reunir a los delegados por oficio sobre las cuestiones técnicas y al conjunto de los delegados sobre las cuestiones productivas. Hasta ahora Spirito no se ha interesado nunca por las cuestiones de fábrica y de empresa; y tampoco es posible hablar con competencia de los sindicatos y de los problemas que ellos representan sin ocuparse de la fábrica y de la empresa administrativa, de sus exigencias técnicas, de los vínculos reales que se establecen y de las diversas posiciones vivas que los adictos asumen. Por ausencia de estos intereses vivos, toda la construcción de Spirito es puramente intelectualista y, aplicada, solo daría lugar a esquemas burocráticos sin vigor y sin posibilidad de desarrollo.

El trabajador colectivo

En la exposición crítica de los acontecimientos posteriores a la guerra y a los intentos constitucionales (orgánicos) para salir del estado de desorden y de dispersión de fuerzas, mostrar cómo el movimiento para valorizar la fábrica,[41] en oposición (o mejor autónomamente) con la (de la) organización profesional, correspondía perfectamente al análisis que del desarrollo del sistema de fábrica se hace en el primer volumen de la *Crítica de la economía política*.[42] Que una cada vez más perfecta división del trabajo reduce objetivamente la posición del trabajador en la fábrica a movimientos de detalle cada vez más «analíticos», de modo que a los individuos singulares se les escapa la complejidad de la obra común, y en su misma conciencia su propia contribución se desvaloriza hasta parecer fácilmente sustituible en todo momento; que en el mismo tiempo el trabajo concertado y bien ordenado da una mayor productividad «social» y que el conjunto de la mano de obra de una fábrica deba concebirse como un «trabajador colectivo», son los presupuestos del movimiento de fábrica que tiende a convertir en «subjetivo» lo que fue dado «objetivamente». ¿Qué quiere decir en este caso objetivo? Para el trabajador individual «objetivo» es el encuentro de las exigencias del desarrollo técnico con los intereses de la clase dominante. Pero este encuentro, esta unidad entre desarrollo técnico y los intereses de la clase dominante, es solo una fase histórica del desarrollo industrial y debe ser concebida como transitoria. El nexo puede disolverse; la exigencia técnica puede ser pensada concre-

---

41. El movimiento de los consejos de fábrica promovido por la revista *Ordine Nuovo*.
42. Marx, *El Capital*.

tamente no solo separada de los intereses de la clase dominante, sino también unida con los intereses de la clase todavía subalterna. Que una tal «escisión» y nueva síntesis esté históricamente madura está demostrado taxativamente por el hecho mismo de que tal proceso es comprendido por la clase subalterna, que justamente por eso no es más subalterna, o sea que demuestra tender a abandonar su condición de subordinada. Así el «trabajador colectivo» comprende serlo, y no solo en cada fábrica en particular, sino en esferas más amplias de la división del trabajo nacional e internacional, y de esta conciencia adquirida da una manifestación externa, política, justamente en los organismos que representan a la fábrica como productora de objetos reales y no de beneficio.

Sociedad política y civil

Polémica en torno a las críticas de Ugo Spirito a la economía tradicional. En la polémica hay muchos sobreentendidos y presupuestos ideológicos que los «economistas» y también Spirito, a lo que parece, evitan discutir, al menos hasta ahora. Es evidente que los economistas no quieren discutir la concepción del Estado de Spirito, pero esta es precisamente la raíz de la discusión. Spirito, por otra parte, no quiere o duda sobre si impulsarlos o estimularlos en este terreno, porque la consecuencia sería suscitar una discusión política general y hacer aparecer la existencia de más partidos en el mismo partido, uno de ellos ligado estrechamente con los sedicentes sin partido: parecería existir un partido de los científicos y de la cultura. De parte de los científicos, por otra parte, sería fácil demostrar toda la arbitrariedad de las proposiciones de Spirito, y de su concepción del Estado, pero ellos no quieren salir de ciertos límites que raramente trascienden la indulgencia y la cortesía personal. Lo que es cómico es la pretensión de Spirito de que los economistas le construyan una ciencia económica según su punto de vista. Pero en la polémica de Spirito no todo merece ser tirado por la borda: hay algunas exigencias reales, ahogadas en el fárrago de las palabras «especulativas». El episodio, por lo tanto, se debe anotar como un momento de la lucha cultural política. En la exposición sucede, precisamente, que se parte de la concepción del Estado propia de Spirito y del idealismo gentiliano, que está muy lejos de haber sido hecha suya por el mismo «Estado», o sea, por las clases dominantes y por el personal político más activo, es decir que no se ha transformado para nada (¡todo lo contrario!) en elemento de una política cultural gubernativa. A esto se opone el Concordato (se opone implícitamente se entiende) y es notoria la aversión de Gentile hacia el Concordato, expresada en 1928 (confrontar los artículos del *Corriere della Sera* y los discursos de aquel tiempo); es necesario tener en cuenta el discurso de Paolo Orano en la Cámara, en 1930, tanto más significativo si se tiene en cuenta que ha hablado a menudo en tal recinto en sentido «oficioso». Se debe tener en cuenta también la breve pero violenta crítica del libro de Spirito (*Critica dell'economia liberale*) publicada en la *Rivista di Politica Economica* (diciembre de 1930), de A. De Pietri Tonelli, dado que la revista es emanación de los industriales italianos (cfr. la dirección: en el pasado era órgano de las Asociaciones de sociedades anónimas). Además, P. Jannaccone ha sido llamado a la Academia; notable economista ortodoxo, que demolió a Spirito en la *Riforma Sociale* (diciembre de 1930). Confrontar también la «Postilla» de Croce en *Critica* de enero de 1931. De las publicaciones de Spirito aparecidas en los *Nuovi Studi* surge que hasta hoy sus tesis han sido aceptadas integralmente por... Massimo Fovel, notorio aventurero de la política y la economía. Sin embargo, a Spirito se le deja alzar la voz y se le dan misiones de confianza (creo que el ministro Bottai ha fundado el «Archivio di studi corporativi» con amplia participación de Spirito y C.). La concepción de Spirito sobre el Estado no es muy clara y rigurosa. A veces parece sostener que antes de que se transformara en «la filosofía» nadie comprendía nada del Estado y el Estado no existió o no fue un «verdadero» Estado. Pero, como quiere ser historicista, cuando se acuerda admite que también en el pasado existió el Estado, pero que ahora todo ha cambiado y el Estado (o el concepto de Estado) se ha profundizado y colocado sobre «muy otras» bases especulativas que en el pasado y, puesto que «cuanto más especulativa es una ciencia, es tanto más práctica», así parece que estas bases especulativas deban *ipso facto* transformarse en bases prácticas y toda la construcción real del Estado cambiar, porque Spirito ha cambiado las bases especulativas (naturalmente, no Spirito-hombre empírico, sino Spirito-filosofía). Confrontar *Critica dell'economia liberale*, pág. 180: «Mi ensayo sobre Pareto quería ser un acto de fe y buena voluntad; de fe en cuanto con él quería iniciar el desarrollo del programa de los *Nuovi Studi*, o sea, el acercamiento y la colaboración efectiva de la filosofía y la ciencia», y las ilaciones están allí: filosofía = realidad, por consiguiente también ciencia y también economía, esto es: Ugo Spirito: sol radiante de toda la filosofía = realidad, que invita a los científicos especialistas a colaborar con él, a dejarse calentar por sus rayos-principios, hasta ser sus rayos mismos, para transformarse en «verdaderos» científicos, o sea, en verdaderos filósofos.

Puesto que los científicos no quieren convertirse y solamente alguno que otro se deja inducir en relación epistolar con él, he aquí que Spirito los desafía en su propio terreno y, si pese a todo no aceptan, sonríe sardónica y triunfalmente: no aceptan el desafío porque tienen miedo o cosa parecida. Spirito no puede suponer que los científicos no quieren ocuparse de él porque no vale la pena y porque tienen otras cosas que hacer. Puesto que él es la «filosofía» y la filosofía = ciencia, etc., aquellos científicos no son «verdaderos» científicos, incluso la verdadera ciencia no ha existido jamás, etcétera.

Volpicelli y Spirito, directores de *Nuovi Studi*, los Bouvard y Pécuchet de la filosofía, de la política, de la economía, del derecho, de la ciencia, etc. Cuestión fundamental: la utopía de Spirito y Volpicelli consiste en confundir el Estado con la sociedad regulada, confusión que se verifica por una concatenación puramente «racionalista» de conceptos: individuo = sociedad (el individuo no es un «átomo», sino la individualización histórica de la sociedad entera), sociedad = Estado, por lo tanto individuo = Estado. El carácter que diferencia esta «utopía» de las utopías tradicionales y de las investigaciones en general del «Estado óptimo» es que Spirito y Volpicelli dan como ya existente esta «fantástica» entidad, existente pero no reconocida por otros fuera de ellos, depositarios de la «verdad verdadera», mientras que los otros (especialmente los economistas y en general los especialistas en ciencias sociales) no entienden nada, están en el «error», etc. Por qué «cola del diablo» sucede que únicamente Spirito y Volpicelli poseen esta verdad y los otros no la quieren poseer, no fue nunca explicado por ninguno de los dos, pero parece que por allí existe un tenue resplandor de los medios con los cuales ellos creen que la verdad debe ser difundida y transformarse en autoconciencia: se trata de la policía (recordar el discurso de Gentile en Palermo en 1925). Por razones políticas se le dijo a las masas: «Lo que vosotros esperabais y os había sido prometido por los charlatanes, existe ya», esto es la sociedad regulada, la igualdad económica, etc. Spirito y Volpicelli (detrás Gentile, que sin embargo no es tan tonto como ellos) han ampliado las afirmaciones y las han «especulado», «filosofado», sistematizado, y se baten como leones de paja contra todo el mundo, que sabe bien qué pensar de todo esto. Pero la crítica de esta «utopía» requeriría más bien otra crítica; tendría muy otras consecuencias que la carrera más o menos brillante de los dos Áyax del «actualismo» y entonces asistimos al torneo presente. De todos modos, bien merece el mundo intelectual estar bajo la férula de estos dos payasos, como bien mereció la aristocracia milanesa haber permanecido tantos años bajo el talón de la tríada. (La suscripción para las bodas de doña Franca podría ser parangonada con el acto de homenaje a Francisco José en 1853:[43] la distancia existente entre Francisco José y doña Franca indica la decadencia de la aristocracia milanesa). Sería necesario también observar cómo la concepción de Spirito y Volpicelli es un derivado lógico de las más simples y «racionales» teorías democráticas.

Ella está ligada a la concepción de la «naturaleza humana» idéntica y sin desarrollo, tal como era concebida antes de Marx, por la cual todos los hombres son fundamentalmente iguales en el reino del Spirito (= en este caso del *Spirito Santo* y de Dios padre de todos los hombres). Esta concepción está expresada en la cita que Benedetto Croce hace en el capítulo «A propósito del positivismo italiano» (en *Cultura e vita morale*, pág. 45) de una «vieja disertación alemana»: «*Omnis enim philosophia, cum ad communem hominum cogitandi facultatem revocet, per se democratica est; ideoque ab optimatibus non iniura sibi existimatur perniciosa*». Esta «común facultad de pensar», transformada en «naturaleza humana», ha dado lugar a muchas utopías, de las cuales se encuentran huellas en otras tantas ciencias que parten del concepto de la igualdad perfecta entre los hombres, etcétera.

La «filosofía de la época»

La discusión sobre la fuerza y el consenso demostró cómo ha progresado relativamente en Italia la ciencia política y cómo en su tratamiento, incluso por parte de estadistas responsables, existe una cierta franqueza de expresión. Esta discusión es la discusión de la «filosofía de la época», del motivo central de la vida de los Estados en el período de posguerra. ¿Cómo reconstruir el aparato hegemónico del grupo dominante, aparato disgregado por las consecuencias de la guerra en todos los Estados del mundo? En tanto, ¿por qué se ha disgregado? ¿Tal vez porque se ha desarrollado una fuerte voluntad política colectiva antagonista? Si fuese así, la cuestión hubiese sido resuelta a favor de tal antagonista. Se ha disgregado, en cambio, por causas puramente mecánicas de diverso género: 1) porque las grandes masas, antes pasivas, se pusieron en movimiento, pero en un movimiento caótico y desordenado, sin dirección, o sea, sin una precisa voluntad política colectiva; 2) porque las clases medias, que

---

43. A. Gramsci, *Il Risorgimento*, Einaudi, Turín, 1949, pág. 152. Versión castellana: *El «Risorgimento»*, Granica Editor, Buenos Aires, 1974.

en la guerra habían tenido funciones de mando y de responsabilidad, pasaron a ser privadas con la paz, quedando desocupadas, justamente después de haber hecho un aprendizaje de mando, etc.; 3) porque las fuerzas antagónicas resultaron incapaces de organizar en su provecho este desorden de hecho. El problema era reconstruir el aparato hegemónico de estos elementos antes pasivos y apolíticos, y ello no podía suceder sin la fuerza; pero esta fuerza no podía ser la «legal», etc. Puesto que en cada Estado el complejo de los elementos sociales era diferente, diferentes debían ser los métodos políticos para el empleo de la fuerza y la combinación de las fuerzas legales e ilegales. Cuanto más grande es la masa de los apolíticos, tanto más grande debe ser el aporte de las fuerzas ilegales. Cuanto más grandes son las fuerzas políticamente organizadas y educadas, tanto más necesario es «cubrir» el Estado legal, etcétera.

Un diálogo

Algo ha cambiado fundamentalmente. Y puede verse. ¿Qué es? Antes todos querían ser aradores de la historia, desempeñar la parte activa; tener cada uno una parte activa. Ninguno quería ser «abono» de la historia. Pero ¿se puede arar sin enriquecer primero la tierra? Por consiguiente, se debe ser el arador y el «abono». Abstractamente todos lo admitirían. Pero ¿en la práctica? Abono por abono, tanto valía tirarse atrás, volver a las tinieblas, a lo indistinto. Algo cambió, porque existe quien se adapta «filosóficamente» a ser abono, que sabe que tiene que serlo y se adapta. Es como la cuestión del hombre a punto de morir, como se dice. Pero hay una gran diferencia, porque a punto de morir se está en un acto decisivo que dura un santiamén. En cambio, en la cuestión del abono, la cuestión dura mucho y se presenta a cada momento. Como se dice, se vive una sola vez; la propia personalidad es insustituible. No se presenta, para juzgarla, una elección espasmódica, de un instante, en el que todos los valores son juzgados fulminantemente y se debe decidir sin aplazamiento. Aquí, en cambio, el aplazamiento es de cada instante y la decisión debe repetirse a cada instante. Por eso se dice que algo ha cambiado. No es tampoco la cuestión de vivir un día de león o cien años de oveja. No se vive ni siquiera un minuto como león, todo lo contrario: se vive como infraoveja por años y años y se sabe que debe vivirse así. Es la imagen de Prometeo que, en vez de ser atacado por el águila, es devorado por los parásitos. Júpiter podría haber sido imaginado por los hebreos; a Prometeo solo podían imaginarlo los griegos, pero los hebreos han sido más realistas, más despiadados, e incluso han dado una mayor verosimilitud a sus héroes.

El honorable De Vecchi

Confrontar en la *Gerarchia* de octubre de 1928 el artículo de Umberto Zamboni «La marcia su Roma. Appunti inediti. L'azione della colonna Zamboni», donde se dice que únicamente De Vecchi entre los cuadrunviros había quedado en Roma «para intentar una vez más la tentativa extrema de una solución pacífica». La afirmación se debe cotejar con el artículo de Miguel Bianchi, en el número único de *Gerarchia* dedicado a la marcha sobre Roma y en el que se habla de De Vecchi en forma bastante extraña. Zamboni fue a Perugia con Bianchi y debe de haber escuchado de su boca esta versión de los contactos existentes entre De Vecchi y Bianchi el 27 de octubre.

La marcha sobre Roma

Acerca de la marcha sobre Roma ver el número de *Gioventú Fascista*, publicado en el noveno aniversario (1931), con artículos muy interesantes de De Bono y Balbo. Balbo, entre otras cosas, escribe: «Mussolini obró. Si no lo hubiese hecho, el movimiento fascista habría perpetuado por decenios la guerrilla civil y no está excluido que otras fuerzas que militaban, como las nuestras, fuera de las leyes del Estado, pero con finalidades anárquicas y destructivas, habrían terminado por servirse de la neutralidad y de la impotencia estatal para cumplir más tarde el gesto de rebeldía intentado por nosotros en octubre de 1922. De todos modos, es cierto que sin la marcha sobre Roma, o sea, sin la solución revolucionaria, nuestro movimiento habría tropezado contra aquellas fatales crisis de cansancio, de tendencias y de indisciplina, que habían sido la tumba de los viejos partidos». Hay alguna inexactitud: el Estado no era «neutral e impotente», como se suele decir, justamente porque el movimiento fascista era el principal sostén en aquel período; ni tampoco podía haber «guerra civil» entre el Estado y el movimiento fascista, sino solo una acción violenta esporádica para cambiar la dirección del Estado y reformar el aparato administrativo. En la guerrilla civil el movimiento fascista estuvo en una misma línea con el Estado, no contra el Estado, aparte de en sentido metafórico y según las formas externas de las leyes.

Historia de los 45 caballeros húngaros

Ettore Ciccotti, durante el gobierno de Giolitti anterior a 1914, solía recordar a menudo un episodio de la guerra de los Treinta Años: parece que 45 caballeros húngaros se establecieron en Flandes y, puesto que la población había sido desarmada y desmoralizada por la larga guerra, consiguieron tiranizar al país por otros seis meses. En realidad, en muchas ocasiones es posible que surjan «45 caballeros húngaros» allí donde no existe un sistema de protección de la población inerme, dispersa, constreñida al trabajo para vivir y, por consiguiente, impedida en todo momento de rechazar los asaltos, las incursiones, las depredaciones y los golpes de mano ejecutados con un cierto espíritu de sistema y un mínimo de previsión «estratégica». Además, a casi todos les parece imposible que una situación como esta de los «45 caballeros húngaros» pueda verificarse nunca: esta es una «incredulidad» en la que debe verse un documento de inocencia política. Son, especialmente, elementos de tal «incredulidad» una serie de «fetichismos», de ídolos, en primer lugar el del pueblo siempre agitado y generoso contra los tiranos y las opresiones. Pero ¿es que, proporcionalmente, son más numerosos los ingleses en la India que los caballeros húngaros en Flandes? Y además: los ingleses tienen sus secuaces entre los hindúes, aquellos que están siempre con los más fuertes, «conocedores», conscientes, etc. No se entiende que, en toda situación política, la parte activa es siempre una minoría, y que si esta, cuando la siguen las multitudes, no organiza establemente esta influencia, y se dispersa en cualquier situación propicia a la minoría adversaria, todo el aparato se deshace y se forma uno nuevo, en el cual las viejas multitudes no cuentan para nada y ya no pueden moverse y obrar. Lo que se llamaba «masa» fue pulverizado en muchos átomos sin voluntad y orientación y se forma una nueva «masa», incluso de menor volumen que la primera pero más compacta y resistente, que tiene la función de impedir que la masa primitiva se reforme y se convierta en eficiente. Todavía muchos continúan apelando a este fantasma del pasado, lo imaginan siempre existente, siempre agitado, etc. Así, Mazzini imaginaba siempre a la Italia de 1848 como una entidad permanente a la que solo era necesario inducir con algún artificio a que volviera a la plaza. El error está también relacionado con la ausencia de «experimentalidad»: el político realista, que conoce las dificultades de organizar una voluntad colectiva, no es inducido a creer fácilmente que esta se reforma mecánicamente después de disgregada. El ideólogo, que como el cuclillo ha puesto los huevos en un nido ya preparado y no sabe construir nidos, piensa que la voluntad colectiva es un dato de factura naturalista, que surge y se desarrolla por razones innatas en las cosas, etcétera.

Un aspecto esencial de la estructura del país es la importancia que en su composición tiene la burocracia. ¿Cuántos son los empleados de la administración estatal y local? Y ¿qué fracciones de la población viven de las rentas de los empleos estatales y locales? Debe considerarse el libro del doctor Renato Spaventa, *Burocrazia, ordinamenti amministrativi e fascismo*, 1928, editorial Treves. Trae el juicio de un «ilustre economista» que, diecisiete años antes, o sea, cuando la población era de 35 millones, calculaba que «aquellos que obtienen su sustento de un empleo público oscilan alrededor de los dos millones de personas». Parece que entre ellos no fueron incluidos los empleados de los entes locales, mientras que sí lo fueron los pertenecientes a los ferrocarriles y a las industrias monopolizadas, que no pueden considerarse empleados administrativos, sino que deben incluirse aparte, porque, bien o mal, producen bienes controlables y son absorbidos por necesidades industriales controlables con exactitud. El parangón entre los diferentes Estados puede ser hecho por los empleados administrativos centrales y locales, por el porcentaje de lo que consumen y por la fracción de la población que representan, no por los pertenecientes a los servicios y a las industrias estatizadas que no son similares y homogéneas entre Estado y Estado. Por esta misma razón, no pueden incluirse entre los empleados estatales los maestros de escuela, que deben ser considerados aparte, etc. Es necesario aislar y confrontar aquellos elementos de empleo estatal y local que existen en todo Estado moderno, incluso en el más «liberalizante», y considerar aparte todas las otras formas de empleo, etcétera.

El estado y los funcionarios

Una opinión difundida es esta: que, mientras para los ciudadanos la observación de las leyes es obligación jurídica, para el «Estado» la observación es solo una obligación moral, o sea, una obligación sin sanciones punitivas por su incumplimiento. Se plantea la cuestión de qué se entiende por «Estado», o sea, de quién tiene la obligación «moral» de observar las leyes, y no se acaba nunca de constatar cuánta gente cree no tener obligaciones «jurídicas» y gozar de inmunidad y de impunidad. Este «estado de ánimo» ¿está ligado a un hábito o ha creado un hábito? Una y otra cosa son ciertas. Esto significa que el Estado, en cuanto ley escrita permanente, no ha sido jamás comprendido (y hecho comprender) como una obligación objetiva o universal. Este modo de pensar está ligado a la curiosa concepción del «deber cívico» independiente de los «derechos», como si existieran deberes sin derechos y viceversa: esta concepción está ligada justamente a la otra sobre la no obligación jurídica de las leyes por parte del Estado, o sea, por los funcionarios y agentes estatales, los cuales parece que tuvieran mucho que hacer obligando a los otros como para que les quede tiempo para obligarse a sí mismos.

Mil novecientos veintidós

Artículos del senador Raffaele Garofalo, alto magistrado de casación, en la *Epoca* de Roma, a propósito de la dependencia de la magistratura con respecto al poder ejecutivo y de la justicia administrada con circulares. Pero es especialmente interesante el orden de razones con las que Garofalo sostenía la necesidad inmediata de hacer independiente a la magistratura.

Otto Kahn

Su viaje a Europa en 1924, sus declaraciones a propósito del régimen italiano y del inglés de MacDonald. Análogas declaraciones de Paul Warburg (Otto Kahn y Paul Warburg pertenecen ambos a la gran firma americana Kuhn, Loeb & Co.), de Judge Garu, de los delegados de la Cámara de Comercio americana y de otros grandes financistas. Simpatías de la gran finanza internacional hacia los regímenes inglés e italiano. Esto se explica en el cuadro del expansionismo mundial de los Estados Unidos. La seguridad de los capitales americanos en el extranjero: no tanto en acciones como en obligaciones. Otras garantías no puramente comerciales sino políticas para el tratado sobre las deudas firmado por Volpi (ver las actas parlamentarias, porque en los diarios ciertas «minucias» no fueron publicadas) y para el empréstito Morgan. Posición de Caillaux y de Francia sobre las deudas y el porqué del rechazo de Caillaux de concluir el acuerdo. Sin embargo, también Caillaux representa a la gran finanza, pero francesa, que tiende también ella a la hegemonía o por lo menos a una cierta posición de superioridad (en todo caso no quiere ser subordinada). El libro de Caillaux *¿A dónde va Francia? ¿A dónde va Europa?*, donde se expone claramente el programa de la alta finanza y en el que se explica su simpatía por el laborismo. Semejanzas entre el régimen político de los Estados Unidos y de Italia, aludidas también en otra nota.

Tendencias en la organización externa de los factores humanos productivos en la posguerra

Me parece que todo el conjunto de estas tendencias tiene que hacer pensar en el movimiento católico económico de la Contrarreforma, que tuvo su expresión práctica en el Estado jesuítico del Paraguay. Todas las tendencias orgánicas del moderno capitalismo de Estado tendrían que ser remitidas a esta experiencia jesuítica. En la posguerra existió un movimiento intelectual y racionalista que corresponde al florecimiento de las utopías en la Contrarreforma: ese movimiento está ligado al viejo proteccionismo, pero se diferencia y lo supera, desembocando en varios intentos de economías «orgánicas» y de Estados orgánicos. Se podría aplicar a ellos el juicio de Croce sobre el Estado del Paraguay: que se trata de un modo sabio de explotación capitalista, en las nuevas condiciones que hacen imposible (al menos en toda su aplicación y extensión) la política económica liberal.

La crisis

El estudio de los sucesos que toman el nombre de crisis y que se prolongan de modo catastrófico entre 1929 y hoy tendrá que atraer especialmente nuestra atención. Será necesario combatir a todo aquel que quiera dar de estos sucesos una definición única, o, lo que es lo mismo, encontrar una causa y un origen únicos. Se trata de un proceso que tiene muchas manifestaciones, en las que causas y efectos se complican y se superponen. Simplificar significa desnaturalizar y falsificar. Por lo tanto: 1) Proceso complejo, como en muchos otros fenómenos, y no «hecho» único que se repite de diversas maneras por una causa y un origen únicos. 2) ¿Cuándo comenzó la crisis? La pregunta está vinculada al punto uno. Tratándose de un desarrollo y no de un evento, la cuestión es importante. Se puede decir que la crisis como tal no tiene un comienzo, sino solo algunas «manifestaciones» más ruidosas que se identifican con la crisis, errónea y tendenciosamente. El otoño de 1929, con el crac de la bolsa de Nueva York, es para algunos el comienzo de la crisis, y se comprende que lo sea para aquellos que en el «americanismo» quieren encontrar el origen y la causa de la crisis. Pero los sucesos del otoño de 1929 son precisamente una de las ruidosas manifestaciones del desarrollo crítico, y no otra cosa. Toda la posguerra es crisis, con tentativas de evitarla, que a veces tienen éxito en este o en aquel país; y no otra cosa. Para algunos (y tal vez no equivocadamente), la guerra misma es una manifestación de la crisis, incluso su primera manifestación; precisamente la guerra fue la respuesta política y organizativa de los responsables. (Esto demostraría que en la práctica es difícil separar la crisis económica de las crisis políticas, ideológicas, etc., si bien esto es posible científicamente, o sea, mediante un trabajo de abstracción). 3) ¿La crisis tiene origen en las relaciones técnicas, esto es, en las posiciones de clase respectivas, o en otros hechos? ¿Legislaciones, tumultos, etc.? Ciertamente parece demostrable que la crisis tiene orígenes «técnicos», o sea, en las relaciones respectivas de clase, pero también que en sus inicios las primeras manifestaciones o previsiones dieron lugar a conflictos de diverso género y a intervenciones legislativas, que pusieron luz sobre la «crisis» misma, no la determinaron, y agravaron algunos factores. Estos tres puntos: 1) que la crisis es un proceso complicado; 2) que se inicia por lo menos con la guerra, si bien esta no es la primera manifestación; 3) que la crisis tiene orígenes internos, en los modos de producción y, por consiguiente, de cambio, y no en los hechos políticos y jurídicos, parecen ser los tres primeros puntos para esclarecer con exactitud.

Otro punto es que se descuidan los hechos simples, o sea, las contradicciones fundamentales de la sociedad actual, por otros más complejos (sería mejor decir «alambicados»). Una de las contradicciones fundamentales es esta: que, mientras la vida económica tiene como premisa necesaria el internacionalismo, o mejor el cosmopolitismo, la vida estatal se ha desarrollado siempre más en el sentido del «nacionalismo», del «bastarse a sí mismo», etc. Uno de los rasgos más visibles de la «actual» crisis no es otro que la exasperación del elemento nacionalista (estatal-nacionalista) en la economía: cupos, *clearings*, restricción al comercio de divisas, comercio balanceado entre dos únicos estados, etc. Se podría entonces decir, y esto sería lo más exacto, que la «crisis» no es otra cosa que la intensificación cuantitativa de algunos elementos, no nuevos ni originales, pero especialmente la intensificación de ciertos fenómenos, mientras otros que antes operaban y aparecían simultáneamente con los primeros, inmunizándolos, se han convertido en inoperantes o han desaparecido del todo. En suma, el desarrollo del capitalismo ha sido una «continua crisis», si se puede decir de este modo, esto es, un rapidísimo movimiento de elementos que se equilibraban e inmunizaban. En un cierto punto, en este movimiento algunos elementos han sacado ventaja, otros han desaparecido o se han convertido en ineficaces dentro del cuadro general. Se han producido entonces sucesos, a los cuales se da el nombre específico de «crisis», que son más o menos graves justamente según qué elementos mayores o menores de equilibrio se verifican. Dado este cuadro general, se puede estudiar el fenómeno en los diversos planos y aspectos: monetario, financiero, productivo, del comercio interno, del comercio internacional, etc., y no está dicho que cada uno de estos aspectos, dada la división internacional del trabajo y de las funciones en los diversos países, no apareció como prevalente o manifestación máxima. Pero el problema fundamental es el productivo y en la producción el desequilibrio entre industrias progresivas (en las cuales el capital constante fue en aumento) e industrias estacionarias (donde cuenta mucho la mano de obra inmediata). Se comprende que, al existir también en el campo internacional una estratificación entre industrias progresivas y estacionarias, los países donde las industrias progresivas superabundan han sentido más las crisis, etc. Hondas ilusiones, muchas dependientes del hecho de que no se comprende que el mundo es una unidad, se quiera o no, y que todos los países que atraviesen ciertas condiciones de estructura pasarán también por ciertas «crisis». (Por todos estos argumentos debería verse la literatura de la Sociedad de las Naciones, de sus expertos y de su comisión financiera, que servirá por lo menos para tener delante todo el material sobre la cuestión, así como también las publicaciones de las más importantes revistas internacionales y de las Cámaras de Diputados).

La moneda y el oro

La base áurea de la moneda resulta necesaria para el comercio internacional por el hecho de que existen y operan las divisiones nacionales (lo que lleva a hechos técnicos particulares de este campo, de los que no se puede prescindir: entre esos hechos está la rapidez de circulación, que no es un pequeño hecho económico). Dado que las mercancías se cambian por mercancías (comprendidos los servicios entre las mercancías), es evidente la importancia del «crédito», esto es, el hecho de que una masa de mercaderías o servicios fundamentales, que indican un completo ciclo comercial, produzcan títulos de intercambio y que tales títulos tendrían que mantenerse equivalentes en todo momento (de parejo poder de cambio) a pesar de la detención del intercambio. Es cierto que las mercancías se intercambian por mercancías, pero «abstractamente», o sea que los actores del intercambio son diferentes (no existe el «trueque» individual y esto precisamente acelera el movimiento). Por eso, si es necesario que en el interior de un Estado la moneda sea estable, tanto más necesario parece ser que sea estable la moneda que sirve al intercambio internacional, en el cual «los actores reales» desaparecen detrás del fenómeno. Cuando en un Estado la moneda varía (inflación o deflación), sucede una nueva estratificación de clases en el mismo país, pero, cuando varía una moneda internacional (por ejemplo la esterlina o, aunque en menor grado, el dólar, etc.), sucede una nueva jerarquía entre los Estados; ello es más complejo y conduce a una detención del comercio (y a menudo a la guerra); esto es pasaje «gratuito» de las mercancías y servicios entre un país y otro, y no solo entre una clase y otra de la población. La estabilidad de la moneda es una reivindicación para algunas clases en lo interno y en lo externo (a causa de las monedas internacionales en las que se han concertado obligaciones) para todos los comerciantes, pero ¿por qué varían? Las razones son muchas, ciertamente: porque el Estado gasta mucho, o sea, no quiere hacer pagar sus gastos a ciertas clases, directamente, sino indirectamente a otras y, si es posible, a países extranjeros; porque no se quiere disminuir un costo directamente (ejemplo: el salario), sino solo indirectamente y en un tiempo prolongado, evitando fricciones peligrosas, etc. En todo caso, también los efectos monetarios son causados por la oposición de los grupos sociales, que se deben entender no siempre en el sentido del país donde sucede el evento, sino de un país antagonista. Y este es un principio poco profundizado y todavía capital para la comprensión de la historia: que un país sea destruido por las invasiones «extranjeras» o bárbaras no quiere decir que la historia de aquel país no esté incluida en la lucha de los grupos sociales. ¿Por qué sucedió la invasión? ¿Por qué aquel movimiento de población, etc.? Como en cierto sentido en un Estado la historia es la historia de las clases dirigentes, así, en el mundo, la historia es la historia de los Estados hegemónicos. La historia de los Estados subalternos se explica con la historia de los Estados hegemónicos. La caída del imperio romano se explica con el desarrollo de la vida en el imperio romano mismo, pero esto se dice porque «faltaban» ciertas fuerzas, o sea, una historia negativa, y por ello no satisface. La historia de la caída del imperio romano debe buscarse en el desarrollo de las poblaciones «bárbaras» y también, aparte de eso, porque a menudo los movimientos de las poblaciones «bárbaras» eran consecuencias «mecánicas» (o sea, poco conocidas) de otro movimiento del todo desconocido. He aquí por qué la caída del imperio romano da lugar a «trozos oratorios» o se presenta como un enigma: 1) porque no se quiere reconocer que las fuerzas decisivas de la historia mundial no estaban entonces en el imperio romano (aunque fuesen todavía fuerzas primitivas); 2) porque de tales fuerzas faltan documentos históricos. Si hay enigma no es porque se trate de cosas «incognoscibles», sino simplemente «desconocidas» por falta de documentos. Queda todavía por ver la parte negativa: «¿por qué el imperio se dejó vencer?»; pero justamente el estudio de las fuerzas negativas es el que menos satisface, y con razón, porque de por sí presupone la existencia de fuerzas positivas y no se quiere jamás confesar que se desconocen. En la cuestión del planteo histórico de la caída del imperio romano entran en juego también elementos ideológicos, de vanidad, que son cualquier cosa menos descuidables.

Elementos de la crisis económica

En la publicidad de la *Riforma Sociale*, las causas «más características o graves» de la crisis son catalogadas como sigue: 1) altos impuestos; 2) consorcios industriales; 3) sindicatos obreros; 4) socorros; 5) vínculos; 6) batallas por el producto nacional; 7) limitaciones a la importación; 8) deudas interaliadas; 9) armamento; 10) proteccionismo. Parece que algunos elementos son similares, aunque hayan sido catalogados separadamente, como causas específicas. Otros no han sido catalogados: por ejemplo, las prohibiciones a la emigración. Me parece que, haciendo un análisis, se tendría que comenzar por catalogar los obstáculos impuestos por las políticas nacionales (o nacionalistas) a la circulación: 1) de las mercancías; 2) de los capitales; 3) de los hombres (trabajadores y fundadores de nuevas industrias y nuevas empresas comerciales). Que no se hable, por parte de los liberales, de los obstáculos puestos a la circulación de los hombres es sintomático, porque en el régimen liberal todo se relaciona y un obstáculo crea una serie de otros. Si se cree que los obstáculos a la circulación de los hombres son «normales», o sea, justificables, es decir, debidos a «fuerza mayor», significa que toda la crisis es «debida a fuerza mayor», es «estructural», no de coyuntura, y no puede ser superada más que construyendo una nueva estructura que tenga en cuenta las tendencias ínsitas en la vieja estructura y las domine con nuevas premisas. La premisa mayor en este caso es el nacionalismo, que no consiste solo en la tentativa de producir en el propio territorio todo lo que se consume (lo que significa que todas las fuerzas están dirigidas hacia las previsiones del estado de guerra), tendencia que se expresa en el proteccionismo tradicional, sino en la tentativa de fijar las principales corrientes del comercio con determinados países, ya sea porque son aliados (y, por consiguiente, se los quiere sostener y se los quiere preparar de un modo más conveniente para el estado de guerra), ya sea porque se los quiere desgajar con anterioridad a la guerra militar (y este nuevo tipo de política es aquel de las restricciones a la importación que parte del absurdo de que entre dos países deba haber «balanza pareja» en los intercambios, y no que cualquier país pueda equilibrarse parejamente solo comerciando con todos los otros países indistintamente). Entre los elementos de crisis fijados por la *Riforma Sociale*, no todos son aceptables sin crítica; por ejemplo, «los altos impuestos». Ellos son nocivos cuando se dirigen a mantener una población desproporcionada con las necesidades administrativas, no cuando sirven para invertir capitales que solo el Estado puede invertir, incluso si estos capitales no son inmediatamente productivos (y no si se refiere a la defensa militar). La llamada «política de los trabajos públicos» no es criticable en sí, sino solo en condiciones dadas: son criticables los trabajos públicos inútiles o también lujosos, no aquellos que crean las condiciones para un futuro incremento del intercambio o evitan daños seguros (aluviones, por ejemplo) pero evitables, y ningún individuo puede ser impulsado (por la ganancia) a sustituir al Estado en esta actividad. Dígase lo mismo de los «consorcios industriales»: son criticables los consorcios «artificiosos», no los que nacen por la fuerza de las cosas. Si todo «consorcio» es nocivo, entonces el sistema es el nocivo, porque el sistema, incluso sin impulsos artificiales, o sea, sin los lucros producidos por la guerra, empuja a la creación de consorcios, o sea, a disminuir los gastos generales. Lo mismo con los «sindicatos obreros», que no nacen artificialmente, más bien nacen o han nacido a pesar de todas las adversidades y los obstáculos de las leyes (y no solo de las leyes, sino de la actividad criminal privada no punida por las leyes). Los elementos catalogados por la *Riforma Sociale* muestran así la debilidad de los economistas liberales frente a la crisis: 1) callan algunos elementos; 2) mezclan arbitrariamente los elementos considerados, no distinguiendo los necesarios de los otros, etcétera.

Observaciones sobre la crisis de 1929-1930

Confrontar en el número de *Economia* de marzo de 1931, dedicado a «La depressione economica mondiale», los dos artículos de P. Jannaccone y de Gino Arias. Jannaccone observa que «la causa primera (sic) de la crisis es un exceso, no un déficit de consumo», o sea que estamos frente a una profunda y, muy probablemente, no pasajera perturbación del equilibrio *dinámico* entre la cuota consumida y la cuota ahorrada del rédito nacional y el ritmo de la producción necesario para mantener en un nivel de vida permanente o progresivo a una población que aumenta según una determinada tasa de incremento neto. La ruptura de tal equilibrio puede verificarse de muchos modos: expansión de la cuota de rédito consumida en perjuicio de aquella ahorrada y reinvertida en la producción futura; disminución de la tasa de productividad de los capitales, aumento de la tasa de incremento neto de la población. En un cierto punto, el rédito medio individual de creciente se transforma en constante y de constante en progresivamente decreciente: estallan en este punto las crisis, la disminución de la tasa de rédito medio conduce a una contracción, incluso absoluta, del consumo y, por reflejo, a ulteriores reducciones de la producción, etc. La crisis mundial sería así *crisis de ahorro* y «el remedio soberano para contenerla, sin que se baje la tasa de incremento de la población, está en el aumento de la cuota de rédito destinada al ahorro y a la formación de nuevos capitales. Esta es la amonestación de alto valor moral que desborda los razonamientos de la ciencia económica».

Las observaciones de Jannaccone son indudablemente agudas. Arias trae en cambio conclusiones puramente tendenciosas y en parte imbéciles. Admitida la tesis de Jannaccone, se pregunta: ¿a qué se debe atribuir el exceso de consumo? ¿Se puede probar que las masas trabajadoras han aumentado su nivel de vida en tal grado que se haya originado un aumento de consumo? ¿Significa esto que la relación entre salarios y beneficios se ha transformado en catastrófica para los beneficios? Una estadística ni siquiera lo podría probar para los Estados Unidos. Arias «descuida» un elemento «histórico» de cierta importancia: ¿no sucedió que en la distribución del rédito nacional, especialmente a través de la bolsa y el comercio, se introdujo en la posguerra (o sea, aumentada en relación con el período precedente) una categoría de «beneficiarios» que no representa ninguna función productiva necesaria e indispensable, pero sí absorbe una cuota de rédito imponente? No se pone atención en que el «salario» está siempre ligado a un trabajo (sería necesario distinguir, sin embargo, el salario o la paga que absorbe la categoría de trabajadores inscritos en el servicio de las categorías sociales improductivas y absolutamente parasitarias; por otra parte, hay trabajadores enfermos o desocupados que viven de la caridad pública o de subsidios) y el rédito absorbido por el asalariado es identificable casi al centésimo, mientras que es difícil identificar el rédito absorbido por los no asalariados que no tienen una función necesaria e indispensable en el comercio y en la industria. Una relación entre obreros «ocupados» y el resto de la población daría la imagen del peso «parasitario» que gravita sobre la producción. Desocupación de no asalariados: no son pasibles de estadística, porque «viven» de algún modo de medios propios, etc. En la posguerra, la categoría de los improductivos parasitarios en sentido absoluto y relativo creció enormemente, y es la que devora el ahorro. En los países europeos es todavía mayor que en América, etc. Las causas de la crisis no son, por lo tanto, «morales» (goces, etc.), ni políticas, sino económico-sociales, o sea, de la misma naturaleza que la crisis: la sociedad crea sus propios venenos, tiene que dar de vivir a masas (no solo de asalariados desocupados) de población que impiden el ahorro y rompen el equilibrio dinámico.

Impuestos y seguros

Aparte del ingreso por impuestos (los réditos patrimoniales son despreciables), los gobiernos tienen a su disposición las grandes sumas representadas por el movimiento de los seguros, que a menudo son imponentes. Debe estudiarse si a través de los seguros no se llega a imponer nuevas tasas. Ver cuánto cuesta el seguro y si es «pagado» con mayor o menor facilidad y de inmediato o con retardo. Si abaratándolo podría difundirse mayormente; qué clases son las aseguradas y cuáles las excluidas; el seguro es una forma de ahorro, incluso la más típica y popular. ¿Cómo reintegra el Estado las sumas que se hacen pasar por los institutos de aseguración? ¿Con bonos del tesoro o con deuda pública? De cualquier manera, el gobierno tiene la posibilidad de gastar sin control del Parlamento. ¿Está excluida una quiebra o dificultades en los seguros? Los seguros están organizados como una especie de lotería: se calcula que siempre habrá ganancia, y grande. Error: las ganancias tendrían que ser reducidas al margen de cálculo de las probabilidades actuarias. Por otra parte, los capitales ingentes a disposición de la aseguración tendrían que tener inversión segura, concreta y del todo estable, pero productiva en sentido más elástico de lo que son las inversiones de Estado. Cómo el Estado, a través de la obligación de la conversión en títulos de los patrimonios de una serie de entes, especialmente de beneficencia, ha alcanzado a expropiar partes notables del patrimonio de los pobres: ejemplo, el *Colegio de las Provincias* de Turín. Las conversiones de la renta y las inflaciones, incluso a largo plazo, son catastróficas para tales entes y los destruyen completamente.

Estudios sobre la estructura económica nacional

Significado exacto de las tres iniciativas sobre las que hay tanta discusión: 1) consorcios obligatorios; 2) Instituto mobiliario italiano; 3) poder del Estado para prohibir la creación de nuevas industrias y la extensión de las ya existentes (o sea, necesidad de patente estatal para la iniciativa industrial *de un día dado*); 4) Instituto para la reconstrucción industrial (dividido en dos secciones jurídicamente autónomas: a) sección de financiamiento industrial; b) sección de desmovilización industrial). Mientras tanto, se necesita para todo instituto una «historia» exacta de las fases legales a través de las cuales ha pasado y la identificación de las causas inmediatas que provocan la fundación. Para las perspectivas generales de estos institutos, se deben tener en cuenta ante todo las particulares funciones desarrolladas siempre por el Estado italiano en la economía, en sustitución de la llamada iniciativa privada, ausente o «recelosa» de los ahorristas. La cuestión «económica» podría ser esta: si tales institutos no representan un gravoso gasto en relación con lo que serían si su función fuera desempeñada por la iniciativa privada. Parece este un falso problema, y no lo es: cierto, en cuanto falta el actor privado de una cierta función y esta es necesaria para rejuvenecer la vida nacional, es mejor que el Estado asuma la función. Pero conviene decirlo abiertamente, o sea, decir que no se trata de la realización de un progreso efectivo, sino de la constatación de un retraso que se quiere subsanar «a cualquier costo» y pagando la cuenta. No es tampoco cierto que se paga la cuenta de una vez por todas; la cuenta que se paga hoy no evitará pagar otra cuenta cuando, de la nacionalización que se hace para remediar un cierto retraso, se pasa a la nacionalización como fase histórica orgánica y necesaria en el desarrollo de la economía hacia una construcción programática. La fase actual es la correspondiente, en cierto sentido, a las monarquías iluministas del siglo XVIII. De moderno solo tiene la terminología exterior y mecánica, tomada de otros países donde esta fase es realmente moderna y progresiva.

Nacionalizaciones

Cfr. el artículo de A. De Stefani «La copertura delle perdite», en el *Corriere* del 16 de marzo de 1932: «Aun en tiempos ordinarios, en los actuales regímenes proteccionistas es toda la nación la que concurre a emparejar sistemáticamente los balances de las administraciones y a formar sus utilidades... El problema de la cobertura de las pérdidas de una administración es justamente el de su reparto más allá del muro que tendría directamente que sobrellevarlas en términos de derecho común: los propietarios (accionistas), acreedores (prestamistas de dinero, prestatarios de servicios y proveedores). Tal proceso podría llamarse, en los casos en los que el Estado acude a cubrir las pérdidas de una administración, un proceso de nacionalización de las pérdidas, una extensión del principio del resarcimiento de los daños de guerra y de los desastres naturales». Que se nacionalicen las pérdidas, y no los beneficios, que se cubran los daños creados por la especulación (voluntaria), pero no por la desocupación (involuntaria), no hace reír a De Stefani.

El individuo y el Estado

Cómo ha cambiado la situación en «perjuicio» del viejo liberalismo: ¿es cierto que todo ciudadano conoce sus asuntos mejor que cualquier otro en las actuales condiciones? ¿Es cierto que en las actuales condiciones hay una selección según los méritos? «Todo ciudadano», en cuanto no puede conocer y, especialmente, no puede controlar las condiciones generales en las cuales los asuntos se desarrollan, dada la amplitud del mercado mundial y su complejidad, en realidad no conoce ni siquiera sus propios asuntos: necesidad de las grandes organizaciones industriales, etc. Por otra parte, el Estado, con el régimen cada vez más gravoso de los impuestos, castiga a los propios ciudadanos, pero no puede castigar a los ciudadanos de las otras naciones (menos gravados, o con regímenes de tasas que distribuyen de manera diferente los impuestos). Los grandes Estados, que deben tener grandes gastos por servicios públicos imponentes (comprendidos ejército, marina, etc.), castigan más a sus propios ciudadanos (se agrega la desocupación subsidiaria, etc.). Pero ¿la intervención del Estado con las tarifas aduaneras crea una nueva base? El Estado, con las tarifas, «escoge» entre los ciudadanos aquellos a quienes hay que proteger aunque no lo «merezcan», y desencadena una lucha entre los grupos por la distribución del rédito nacional, etcétera.

Roma capital

La frase «no se deje a Roma sin ideas», que se encuentra citada en otra nota[44] y se atribuye a Mommsen, fue pronunciada el 26 de marzo de 1861

---

44. Cfr. A. Gramsci, *Il Risorgimento*, Einaudi, Turín, 1949, págs. 160-161. Ver versión castellana citada en la nota 43, pág. 116.

(en el Parlamento) por Giuseppe Ferrari, que sostenía que se tenía que ir a Roma «con las ideas proclamadas por la Revolución francesa», que «pueden ser redimidas por el pontífice porque rescatan la razón». En 1872 (16 de diciembre, en el Parlamento), Ferrari observaba que como tantas otras cosas de Italia se habían hecho «poco a poco, lentamente, por una serie de *casi*», se había «hasta encontrado el medio de venir a Roma poco a poco»; y se agregaba: no querría «que poco a poco fueran desnaturalizadas nuestras instituciones y que nos encontráramos en otro mundo: por ejemplo, en el Medioevo». Recordar que, entre los moderados, Quintino Sella pensaba que «era necesario ir a Roma» con una idea universal, y esta idea la descubría en la «ciencia».[45]

En un artículo del 22 de diciembre de 1864, frente al anuncio de la votación que decide la transferencia de la capital de Turín a Florencia, Francisco De Sanctis (en la *Italia* de Nápoles o en el *Diritto*) escribe: «Vamos a Roma para edificaros la tercera civilización, para hacerla por tercera vez la reina del mundo civil. La capital del mundo pagano y del mundo católico es muy digna de ser la capital del espíritu moderno. Roma, por lo tanto, no es para nosotros el pasado, sino el porvenir».

El problema de la capital

Función y posición de las más grandes ciudades: Turín, Trieste, Génova, Bolonia, Florencia, Nápoles, Palermo, Bari, Ancona, etc. En la estadística industrial de 1927 y en las publicaciones que han expuesto sus resultados, ¿existe una división de estos datos por ciudad y por centros industriales en general? (la industria textil presenta zonas industriales sin grandes ciudades, como Biellese, Comasco, Vicentino, etc.). Relieve social y político de las ciudades italianas. Este problema se coordina con el de las «cien ciudades», o sea, la aglomeración en aldeas (ciudades) de la burguesía rural, y el de las aglomeraciones en villorrios campesinos de grandes masas de braceros agrícolas y de campesinos sin tierra donde existe el latifundio extensivo (Puglia, Sicilia). Está también ligado al problema de qué grupo social ejerce la dirección política e intelectual sobre las grandes masas, dirección de primer y segundo grado (los intelectuales ejercen a menudo una dirección de segundo grado, porque ellos mismos están bajo el influjo de los grandes propietarios terratenientes y estos, a su vez, directa o indirec-

---

45. Cfr. *Storia d'Italia*, 3.ª edición, págs. 4 a 305 y nota en la pág. 4.

tamente, de modo parcial o total, son dirigidos por la gran burguesía, especialmente financiera).

Industriales y agrarios

Toda la historia pasada, desde el nacimiento de una industria en adelante, está caracterizada por un difícil y complicado esfuerzo por dividir el rédito nacional entre industriales y agrarios, esfuerzo complicado por la existencia de una relativamente amplia categoría de medios y pequeños propietarios terratenientes, no cultivadores sino habitantes de las ciudades (las cien ciudades), devoradores parasitarios de la renta agraria. El sistema así constituido (protección industrial y protección agrícola) no puede dejar de ser insuficiente por la falta de materias primas (se rige por el bajo nivel de vida de las grandes masas, que no permite un gran desarrollo industrial), y por la imposibilidad de gran ahorro, porque los márgenes son engullidos por los sectores parasitarios y es imposible la acumulación (a pesar del bajo nivel de vida de las grandes masas). Así se explican las dificultades en que viven ciertas industrias exportadoras, como la seda, que aventajaría enormemente por el bajo precio de los víveres y podría entrar en victoriosa competencia con Francia, a la que Italia cede la materia prima (los capullos). Calcular cuántos capullos se venden en el extranjero y cuántos se transforman en Italia, y calcular la diferencia que existe entre la exportación de la seda elaborada y la de los capullos en bruto. Otro cálculo para el azúcar, que está más protegido que el grano, etc. Análisis de las industrias de exportación, que podrían nacer o desarrollarse, sea en la ciudad o en la agricultura, si no existiera el sistema aduanero vigente. Cuando la ausencia de materias primas surge por motivos de política militarista y nacionalista (no por cierto imperialista, que es un grado más desarrollado del mismo proceso), es natural preguntarse si las materias primas existentes son bien explotadas, porque en caso contrario no se trata de política nacional (o sea, de una clase entera), sino de una oligarquía parasitaria y privilegiada, lo que significa que no se trata de política exterior, sino de política interior de corrupción y de deterioro de las fuerzas nacionales.

La burguesía rural

Artículo de Alfredo Rocco, «La Francia risparmiatrice e banchiera», *Gerarchia* de octubre de 1931. Artículo que debe ser rectificado en muchos aspectos, pero el punto principal para tener en cuenta es el siguiente: ¿por qué en Francia se acumula tanto ahorro? ¿Será solamente porque los franceses son sórdidos y avaros, como parece sostener Rocco? Sería difícil demostrarlo, por lo menos en sentido absoluto. Los italianos son «sobrios, trabajadores, económicos»: ¿por qué no se acumula ahorro en Italia? El nivel de vida medio francés es superior de manera notoria al italiano (confrontar el estudio de Camis[46] sobre la alimentación en Italia), por lo que los italianos tendrían que ahorrar más que los franceses. En Italia no sucede lo que en Francia porque existen clases absolutamente parasitarias que no existen en Francia, la más importante de todas la burguesía rural (confrontar el libro de Serpieri[47] sobre las clases rurales en Italia durante la guerra y precisar cuánto «cuesta» una clase tal a los campesinos italianos).

La cuestión de la tierra

Aparente fraccionamiento de la tierra en Italia; pero la tierra no es de los campesinos cultivadores, sino de la burguesía rural, que a menudo es más feroz y usuraria que el gran propietario. Junto a este fenómeno está el de la atomización de la escasa tierra poseída por los campesinos trabajadores (que las más de las veces están en la alta colina y en la montaña). Esta atomización tiene diversas causas: 1) la pobreza del campesino que se ve constreñido a vender una parte de su poca tierra; 2) la tendencia a tener muchas pequeñísimas parcelas en las diversas zonas agrícolas comunales o de una serie de comunas, como seguro contra el monocultivo expuesto a total destrucción en caso de mala cosecha; 3) el principio de heredad de la tierra entre los hijos, cada uno de los cuales quiere una parcela de cada campo heredado (este parcelamiento no aparece en el catastro porque la división no se hace legalmente sino *bona fide*). Parece que el nuevo código civil introduce también en Italia el principio del *homestead*, o bien de familia, que tiende justamente en muchos países a evitar la subdivisión excesiva de la tierra a causa de la herencia.

---

46. Cfr. Mario Camis, «Intorno alle condizioni alimentari del popolo italiano», *Riforma Sociale*, junio de 1926, págs. 52-81.

47. Arrigo Serpieri, *La guerra e le classi rurali italiane*, Laterza, Bari, 1930, págs. XVI-503.

Cuestiones agrarias

¿Qué se debe entender por «administración agrícola»? Una organización industrial para la producción agrícola que tenga caracteres permanentes de continuidad orgánica. Diferencia entre administración y empresa. La empresa puede ser para fines inmediatos, variables año a año o cada varios años, etc., sin inversiones fundiarias, etc., con capital de ejercicio «de aventura». La cuestión tiene importancia porque la existencia de la administración y del sistema de administración indica el grado de industrialización alcanzado y tiene una repercusión sobre la mentalidad de la masa campesina. Arrigo Serpieri: «La estabilización en el ámbito de la empresa se realiza cuando coincide con una *administración*, unidad técnico-económica, que establemente coordina tierra, capital y fuerzas de trabajo concurrentes en la producción». (Sobre algunos de estos problemas, confrontar el artículo de Serpieri «Il momento attuale della bonifica», en *Gerarchia* de julio de 1933).

«El agricultor es ahorrativo: sabe que la preparación del terreno, las instalaciones, las construcciones, son cosas perecederas y sabe que causas adversas, que él no puede dominar, pueden hacerle perder la cosecha; no calcula cuotas de amortización, de reintegro, de riesgo, pero acumula ahorro y, en los momentos difíciles, tiene una resistencia económica que maravilla a quien examina las situaciones contingentes». (Antonio Marozzi, «La nazionalizzazione della produzione», *Nuova Antologia*, 16 de febrero de 1932).

Es cierto que el campesino es un ahorrista genérico y que esto en circunstancias muy determinadas es una fuerza; pero sería necesario consignar a qué precio son posibles estos ahorros «genéricos» hechos necesarios por la imposibilidad de cálculos precisos, y cómo estos ahorros son descremados por las maniobras de la finanza y de la especulación.

Campesinos y vida en el campo

Elementos rectores para una investigación: condiciones materiales de vida –vivienda, alimentación, alcoholismo, prácticas higiénicas, vestido, movimiento demográfico (mortalidad, natalidad, mortalidad infantil, nupcialidad, nacimientos ilegítimos, emigración urbana, frecuencia de los hechos de sangre y otros delitos no económicos, litigios judiciales por cuestiones de propiedad, hipotecas, subastas por impuestos no pagados, movimiento de la propiedad de la tierra, inventario agrícola, construcciones de casas rurales, delitos de carácter económico, fraudes, hurtos, falsías, etc., emigración urbana de mujeres para servicio doméstico, emigración, población pasiva familiar)–, orientación de la psicología popular en los problemas de religión y de política; escolaridad de los niños; analfabetismo de los reclutas y de las mujeres.

Distribución territorial de la población italiana

Según el censo de 1921, sobre cada 1000 habitantes 258 vivían en casas aisladas y 262 en centros con menos de 2000 habitantes (esto puede decirse de toda población rural), 125 en los centros con 2000-5000 habitantes, 134 en los centros con 5000-20.000 habitantes (pequeñas ciudades), 102 en los centros con 20.000-100.000 habitantes (ciudades medianas), 119 en las grandes ciudades con más de 100.000 habitantes (cfr. Giorgio Mortara, «Natalità e urbanesimo in Italia», en *Nuova Antologia* del 1 de julio de 1929). Confrontar con el desplazamiento de las categorías de los centros habitantes debido a la fusión de varias comunas después de 1927, que aumentó el número de las ciudades grandes y medianas especialmente (pero también de las pequeñas, tal vez en mayor proporción), pero sin cambiar la estructura social. Siempre según Mortara, en 1928 la población de veinte comunas con más de 100.000 habitantes (*comunas*, y no solo *centros*, después de las fusiones) supera en algo los siete millones, o sea, corresponde al 173 por mil de la población nacional.

En Francia la proporción es de 160 por mil, en Alemania 270 por mil, en Gran Bretaña cerca de 400 por mil, en el Japón 150 por mil. Hace 100 años la proporción de las comunas con más de 100.000 habitantes era de 68 sobre 1000 habitantes y hace cincuenta años era de 86 por mil; hoy 173 por mil.

El fordismo

Aparte del hecho de que los altos salarios no representan en la práctica industrial de Ford lo que teóricamente este quiere después hacerles significar (confrontar las notas sobre el significado esencial de los altos salarios como medio para seleccionar una mano de obra adaptada al fordismo, sea como método de producción y de trabajo, sea como sistema comercial y financiero: necesidad de no tener interrupciones en el trabajo, por consiguiente *open shop*, etc.),[48] debe señalarse: en ciertos países de capitalismo atrasado y de composición económica, en la que se equilibran la gran industria moderna, el artesanado, la pequeña y mediana agricultura y el latifundio, las masas obreras y campesinas no son consideradas como «mercado». Como mercado para la industria se piensa en el extranjero, y en países atrasados del extranjero, donde sea más factible la penetración política para la creación de colonias y de zonas de influencia. La industria, con el proteccionismo interno y los bajos salarios, se procura mercados en el extranjero con un verdadero y propio *dumping* permanente.

Países donde existe nacionalismo, pero no una situación «nacional-popular», o sea, donde las grandes masas populares son consideradas como ganado. La supervivencia de un vasto sector artesanal industrial en algunos países ¿no está precisamente vinculada con el hecho de que las grandes masas campesinas no son consideradas como mercado por la gran industria, que tiene principalmente un mercado externo? Y el denominado renacimiento o defensa del artesanado ¿no expresa precisamente la voluntad de mantener esta situación en perjuicio de los campesinos más pobres a los que se les impide todo progreso?

Constructores de altillos

Una generación puede ser juzgada por el mismo juicio que ella tiene de la generación precedente, un período histórico por su propio modo de considerar el período por el que ha sido precedido. Una generación que menosprecia a la generación precedente, que no alcanza a ver las grandezas y el significado necesario, no puede más que ser mezquina y sin fe en sí misma, aunque asuma poses de gladiador y tenga manías de grandeza. Es la acostumbrada relación entre el gran hombre y el camarero. Hacer el desierto en torno a sí, para emerger y distinguirse: una generación vital y fuerte, que se propone trabajar y afirmarse, tiende en cambio a sobrevalorar a las generaciones precedentes porque su propia energía le da la seguridad que la llevará aún más lejos; en cambio, vegetar simplemente parece ya superación de lo que ha sido descrito como muerto.

Se reprochará al pasado no haber cumplido el objetivo del presente: cuánto más cómodo sería si los padres hubieran hecho ya el trabajo de

---

48. A. Gramsci, *Note sul Machiavelli, sulla politica e sullo Stato moderno*, págs. 337-340. Edición castellana: Lautaro, Buenos Aires, 1962, págs. 309 a 312.

los hijos. En el menosprecio del pasado está implícita una justificación de la nulidad del presente: quién sabe lo que habríamos hecho nosotros si nuestros padres hubieran hecho esto o aquello..., pero ellos no lo hicieron y, por consiguiente, nosotros no hemos hecho nada más. ¿Un altillo en un piso bajo es menos altillo que en un décimo o trigésimo piso? Una generación que solo sabe hacer altillos se lamenta de que los precedentes no hayan ya construido palacios de diez o de treinta pisos. Decís que sois capaces de construir catedrales, pero no sois capaces de construir altillos.

Diferencia con el *Manifiesto*,[49] que exalta la grandeza de la clase moribunda.

Las bellotas y la encina

La actual generación tiene una extraña forma de autoconciencia y ejercita sobre sí misma una extraña forma de autocrítica. Tiene conciencia de ser una generación de transición, o, mejor aún, cree ser algo así como una mujer encinta: cree estar a punto de dar a luz y espera que le nazca un gran hijo. Se lee a menudo que «se está a la espera de un nuevo Cristóbal Colón que descubrirá una nueva América del arte, de la civilización, de las costumbres». También se ha escrito que vivimos en una época predantesca: se espera al nuevo Dante que sintetice potentemente lo viejo y lo nuevo y dé a lo nuevo el impulso vital. Este modo de pensar, recurriendo a imágenes míticas tomadas del desarrollo histórico pasado, es muy curioso e interesante para comprender el presente, su vacuidad, su falencia intelectual y moral. Se trata de una de las formas más extravagantes del «juicio de la posteridad». En realidad, con todas las profesiones de fe espiritualistas y voluntaristas, historicistas y dialécticas, etc., el pensamiento que domina es el evolucionista vulgar, fatalista, positivista. Se podría plantear así la cuestión: toda «bellota» puede pensar en convertirse en encina. Si las bellotas tuvieran una ideología, sería precisamente la de sentirse «grávidas» de encina. Pero, en la realidad, el 999 por mil de las bellotas sirven de pasto a los chanchos y, a lo sumo, contribuyen a elaborar salchichas y mortadela.

---

49. El *Manifiesto del Partido Comunista*, de Marx y Engels.

Viejos y jóvenes

En el sucederse de las generaciones (y en cuanto toda generación expresa la mentalidad de una época histórica) puede ocurrir que haya una generación vieja de ideas anticuadas y una generación joven de ideas infantiles, o sea que falte el anillo histórico intermedio, la generación que hubiera podido educar a los jóvenes. Todo esto es relativo, se entiende. Este anillo intermedio no falta nunca del todo, pero puede ser muy débil «cuantitativamente» y, por consiguiente, estar materialmente imposibilitado para cumplir su objetivo. Por otra parte, esto puede suceder para un grupo social y no para otro. En los grupos subalternos el fenómeno se verifica más a menudo y de modo mucho más grave, por la dificultad propia del hecho de ser «subalterno» de una continuidad orgánica de los sectores intelectuales dirigentes y por el hecho de que para los pocos elementos que puedan estar a la altura de la época histórica es difícil organizar lo que los americanos llaman *trust* de cerebros.

Encuesta sobre los jóvenes

Encuesta «sobre la nueva generación» publicada en la *Fiera Letteraria* del 2 de diciembre de 1928 al 17 de febrero de 1929. No es muy interesante. Los profesores universitarios conocen poco a los jóvenes estudiantes. El sonsonete más frecuente es este: los jóvenes no se dedican a las investigaciones y a los estudios desinteresados, sino que tienden a la ganancia inmediata. Agustín Lanzillo responde: «Hoy *especialmente* nosotros no conocemos el estado de ánimo de los jóvenes y sus sentimientos. Es difícil ganar su voluntad; callan sobre los problemas culturales, sociales y morales, muy *voluntariamente*. ¿Es desconfianza o desinterés?» (*Fiera Letteraria*, 9 de diciembre de 1928). Esta de Lanzillo es la única nota realista de la encuesta. Lanzillo anota además: «Hay una disciplina férrea y una situación de paz externa e interna, que se desarrolla en el trabajo concreto y activo, pero que no consiente el desenfreno de concepciones políticas y morales opuestas. A los jóvenes les falta palestra donde agitarse y manifestar formas exuberantes de pasiones y tendencias. Nace y deriva de esto una actitud fría y silenciosa que es una promesa, pero que contiene también *incógnitas*».

En el mismo número de la *Fiera Letteraria* es interesante la respuesta de Giuseppe Lombardo-Radice: «Hoy existe poca *paciencia* para los estudios científicos e históricos; muy pocos encaran un trabajo que reclame larga preparación y ofrezca dificultades de investigación. Quieren, en general, *despachar* los estudios; tienden sobre todo a colocarse rápidamente, y se alejan de las investigaciones desinteresadas, aspirando a *ganar* y repugnándoles las carreras que les parecen muy lentas. A pesar de tanta "filosofía" en el ambiente, es pobre su interés especulativo; su cultura se forma de modo fragmentario; discuten poco, se dividen poco en grupos y cenáculos que sean indicio de una idea filosófica o religiosa. El tono hacia los grandes problemas es de escepticismo, o de respeto, en realidad exterior, por los que los toman en serio, o de *adopción pasiva de un "verbo doctrinal"*. En general, los mejor dispuestos espiritualmente son los estudiantes universitarios *más pobres*» y «los acomodados son, cuando mucho, inquietos, intolerantes frente a la disciplina de los estudios, apresurados. De ellos no surgirá la clase espiritualmente capaz de dirigir nuestro país».

Estas notas de Lanzillo y de Lombardo-Radice son lo único serio de toda la encuesta, en la cual participaron exclusivamente profesores de letras. La mayor parte respondió con «actos de fe», no con constataciones objetivas, o confesó no poder responder.

En la *Civiltà Cattolica* del 20 de mayo de 1933 se da un resumen de las «Conclusioni all'inchiesta sulla nuova generazione». Se sabe de qué modo tales encuestas son necesariamente unilaterales y tendenciosas, y cómo de ordinario dan la razón al pensamiento de quien las promueve. Tanto más necesario entonces es ser cautos cuanto más difícil parece conocer hoy lo que las nuevas generaciones piensan y quieren. Según *Civiltà Cattolica*, el zumo de la encuesta puede ser: «La nueva generación sería por lo tanto: sin moral y sin principios inmutables de moralidad, sin religiosidad o bien atea, con pocas ideas y con mucho instinto». «La generación prebélica creía y se dejaba dominar por las ideas de justicia, bien, desinterés y religión; la moderna espiritualidad se ha desembarazado de tales ideas, las cuales en la práctica son inmorales. Los pequeños hechos de la vida requieren elasticidad y flexibilidad moral, que se comienzan a obtener con el desprejuicio de la nueva generación. En ella pierden valor todos aquellos principios morales que han sido impuestos como axiomas a conciencias individuales. La moral se ha transformado en absolutamente pragmática, brota de la vida práctica, de las diversas situaciones en las cuales el hombre se encuentra. La nueva generación no es ni espiritualista, ni positivista, ni materialista; tiende a superar racionalmente tanto las posturas espiritualistas cuanto las viejas posiciones positivistas y materialistas. Su principal característica es la falta de cualquier forma de respeto para todo aquello que represente al viejo mundo. En la masa juvenil se ha debilitado el sentido religioso y los diversos imperativos morales abstractos, convertidos ahora en inaplicables para la vida actual. Los más jóvenes tienen menos ideas y más vida; han conquistado, en cambio, naturalidad y confianza en el acto sexual, así como el amor no es ya considerado en el sentido de pecado, de transgresión, de cosa prohibida. Los jóvenes, dirigidos activamente hacia las direcciones que la vida moderna indica, resultan inmunes a todo posible retorno a una religiosidad dogmática disolvente».

Parece que esta serie de afirmaciones no difiere del programa mismo del *Saggiatore*, y parece más bien una curiosidad que algo serio. En el fondo, es una reedición populachera del «superhombre», nacida de las más recientes experiencias de la vida nacional, un «superhombre» superpaisano, del círculo de los señores y de la farmacia filosófica. Si se reflexiona, ello significa que la nueva generación se ha volcado, bajo la forma de un voluntarismo extremo, hacia una indiferencia máxima. No es cierto que no haya ideales, sino que estos están todos contenidos en el código penal, que se supone hecho de una vez para siempre en su conjunto. Significa también que falta en el país toda dirección cultural fuera de la católica, lo que permitiría suponer que por lo menos la hipocresía religiosa terminará por incrementarse. Sería interesante todavía saber de qué nueva generación cree hablar el *Saggiatore*.

Parece que la «originalidad» del *Saggiatore* consiste en haber llevado hacia la «vida» el concepto de «experiencia» propio no ya de la ciencia sino del operador de gabinete científico. Las consecuencias de esta mecánica transposición son poco brillantes; corresponden a lo que era bastante conocido bajo el nombre de «oportunismo» o de falta de principios (recordar ciertas interpretaciones periodísticas del relativismo de Einstein cuando, en 1921, esta teoría se transformó en presa de los periodistas). El sofisma consiste en esto: que, cuando el operador de gabinete «prueba y reprueba»,[50] ello tiene consecuencias limitadas al espacio de las probetas y los alambiques: «reprueba» fuera de sí, sin dar de sí mismo al experimento otra cosa que la atención física e intelectual. Pero en las relaciones entre los hombres las cosas se comportan muy diferentemente y las consecuencias son de muy diferente extensión. El hombre transforma lo real y no se limita a examinarlo experimentalmente *in vitro* para recono-

---

50. Traducimos *riprova* por reprueba, en el sentido de volver a probar *(N. del T.)*.

cer las leyes de la regularidad abstracta. No se declara una guerra por «experimento», ni se subvierte la economía de un país, etc., para encontrar las leyes de mayor aceptación social posible. Que en la construcción de los propios planes de transformación de la vida sea necesario basarse en la experiencia, esto es, en la exacta importancia de las relaciones sociales existentes y no en vacías ideologías o generalidades racionales, no significa que no se deban tener principios, que no son otra cosa que experiencia bajo la forma de conceptos o de normas imperativas. La filosofía del *Saggiatore*, aparte de ser una reacción plausible a la embriaguez actualista y religiosa, está, sin embargo, conexa con tendencias conservadoras y pasivas, y en realidad contiene la más alta «reverencialidad» por lo existente, o sea, por el pasado cristalizado. En un artículo de Giorgio Granata (en el *Saggiatore*, aludido en *Critica Fascista* del 1 de mayo de 1933) hay muchos chispazos de tal filosofía: para Granata, la concepción del «partido político» con su «programa» utópico, «como mundo del deber ser (!) frente al mundo del ser, de la realidad», ha cumplido su etapa, y por eso Francia sería «inactual»: como si justamente Francia no hubiera dado en el siglo XIX el ejemplo del más chato oportunismo político, esto es, de servilismo a lo que existe, a la realidad; o sea, a los «programas» como actos de fuerza bien determinados e identificables. Y el ser servil a los hechos deseados y realizados por los demás es el verdadero punto de vista del *Saggiatore*, o sea, indiferencia y abulia bajo la forma de gran actividad de hormiga: la filosofía del hombre de Guicciardini que reaparece siempre en ciertos períodos de la vida italiana. Que para todo esto tuviera que referirse a Galileo y retomar el título de *Saggiatore* es solo una hermosa desvergüenza, y se puede apostar que los señores Granata y Croce no tienen que temer nuevas inquisiciones ni hogueras. (La concepción que del «partido político» expresa Granata coincide, por otra parte, con la que da Croce en el capítulo «Il partito come giudizio e come pregiudizio» del libro *Cultura e vita morale* y con el «programa» de la *Unità* florentina,[51] problemática, etcétera).

Además, este grupo del *Saggiatore* merece ser estudiado y analizado: 1) porque busca expresar, aunque sea groseramente, tendencias que están difundidas y vagamente concebidas por el gran público; 2) porque ello es independiente de todo «gran filósofo» tradicional, y así se opone a toda tradición cristalizada; 3) porque muchas afirmaciones del

---

51. *L'Unità* de Salvemini.

grupo indudablemente son repeticiones de oído de posiciones filosóficas de la filosofía de la praxis que han penetrado en la cultura general, etcétera.

Recordar el «probando y reprobando» del honorable Giuseppe Canepa, como comisario de aprovisionamiento durante la guerra: este Galileo de la ciencia administrativa tenía necesidad de una experiencia con muertos y heridos para saber que donde falta pan corre sangre.[52]

La historia maestra de la vida, las lecciones de la experiencia, etcétera

También Benvenuto Cellini (*Vita*, libro segundo, últimas palabras del parágrafo XVII) escribe: «Es muy cierto que se dice: aprenderás para otra vez. Esto no vale porque (la fortuna) viene siempre de manera diferente y jamás imaginada». Se puede tal vez decir que la historia es maestra de la vida y que la experiencia enseña, etc., no en el sentido que se podía, a partir del modo como se ha desarrollado una cadena de acontecimientos, deducir un criterio seguro de acción y de conducta para acontecimientos similares, sino solo en el sentido en que, siendo la producción de los acontecimientos reales el resultado de una concurrencia contradictoria de fuerzas, es necesario tratar de ser la fuerza determinante. Esto se entiende en muchos sentidos, porque se puede ser la fuerza determinante no solo por el hecho de ser la fuerza numéricamente predominante (lo que no siempre es posible y factible), sino por el hecho de ser cualitativamente predominante, y esto solo se puede producir si se tiene espíritu de iniciativa, si se elige el «momento oportuno», si se mantiene un estado continuo de tensión de la voluntad, de modo de estar en condiciones de disparar en cualquier momento elegido (sin necesidad de largos preparativos que dejan pasar el momento más favorable), etc. Un aspecto de este modo de considerar las cosas está presente en el aforismo de que la mejor defensa es el ataque. Nosotros estamos siempre a la defensiva contra el «azar», o sea, contra la concurrencia imprevisible de fuerzas contrastantes que no siempre pueden ser todas identificadas (y si se descuida una sola ello impide prever la combinación efectiva de las fuerzas que produce siempre la originalidad de los acontecimientos), y podemos «atacarlo» si intervenimos activamente en su producción, lo cual, desde nuestro punto de vista,

---

52. Cfr. supra, págs. 82-84.

sería convertirlo en menos «azar» o «naturaleza» y más efecto de nuestra actividad y voluntad.

Crisis de la familia

De un artículo de Manlio Pompei en *Critica Fascista* del 1 de mayo de 1933: «En la genérica afirmación de una necesaria continuidad moral, hemos sentido a menudo mentar a la familia como a la institución en torno a la cual se debe reanudar esta inderogable continuidad. Sobre este punto no faltan opiniones discordantes. Una reciente polémica sobre literatura infantil y sobre la educación de nuestros jóvenes hizo aflorar el concepto de que el vínculo familiar, los afectos que unen a los miembros de una misma familia, pueden en un cierto punto constituir un estorbo para esa educación guerrera y viril que es la finalidad del fascismo. Según nuestro modo de pensar, la familia debe seguir siendo la célula madre de la sociedad fascista». Todo el artículo es interesante, aunque la cuestión no ha sido planteada con rigor. Pompei describe la crisis de la familia en todos los estratos sociales y de verdad no indica ni cómo tal crisis puede ser detenida o conducida a una solución racional, ni cómo el Estado puede intervenir para construir o estimular la formación de un nuevo tipo de familia. Pompei también afirma que la crisis es necesaria, conectada como está a todo un proceso de renovación social y cultural, y por eso es tanto más notable su real desorientación, a pesar de las genéricas afirmaciones constructivas.

La escuela

El estudio del latín está en plena decadencia. Missiroli, en algunos artículos de la *Italia Letteraria* de fines de 1929, dio una visión «desconsoladora» del estudio del latín en Italia. La *Italia Letteraria* abrió una encuesta sobre la cuestión; en la respuesta del profesor Giuseppe Modugno (presidente del liceo y conocido helenista, además de seguidor de la pedagogía gentiliana) se dice, después de haber reconocido que es cierta la decadencia del latín en las escuelas: «¿Y la reforma Gentile? ¿Qué influencia ha tenido sobre tal estado de cosas?... Soy un convencido admirador [de la reforma]... [Pero] un instrumento cualquiera puede ser óptimo, aunque pueda no ser persona capaz quien lo adopte. Si ese instrumento, por lo tanto, hace mal lo que hace y no consigue el objetivo al que está destinado, ¿se debe entonces concluir que está mal elaborado?». ¡Maravilloso!

Antes, confiar un instrumento «óptimo» a personas incapaces se llamaba abstractismo, antihistoricismo, etc.; se afirmaba que no existen instrumentos óptimos en sí, sino correspondientes al fin, adecuados a las situaciones, etc. Ver todo lo que se ha escrito, por ejemplo, contra el... parlamentarismo.

Las escuelas profesionales

En noviembre de 1931 tuvo lugar en la Cámara de Diputados una amplia discusión sobre la enseñanza profesional y en ella todos los elementos teóricos y prácticos para el estudio del problema han aparecido de modo bastante nítido y orgánico. Tres tipos de escuela: 1) profesional; 2) media técnica; 3) clásica. La primera para los obreros y campesinos; la segunda para los pequeñoburgueses; la tercera para la clase dirigente.

La cuestión se ha desarrollado sobre el argumento de si las escuelas profesionales tienen que ser estrictamente prácticas y con un fin en sí mismas como para no dar lugar a una continuación no ya en la escuela clásica sino ni siquiera en la técnica. La amplitud de miras consistió en la afirmación de que debe proveerse la posibilidad del pasaje a la escuela técnica (el pasaje a la clásica fue excluido a priori por todos). (El problema está ligado a lo orgánico-militar: ¿un soldado puede transformarse en suboficial o en oficial subalterno?, y a todo problema orgánico en general: en la burocracia, etcétera).

Sería interesante reconstruir la historia de las escuelas profesionales y técnicas en los debates parlamentarios y en los debates de los principales concejos municipales, dado que algunas de las más grandes escuelas profesionales han sido fundadas por los municipios o si no por legados particulares, administradas, controladas, o integradas a los presupuestos municipales. El estudio de las escuelas profesionales está vinculado con el conocimiento de las necesidades de la producción y de su desarrollo. Las escuelas profesionales agrarias son un capítulo muy importante: muchas iniciativas privadas (recordar las escuelas Faina en el Abruzzo y en Italia central); escuelas agrarias especializadas (para la vitivinicultura, etc.); escuelas agrarias para pequeños y medianos propietarios, para formar jefes de establecimiento o directores de administración agraria; pero ¿ha existido un tipo de escuela agraria profesional, o sea, dirigida a la formación del obrero agrícola especializado?

Gobiernos y niveles culturales nacionales

Todo gobierno tiene una política cultural y puede defenderla desde su punto de vista y demostrar que ha elevado el nivel cultural nacional. Todo reside en apreciar cuál es la medida de este nivel. Un gobierno puede organizar mejor la alta cultura y menospreciar la cultura popular; e incluso, de la alta cultura puede organizar mejor las secciones reservadas a la tecnología y las ciencias naturales, poniendo paternalmente a su disposición sumas de dinero que antes no se disponían, etc. El criterio de enjuiciamiento solo puede ser el siguiente: ¿un sistema de gobierno es represivo o expansivo? Y también este criterio debe ser precisado: un gobierno represivo para algunos aspectos ¿es expansivo en otros? Un sistema de gobierno es expansivo cuando facilita y promueve el desarrollo de abajo arriba, cuando eleva el nivel cultural nacional-popular y hace, por consiguiente, posible una selección de «cumbres intelectuales» en un área más amplia. Un desierto con un grupo de altas palmeras es siempre un desierto: es inclusive propio del desierto tener pequeños oasis con grupos de altas palmeras.

Los intelectuales: la decadencia de Mario Missiroli

Confrontar el artículo de Mario Missiroli sobre Clemenceau (*Spectator*) en la *Nuova Antologia* del 16 de diciembre de 1929. Artículo muy interesante porque el autor no ha perdido la capacidad del gran periodista de saber enfocar un artículo brillante valiéndose de algunas ideas fundamentales y organizándolas alrededor de una serie de hechos inteligentemente escogidos. Pero ¿por qué y cómo Clemenceau estuvo en contacto con Francia, con el pueblo francés y lo representó en el momento supremo? Missiroli no lo sabe decir: se ha convertido en víctima del lugar común antiparlamentario, antidemocrático, «antidiscusionista», antipartido, etc. La cuestión es esta: en Francia, antes de 1914, la multiplicidad de los partidos, la multiplicidad de periódicos de opinión, la multiplicidad de fracciones parlamentarias, el sectarismo, el encarnizamiento de las luchas políticas parlamentarias y de las polémicas periodísticas ¿eran una señal de fuerza o de debilidad nacional (hegemonía de la clase media, o sea, del tercer estado), un indicio de búsqueda continua de una nueva y más compacta unidad o de disgregación? En la base de la nación, en el espíritu popular, había en realidad dos únicos partidos: la Derecha, los nobles, el alto clero y una parte de los generales; el Centro, constituido por un único gran partido dividido en fracciones personales o grupos políticos fundamentalmente afines; y pequeñas minorías no organizadas políticamente en la periferia izquierda, en el proletariado.

La división moral de Francia entre la Derecha y el resto de la nación repetía la división tradicional producida después de 1793, después del Terror y la ejecución del rey, de los nobles y del alto clero por las sentencias del tribunal revolucionario robespierrista. Las divisiones internas existían en las altas cimas de la jerarquía política, no en la base, y estaban vinculadas con la riqueza de desarrollos internos de la política nacional francesa de 1789 a 1870: eran un mecanismo de selección de personalidades políticas capaces de dirigir; más que una disgregación eran un perfeccionamiento continuo del estado mayor político nacional. En tal situación se explican las fuerzas y las debilidades de Clemenceau y su función. Así se explican también las diagnosis siempre desastrosas de la situación francesa, siempre desmentidas por los hechos reales sucedidos a continuación de las diagnosis. El fenómeno de disgregación interna nacional (o sea, de disgregación de la hegemonía política del tercer estado) estaba mucho más avanzado en la Alemania de 1914 que en la Francia de la misma época; solo que la burocracia hacía desaparecer los síntomas bajo el brillante barniz de la coercitiva disciplina militarista. El fenómeno de disgregación nacional ha sucedido en Francia, o sea, ha iniciado su proceso de desarrollo pero después de 1919, mucho después, mucho más tarde que en los países de régimen autoritario, que son ellos mismos producto de tal disgregación.

Pero Missiroli se ha transformado en víctima más o menos interesada de lugares comunes y su comprensión de la historia y de la real eficiencia de los nexos ideológicos ha declinado catastróficamente. En un artículo, «Sorel y Clemenceau», publicado en la *Italia Letteraria* del 15 de diciembre, Missiroli vierte sobre Clemenceau un juicio de Sorel que no había mencionado en el artículo de la *Nuova Antologia*. En febrero de 1920, Missiroli rogó a Sorel que escribiera un artículo sobre la candidatura presentada y retirada por Clemenceau a la presidencia de la República. Sorel no quiso escribir el artículo, pero en una carta comunicó a Missiroli su opinión: «Clemenceau habría sido un presidente mucho más del tipo de Casimir Périer que de Loubet y de Fallières. Luchó siempre apasionadamente contra los hombres que por su popularidad podían hacerle sombra. Si Clemenceau hubiera sido electo, habría resultado una verdadera revolución en las instituciones francesas. Habrían quedado satisfechos aquellos que piden que los poderes del presidente de la República sean como los de los presidentes americanos». El juicio es agudo, pero Missiroli no supo servirse de él en su artículo de la *Nuova Antologia*, porque contaría su falsificación de la historia política francesa.

La filosofía de Gentile

Salvaje ataque contra Gentile y sus discípulos, asestado en la *Roma Fascista* de octubre de 1931. Gentile es acusado de «alta traición», de procedimientos desleales y fraudulentos. El ataque fue interrumpido por las autoridades, pero no parece que el atacante (G. A. Fanelli) haya sido castigado con sanciones no obstante la extrema gravedad de las acusaciones, evidentemente no probadas porque Gentile continuó en los puestos ocupados. Recordar el precedente ataque de Paolo Orano, etc. Pareciera que no se quiere que la posición ocupada oficialmente por Gentile en el campo de la cultura nacional permanezca indiscutida y se refuerce hasta convertirse en una institución: la filosofía de Gentile no es reconocida como oficial y nacional, lo que significaría subordinación explícita del catolicismo y su reducción a un objetivo subalterno, etcétera.

Gioberti

Sobre la cuestión de la importancia dada por Gentile a Gioberti para individualizar un filón filosófico nacional permanente y consecuente, son de tener en cuenta dos estudios sobre Gioberti: el del escritor católico Palhoriès, *Gioberti*, Alcan, París, 1929, en octavo, 408 páginas, y el del idealista Ruggero Rinaldi, *Gioberti e il problema religioso del Risorgimento*, prefacio de Balbino Giuliano, Vallecchi, Florencia, en octavo, páginas XXVIII-180. Los dos, si bien partiendo de puntos de vista diferentes, llegan a demostraciones similares: que Gioberti no es para nada el Hegel italiano sino que se mantiene en el campo de la ortodoxia católica y del ontologismo. Es de tener presente la importancia que tiene en el «gentilismo» la interpretación idealista de Gioberti, que es en el fondo un episodio de la *Kulturkampf* o una tentativa de reforma católica.[53] Debe señalarse la introducción de Giuliano al libro de Rinaldi, porque parece que Giuliano presenta algunos de los problemas sobre la cultura plan-

---

53. *Kulturkampf* es el nombre que se da a la guerra contra el catolicismo llevada a cabo por Bismarck por medio de las llamadas *leyes de mayo*, de 1873. Por extensión se utiliza el término en otros países, casi siempre para calificar al anticlericalismo de derecha *(N. del T.)*.

teados por el Concordato en Italia, o sea, cómo, producido el acuerdo político entre Estado e Iglesia, pueda lograrse un «acuerdo» entre trascendencia e inmanencia en el campo del pensamiento filosófico y de la cultura.

Un congreso hegeliano

Discusiones sobre el congreso internacional hegeliano realizado en Roma en 1933 (tercer congreso de la sociedad internacional hegeliana). Se ha querido ver en él una afirmación tendenciosa del idealismo actualista italiano (Gentile, etc.) en medio del año santo proclamado por el Vaticano en el 1900 aniversario del nacimiento de Cristo. El congreso fue igualmente combatido por los católicos y por los epígonos del positivismo o neocriticismo.

«Los lugares comunes al revés»

Para muchos, ser «originales» significa solo dar vuelta a los lugares comunes dominantes en una cierta época; para muchos, este ejercicio es el máximo de la elegancia y del esnobismo intelectual y moral. Pero el lugar común trastocado es siempre lugar común, banalidad. Tal vez el lugar común vuelto del revés es aún más banal que el simple lugar común. El *bohémien* es más filisteo que el comerciante de campaña. De aquí esa sensación de fastidio que viene de frecuentar ciertos círculos que creen ser de excepción y que se plantan como una aristocracia alejada del vivir común. El democrático es pesado, pero cuánto más pesado es el sedicente reaccionario que exalta al verdugo y tal vez hasta las hogueras. En el orden intelectual, Giovanni Papini es un gran fabricante de lugares comunes al revés; en el orden político lo eran los nacionalistas de viejo estilo, como Coppola, Forges-Davanzati, Maraviglia y especialmente Giulio De Frenzi. En la misma serie intelectual debe colocarse a Farinelli con su lirismo y patetismo más pesados y pedantescos que los escritos de Zumbini. (La expresión «lugar común al revés» es utilizada por Turguéniev en *Padres e hijos*. Bazárov enuncia el principio así: «Es un lugar común decir que la instrucción pública es útil, es un lugar común al revés decir que la instrucción pública es dañina», etcétera).

Inteligencia a quintales

El culto provincial de la inteligencia y su retórica. Confrontar la carta-prefacio de Emilio Bodrero en la revista *Accademie e Biblioteche d'Italia*, volumen I, página 5, donde se dice poco más o menos que Italia «no tiene nada para exportar excepto inteligencia» (cfr. *Il rutto del piovano* de Maccari). En los libros de Oriani este elemento es frenético. Recordar la anécdota de Oriani que, preguntado si tenía algo que pudiera ser gravado, respondió: «Si la inteligencia paga impuesto, aquí la hay a quintales». Habría que hacer notar que tal postura es propia de los intelectuales mediocres y fracasados.

La Academia de Italia

Sobre la impresión real que produjo la iniciación de la actividad de la Academia de Italia, ver en la *Italia Letteraria* del 15 de junio de 1930 «La primera sesión pública de la Academia de Italia». En un artículo editorial se critica acerbamente el método según el cual la Academia de Italia distribuyó entre 150 premiados la cantidad de un millón que había a su disposición para apoyar a las letras patrias: la distribución parece haber asumido el aspecto de una dádiva tipo sopa de convento. Otro trozo, *Cronaca per la storia* de Antonio Aniante, presenta la sesión como si fuese la asamblea de un consejo comunal de ciudad provincial.

El eructo del párroco y otras superpaisanadas

Cesare de Lollis (*Reisebilder*, pág. 8 y sigs.) escribe algunas notas interesantes sobre las relaciones entre las «minorías» que hicieron a Italia, y pueblo: «No hace muchos días me aconteció leer un diario en el que se afirmaba que hace tiempo que en Italia se pensaba demasiado en las escuelas elementales y populares en general (entre los principales responsables se designaba a Credaro) mientras que debía pensarse con mayor cuidado en la educación de las clases superiores por el verdadero interés de la nación. Ahora con esto se vuelve o se querría volver al concepto de la educación como privilegio de clase; concepto completamente *ancien régime*, comprendida la contrarreforma, que se cuidó muy bien también ella de aproximar la cultura a la vida y por lo tanto al pueblo. Y, sin embargo, porque la nación se ha estilizado en una verdadera unidad, es necesario que cuantos la componen se unifiquen en un cierto grado de educación. Las clases inferiores tienen que reconocer en las superiores los rasgos de la perfección alcanzada, y estas reconocer en aquellas la perfectibilidad... Que se haya hecho mucho en este sentido solo lo podrán decir los superficiales observadores que llenan las propias bocas y las cabezas de los otros con rimbombantes palabras como "estirpe" y "gente", palabras que tienden, confiriendo títulos de nobleza hereditaria, a abolir el sentido del esfuerzo y del deber personal, así como la administración ahora de moda, totalmente romántica, de las costumbres y los trajes regionales, tiende a inmovilizar y cristalizar, en lugar de incitar al progreso». Es intenso el acercamiento implícito entre las superpaisanadas y la cultura como privilegio de clase.

Hecho afín a aquel de los nombres de las calles (confrontar Corrado Ricci, «I nomi delle strade», *Nuova Antologia* del 1 de marzo de 1932): Ricci, en junio de 1932, en el Senado, al discutirse un decreto relativo a los cambios de nombre de las calles y de las plazas comunales, propuso que se hiciese una revisión de los nombres viejos y nuevos, para ver si no convenía en algunos casos *volver a lo antiguo*. Lo que sucede en muchos casos, y el hecho de que alguna vez haya sido oportuno, no cambia nada el significado de la orientación.

Así las diversas «familias» –meneghina, turinesa, de Boloña, etc.– que prosperan en este período. Todas tentativas de inmovilizar y cristalizar, etcétera.

El «nuevo Masticacaldo»

Franz Weiss, «estrellita» de *Problemi del lavoro*, podría llamarse el «nuevo Masticacaldo», y la colección de sus escritos, el «Nuevo libro de las Siete Trombas». La otra «estrellita» del *Lavoro* (Weiss tiene seis puntas, Ansaldo tiene cinco puntas: la estrellita de Ansaldo se identifica también como «estrellita negra» del *Lavoro*) es más «aristocrática» en el estilo y en el contenido de los argumentos. La «popularidad» del estilo de Weiss consiste sobre todo en lo siguiente: sus artículos están salpicados de proverbios y de modos de decir populares (más proverbioso que Sancho Panza: se podría hacer una colección de «sabiduría»): «Tanto va el cántaro a la fuente, bandera vieja, gallina vieja, luego de sucedidas las cosas todos aciertan, dos pesos y dos medidas», etc. Ver también la «falsa» familiaridad y el brío de *cocotte* cansada. Se tiene la impresión de que Weiss tiene un *stock* de proverbios y de modos de decir para poner en circulación, como el comisionista viajero tiene su *stock* de tonterías que decir: cuando quiere describir un artículo no le importa el contenido del artículo, sino la ración de proverbios para la venta. El desarrollo del escrito no está dictado por las necesidades íntimas de las demostraciones, sino por las necesidades de colocar las preciosas gemas de la sabiduría de los pueblos. Comparar con Corso Bovio, que en lugar de proverbios constela sus artículos con grandes nombres; toda columnita de diario es un paseo por un parque de la Sociedad de las Naciones: es necesario que aparezcan por columna por lo menos cincuenta nombres, de Pitágoras a Paneroni, del *Eclesiastés* a Tom Pouce. Como ejemplo de ilotismo literario se podría analizar tanto un artículo de Weiss como uno de Corso Bovio. Hay, sin embargo, un poco de Bovio en Weiss y un poco de Weiss en Bovio y ambos dejan atontado al lector obrero al que se dirigen.

Franz Weiss y sus proverbios

Confrontar *Don Quijote*, segunda parte, capítulo XXXIV: «¡Maldito seas de Dios y de todos los santos, Sancho maldito –dijo don Quijote–, y cuándo será el día, como otras muchas veces he dicho, donde yo te vea hablar sin refranes una razón corriente y concertada!».

En los consejos que don Quijote da a Sancho Panza antes de que se convierta en gobernador de la isla,[54] un parágrafo está dedicado contra el exceso de proverbios: «También, Sancho, no has de mezclar en *tus* pláticas la muchedumbre de refranes que sueles; que puesto que los refranes son sentencias breves, muchas veces los traes tan por los cabellos, que más parecen disparates que sentencias». «Eso Dios lo puede remediar –respondió Sancho– porque sé más refranes que un libro, y viénenseme tantos juntos a la boca cuando hablo, que riñen, por salir, unos con otros; pero la lengua va arrojando los primeros que encuentra, aunque no vengan a pelo». En el mismo capítulo XLIII: «¡Oh, maldito seas de Dios Sancho! ¡Sesenta mil satanases te lleven a ti y a tus refranes! Yo te aseguro que estos refranes te han de llevar un día a la horca». Y Sancho: «¿A qué diablos se pudre que yo me sirva de mi hacienda, *que ninguna otra tengo, ni otro caudal alguno, sino refranes y más refranes?*». En el capítulo L, el cura del *pueblo* de don Quijote dice: «Yo no puedo creer sino que todos los de este linaje de los Panzas nacieron cada uno con un costal de refranes en el cuerpo; ninguno de ellos he visto que no los derrame

---

54. *Don Quijote*, parte II, cap. XLIII.

a todas horas y en todas las pláticas que tienen»; después de haber sentido que también Sanchica, hija de Sancho, desparrama proverbios. Se puede, por lo tanto, sostener que Franz Weiss desciende de los lomos de «los Panzas» y que, cuando quiera latinizar todo su nombre, aparte de Franz, no tendrá que llamarse Blanco,[55] pero sí Panza o Pancia, todavía más italianamente.

Estrella Negra

Giovanni Ansaldo compila en Génova un *Raccoglitore Ligure*, «una publicación de estudios y de investigaciones no solo folklóricas, sino más a menudo históricas, literarias, artísticas, compilada con los siete sacramentos de "Estrella Negra", el cual os pone al lado de su particularísimo gusto por la erudición menuda y por la *trouvaille* historicista, coadyuvado por un grupito de verdaderas y propias "competencias" (*Italia Letteraria*, 19/2/1933). Parece que la justa conclusión de las tendencias intelectuales de Ansaldo sea esta literatura de tipo «jesuítico» o de *Diario de los cretinos y de los curiosos*, como hubiera dicho Edoardo Scarfoglio.

Polémicas

He leído transcrito un trozo del *Tevere*, en el que el profesor Orestano, que representa la filosofía italiana en la Academia, es llamado personaje «ridículo» o algo similar. Y el *Tevere* tiene una cierta importancia en el mundo cultural moderno. ¿Cómo se espera todavía que la Academia de Italia unifique y centralice la vida intelectual y moral de la nación?

Cuestiones y polémicas personales

¿A quién ayudan? A quienes quieren reducir las cuestiones generales y de principios a riñas y ofensas particulares, a casos de ambición individual, a diversiones literarias y artísticas (cuando son literarias y artísticas). El interés del público se desvía: de parte en la causa, el público se transforma en mero «espectador» de una lucha entre gladiadores, de quienes se espera «bellos golpes» en sí y para sí: la política, la literatura y la ciencia se degradan al nivel de «juego deportivo». En este sentido, es necesario

---

55. *Weiss* en alemán significa «blanco» *(N. del T.)*.

por eso dirigir las polémicas personales; es necesario obtener que el público sienta que *de te fabula narratur*.[56]

Santi Sparacio

En el capítulo XXII de *Don Quijote*, segunda parte: el *humanista* que acompaña a don Quijote y a Sancho a la *cueva de Montesinos*. «En el camino preguntó don Quijote al primo de qué género y calidad eran sus ejercicios, su profesión y estudios; a lo que él respondió que su profesión era ser humanista; sus ejercicios y estudios, componer libros para dar a la estampa, todos de gran provecho y no menos entretenimiento para la república: que el uno se intitulaba *El de las libreas*, donde pintaba setecientas y tres libreas con sus colores, motes y cifras, de donde podían sacar y tomar las que quisiesen en tiempo de fiestas y regocijos los caballeros cortesanos, sin andarlas mendigando a nadie, ni lambicando, como dicen, el cerbelo, por sacarlas conformes a sus deseos e intenciones. Porque doy al celoso, al desdeñado, al olvidado y al ausente las que les convienen, que les vendrán más justas que pecadoras. Otro libro tengo también, a quien he de llamar *Metamorfóseos*, u *Ovidio español*, de invención nueva y rara; porque en él imitando a Ovidio a lo burlesco, pinto quién fue la Giralda de Sevilla y el Ángel de la Madalena, quién el caño de Venciguerra, de Córdoba, quiénes los toros de Guisando, la Sierra Morena, las fuentes de Leganitos y Lavapiés, en Madrid, no olvidándome de la del Pioje, de la del Caño Dorado y de la Priora; y esto, con sus alegorías, metáforas y traslaciones, de modo que alegran, suspenden y enseñan a un mismo punto. Otro libro tengo, que le llamo *Suplemento a Virgilio Polidoro*, que trata de la invención de las cosas, que es de grande erudición y estudio, a causa de que las cosas que se dejó de decir Polidoro de gran sustancia, las averiguo yo, y las declaro por gentil estilo. Olvidósele a Virgilio de declararnos quién fue el primero que tuvo catarro en el mundo, y el primero que tomó las unciones para curarse del morbo gálico, y yo lo declaro al pie de la letra, y lo autorizo con más de veinticinco autores; porque vea vuesa merced si he trabajado bien, y si ha de ser útil el tal libro a todo el mundo».

Sancho se interesa, como es natural, especialmente en este libro, y plantea varias cuestiones al *humanista*: ¿quién fue el primero que se rascó la

---

56. Expresión horaciana que significa aproximadamente «de ti habla esta fábula» *(N. del T.)*.

cabeza? ¿Quién fue el primer volteador del mundo?, y responde que el primero fue Adán que teniendo cabeza y cabellos por cierto que a veces tenía que rascarse la cabeza; el segundo fue Lucifer que, expulsado del cielo, cayó *volteando* hasta los abismos del infierno.

El tipo mental del *humanista* retratado por Cervantes se ha conservado hasta hoy, y así se han conservado en el pueblo las «curiosidades» de Sancho, y se han llamado a menudo «ciencia». Este tipo mental, en comparación con aquellos atormentados, por ejemplo, por el problema del movimiento perpetuo, es poco conocido y muy poco puesto en ridículo, aunque en ciertas regiones es un verdadero flagelo. En la cárcel de Palermo, en diciembre de 1926, he visto una docena de volúmenes escritos por sicilianos e impresos en la misma Sicilia, pero algunos por emigrados en América (enviados en homenaje a la cárcel o al capellán). El más típico de ellos era un volumen de un tal Santi Sparacio, empleado en la casa Florio, quien era también autor de otras publicaciones. No recuerdo el título principal de la obra, pero en los subtítulos se afirmaba lo que se quería demostrar: 1) la existencia de Dios; 2) la divinidad de Jesús; 3) la inmortalidad del alma. Ninguna de estas cuestiones era realmente tratada, pero, en cambio, en las cerca de trescientas páginas del volumen se contenían las cuestiones más dispares sobre todo el saber humano: por ejemplo, se trataba de cómo hacer para impedir la masturbación en los muchachos, cómo evitar los choques tranviarios, cómo evitar que se rompan tantos vidrios en las ventanas de las casas, etc. Lo de la «rotura de vidrios» era expuesto así: se rompen tantos vidrios, porque se ponen las sillas con el respaldo muy cerca de ellos; y al sentarse, a causa del peso, el respaldo se inclina y el vidrio se rompe. Entonces es necesario tener cuidado, etc.; y así página tras página. Por el tono del libro se entendía que Sparacio era considerado en su ambiente como un gran sabio y entendido y que muchos recurrían a él en busca de consejo, etcétera.

Un Estado federal mediterráneo

En la revista fascista dirigida en Milán por Mario Giampaoli, fue publicado en 1927 (antes o después: leí el artículo en la cárcel de Milán) un articulito de Antonio Aniante, según el cual este parecería, junto con algún otro siciliano, haber tomado en serio el programa nacido en el cerebro de algunos intelectuales sardos (C. Bell y algún otro: recuerdo que Emilio Lussu trataba de que se olvidara el episodio riéndose) de crear un Estado federal mediterráneo que hubiera debido comprender Cataluña, las

Baleares, Córcega y Cerdeña, Sicilia y Creta. Aniante escribe con un dejo burlón de matasiete y es necesario hacer deducciones sobre su relato: por ejemplo, ¿es aceptable que lo hayan mandado al extranjero (a París, me parece) para encontrarse con otros «conjurados»? ¿Y quién lo mandó? ¿Y quién lo financió?

Arturo Calza

El «Farmacéutico» del *Giornale d'Italia* con Bergamini y Vettoni: empezó a escribir en la *Nuova Antologia*, con el seudónimo de Diógenes Laercio, sus notas estúpidas y confusas; después apareció su verdadero nombre de Arturo Calza. En la *Nuova Antologia* del 1 de febrero de 1930 escribió una de sus ordinarias notas lúgubremente tontas: «La "cuestión de los jóvenes" y el manifiesto del "universalismo"». Fue atacado por *Critica Fascista*, que recordó su pasado bergaminiano, y el senador Tittoni pensó bien en desaparecer sobre sus pies. El título al menos fue suprimido, sustituido por breves resúmenes de artículos de revista que por lo necio también podrían haber sido escritos por Calza: están firmados por XXX, pero tal vez se deben a Marchetti Ferranti. (Calza escribió la última nota en la *Nuova Antologia* del 16 de febrero siguiente: ver cuándo apareció el ataque de *Critica Fascista*).[57]

Carlos Lovera de Castiglione

Artículos de 1926 del conde Carlos Lovera de Castiglione en el *Corriere* de Turín; respuestas fulminantes del *Corriere d'Italia* de Roma. Es de hacer notar que los artículos de Lovera de Castiglione, a pesar de ser muy valientes, no eran todavía comparables al contenido del libro;[58] ¿por qué los católicos no reaccionaron tan enérgicamente contra el libro, siendo en cambio tan feroces con Lovera? Ver la producción literaria de Lovera: colaborador de las revistas de Gobetti y del *Davide* de Gorgerino; artículos en el *Corriere* de Turín. Es un viejo aristocrático, creo, descendiente de Solaro della Margarita. Es interesante anotar que es amigo de los escritores de la *Civiltà Cattolica* y que ha puesto a su disposición el archivo de Solaro.

---

57. Cfr. *Critica Fascista*, 15 de febrero de 1930.
58. Guido Miglioli, *Una storia e un'idea*.

Reforma

Reforma luterana, calvinismo inglés; en Francia racionalismo del siglo XVIII y pensamiento político concreto (acciones de masas). En Italia no hubo jamás una reforma intelectual y moral que abarcase a las masas populares. Renacimiento, filosofía francesa del siglo XVIII, filosofía alemana decimonónica son reformas que tocan solo a las clases altas y a menudo solo a los intelectuales: el idealismo moderno en la forma croceana es indudablemente una reforma y tuvo cierta eficacia, pero no tocó a grandes masas y se disgregó a la primera contraofensiva. El materialismo histórico, por lo tanto, tendrá o podrá tener esta función no solo totalizadora como concepción del mundo, sino totalizadora por cuanto comprometerá a toda la sociedad desde sus raíces más profundas. Recordar las polémicas (Gobetti, Missiroli, etc.) sobre la necesidad de una reforma entendida mecánicamente.

El catolicismo italiano

A propósito de la cuestión de una posible reforma protestante en Italia, debe señalarse el «descubrimiento», hecho en julio-agosto de 1931 (después de la encíclica sobre la Acción Católica), de lo que es el catolicismo por parte de algunas revistas italianas (especialmente notable el editorial de *Critica Fascista* sobre la encíclica). Estos católicos han descubierto con gran estupor y sentido del escándalo que catolicismo es igual a «papismo». Este descubrimiento no debe de haber provocado mucha satisfacción en el Vaticano: es un potencial protestantismo, como lo es la aversión a toda injerencia papal en la vida interna nacional y el considerar y proclamar al papado como un «poder extranjero». Estas consecuencias del Concordato deben de haber sido sorprendentes para los «grandes» políticos del Vaticano.

Irreligiosidad

Del libro *Mi pare...* de Prezzolini: «La irreligiosidad moderna es una nueva frescura de espíritu, un acto moral, una liberación. La irreligiosidad es una dificultad, una carga, una obligación, un deber mayor. En tal sentido se hace noble. Es la emulación con la virtud pasada. Nosotros, irreligiosos, podemos y debemos ser tanto como los hombres del pasado, religiosos. Más bien: diferentemente».

La difusión del cristianismo

Una reflexión que se lee a menudo es la de que el cristianismo se difundió en el mundo sin la ayuda de las armas. No me parece justo. Se podrá decir eso hasta el momento en el que el cristianismo no fue religión de Estado (o sea hasta Constantino); pero desde el momento en que se transforma en el modo exterior de pensar de un grupo dominante, su fortuna y su difusión no pueden distinguirse de la historia general y, por consiguiente, de la de las guerras; toda guerra ha sido también guerra de religión, siempre.

Apólogos. Chispazos sobre religión

La opinión corriente es la siguiente: que no se debe destruir la religión si no se tiene algo con que sustituirla en el ánimo de los hombres. Pero ¿cómo se hace para comprender cuándo una sustitución ha tenido lugar y lo viejo puede ser destruido? Otro modo de pensar conexo con el primero: la religión es necesaria para el pueblo, incluso para el «vulgo», como se dice en estos casos. Naturalmente que ninguno cree ser «vulgo», sino que vulgo es todo prójimo y por eso se afirma necesario para uno fingir ser religioso, para no turbar el espíritu de los otros y arrojarlos en la duda. Sucede así que son muchos los que no creen más; todos están persuadidos de ser superiores a los demás porque no tienen necesidad de superaciones para ser honrados, pero cada uno está persuadido de que es necesario aparentar «creer» por respeto a los otros.

Los católicos después del Concordato

Es muy importante la respuesta del Papa a la congratulación por su aniversario que le presentara el Sacro Colegio de los cardenales, publicada en la *Civiltà Cattolica* del 4 de enero de 1930. En la *Civiltà Cattolica* del 18 de enero se publica la encíclica papal *Quinquagesimo ante anno* (para el quincuagésimo año de sacerdocio de Pío XI), donde se repite que Tratado y Concordato son inescindibles e inseparables: «O permanecen los dos o ambos necesariamente se vienen abajo». Esta afirmación reiterada por el Papa tiene un gran valor: se la hizo y remachó no solo en relación con el gobierno italiano, con el cual han sido concluidas las dos actas, sino especialmente como salvaguardia para el caso de un cambio de gobierno. La dificultad está en el hecho de que si se deshiciera el tratado, el Papa tendría que restituir las sumas que hasta ese momento le haya dado el Estado italiano en virtud del mismo: no tendría valor el recurso basado sobre las leyes de garantías. Sería necesario ver cómo en los balances del Estado figuraba la suma que se le asignó al Vaticano después de las garantías, cuando existía una advertencia de que tal obligación caducaría si, dentro de los cinco años después de la ley, el Vaticano hubiese rechazado el cobro.

Homenajes

En la *Civiltà Cattolica* del 20 de julio de 1929 está contenida la crónica de la primera audiencia para la presentación de las credenciales concedida por Pío XI al embajador De Vecchi en la Ciudad Vaticana. En las palabras dirigidas por Pío XI a De Vecchi, en el segundo párrafo, se dice: «Hablando de la novedad de los vínculos tan felizmente iniciada, lo decimos, señor conde, con respeto especial a vuestra persona, que nos complace que esta novedad se inicie y tome camino por lo que vos representáis en persona y obras, por lo que vos habéis venido ya haciendo para el bien no solo del país, sino también de nuestras misiones».

Los católicos y el Estado

Confrontar el artículo muy significativo «Entre "ratificaciones" y "rectificaciones"» (del padre Rosa) en la *Civiltà Cattolica* del 20 de julio de 1929, referido también al plebiscito de 1929. Sobre este artículo confrontar también el número siguiente de la misma *Civiltà Cattolica* (del 3 de agosto). A propósito del Concordato se debe destacar que el artículo 1 dice textualmente: «Italia, en los sentidos del artículo 1 del tratado, asegura a la Iglesia católica el libre ejercicio del poder espiritual», etc. ¿Por qué se habla de poder, que tiene un preciso significado jurídico, y no, por ejemplo, de «actividad» u otro término menos fácilmente interpretable en sentido político? Sería útil hacer una investigación, incluso de nomenclatura, en los otros concordatos estipulados por la Iglesia y en la literatura de hermenéutica de los concordatos debida a los agentes del Vaticano.

La religión en la escuela

«He aquí por qué en los nuevos programas para las escuelas, según la reforma gentiliana, el arte y la religión se asignan solo a la escuela elemental, y la filosofía es en cambio ampliamente atribuida a las escuelas secundarias. En las intenciones filosóficas de los programas elementales, las palabras "la enseñanza de la religión es considerada como fundamento y coronación de toda instrucción primaria" significan precisamente que la religión es una categoría necesaria pero inferior, a través de la cual debe pasar la educación, ya que, según la concepción de Hegel, la religión es una filosofía mitológica e inferior correspondiente a la mentalidad infantil, todavía incapaz de elevarse hasta la filosofía pura, donde después la religión debe ser resuelta y absorbida. Notemos rápidamente que, de hecho, esta teoría idealista no logró contaminar la enseñanza religiosa en la escuela elemental, haciéndola tratar como mitológica, *sea porque los maestros o no entienden o no se cuidan de tales teorías*, sea porque la enseñanza religiosa católica es intrínsecamente histórica y dogmática *y es externamente vigilada y dirigida por la Iglesia en los programas, textos y enseñanzas.* Por otra parte, las palabras "fundamento y coronación" han sido aceptadas por la Iglesia en su significado obvio y repetidas en el Concordato entre la Santa Sede e Italia, según el cual (artículo 36) la enseñanza religiosa se extiende a las escuelas medias. Esta extensión ha venido a contrariar las miras del idealismo que pretendía excluir la religión de las escuelas medias y dejar dominar solo a la filosofía, destinada a superar y absorber en sí a la religión aprendida en las escuelas elementales». (*Civiltà Cattolica*, 7 de noviembre de 1931, «Il buono e il cattivo nella pedagogia nuova», anónimo, pero del padre Mario Barbera).

Los industriales y las misiones católicas

Es sabido que los industriales italianos han formado un organismo para ayudar *directamente* y orgánicamente a las misiones católicas en su obra de penetración cultural y económica en los países atrasados. Se publica un boletín especial para esta actividad: *Boletín oficial del comité nacional de industriales y comerciantes para las misiones católicas*, Roma, en octavo. Contribuirán industriales y comerciantes también judíos y no creyentes, naturalmente, y también la Fiat, que en los años de la posguerra ayudaba a la Y.M.C.A. y a los metodistas de Turín.

Cristianismo primitivo y no primitivo

Confrontar en la *Civiltà Cattolica* del 21 de diciembre de 1929 el artículo «I novelli Bb. màrtiri inglesi difensori del primato romano». Durante las persecuciones de Enrique VIII, «el beato Fisher estuvo a la cabeza de la resistencia, si bien después el clero, *en su mayoría*, mostró una culpable e ilegítima sumisión, prometiendo en un acto que se llamó "rendición de cuentas del clero" hacer depender del rey la aprobación de cualquier ley eclesiástica (15 de mayo de 1532)». Cuando Enrique VIII impuso el «juramento de fidelidad» y quiso ser reconocido como jefe de la Iglesia, «a su pesar muchos miembros del clero, *ante la amenaza de la pérdida de los bienes y de la vida*, cedieron al menos en apariencia pero con grave escándalo de los fieles».

Las encíclicas papales

Un examen crítico-literario de las encíclicas papales. Son en su 90% un centón de citas genéricas y vagas cuyo objetivo parece ser el de afirmar en toda ocasión la continuidad de la doctrina eclesiástica desde los Evangelios hasta hoy. En el Vaticano deben de tener un formidable fichero de citas para cada tema: cuando se tiene que compilar una encíclica se comienza por ubicar preventivamente las fichas que contienen la dosis necesaria de citas: tantas del Evangelio, tantas de los Padres de la Iglesia, tantas de las precedentes encíclicas. La impresión que se obtiene es de gran frialdad. Se habla de caridad no porque sea un sentimiento hacia los hombres reales, sino porque así lo hicieron Mateo y Agustín y «nuestro predecesor de feliz memoria», etc. Solo cuando el Papa escribe o habla de política inmediata se siente cierto calor.

Las prisiones del Estado Pontificio

En el número de abril-septiembre de la *Rassegna Storica del Risorgimento* publica Giovanni Maioli un capítulo de la autobiografía inédita de Bartolo Talentoni, patriota de Forlì. El capítulo se refiere a los procedimientos judiciales y a la prisión soportada por Talentoni, cuando fue arrestado en 1855, como conspirador y encubridor de siete romañolos. Cárcel de Bolonia. Entre otras cosas se puede destacar lo siguiente: «Todo era allá calculado, no nos dejaban un momento tranquilos...». Para que un sueño reparador no fortaleciese el espíritu y el cuerpo de los detenidos se recurría a los medios más insólitos. La guardia hacía resonar la prisión con los *hurras*; durante la noche el cerrojo se corría con la más ruidosa violencia, etc. (estas referencias son tomadas del *Marzocco* del 25 de octubre de 1931).

Las neutralidades de Suiza en 1934

El consejero Motta, jefe del departamento federal de Extranjeros, en un discurso pronunciado en Friburgo el 22 de julio, con ocasión de la jornada del Tiro Federal, dijo: «Mientras Suiza esté resuelta a defenderse –así decía hace poco el insigne jefe del gobierno italiano al señor Wagnière, nuestro ministro en Roma, y no creo cometer una indiscreción revelando estas amistosas palabras–, nadie osará tomar sobre sí la responsabilidad de tocarla». De cualquier modo, el honorable Motta ha hecho saber que «recientemente» (en confrontación con el 22 de julio de 1934) la diplomacia suiza tuvo que hacer saber la posibilidad de una agresión contra su territorio al gobierno italiano y recibió amistosas palabras.

El gobierno inglés

Un artículo interesante de Ramsay Muir sobre el sistema de gobierno inglés ha sido publicado en el número de noviembre de *Nineteenth Century* (reproducido en la *Rassegna settimanale della Stampa estera* del 9 de diciembre de 1930). Muir sostiene que en Inglaterra no se puede hablar de régimen parlamentario porque no existe control del Parlamento sobre el gobierno y sobre la burocracia, sino solamente de una dictadura de partido y aun de una dictadura inorgánica porque el poder oscila entre partidos extremos. En el Parlamento las discusiones no son lo que debieran, o sea, discusiones de Consejo de Estado, sino discusiones de partido para disputarse el cuerpo electoral en las próximas elecciones, con promesas de la parte del gobierno, desacreditando al gobierno por parte de la oposición. Las deficiencias del sistema de gobierno inglés se han manifestado crudamente en la posguerra frente a los grandes problemas de reconstrucción y adaptación a la nueva situación (pero también en la vigilia de la guerra: confrontar el caso Carson en Irlanda Septentrional. Carson extraía su audacia y la seguridad de su impunidad precisamente del sistema de gobierno para el cual sus acciones subversivas habrían estado purificadas por un retorno de los conservadores al poder). Muir encuentra el origen de la dictadura de partido en el sistema electoral sin *ballotage* y especialmente sin proporcionalidad; esto hace difícil los compromisos y las opiniones intermedias (o por lo menos constriñe a los partidos a un oportunismo interno peor que el compromiso parlamentario). Muir observa otros fenómenos: en el mismo gobierno hay un grupo restringido que domina al gabinete entero y existe aun una personalidad que ejerce una función bonapartista.

Deudas de Alemania y pagos a América

Parece que el primero en establecer que debe existir interferencia entre los pagos a Norteamérica y las deudas de guerra de Alemania fue Lord Balfour en su famosa nota de 1922. El senador D'Amelio no habría hecho otra cosa que adherirse a la nota de Balfour en la conferencia de Londres de 1923.

Inglaterra y Alemania

Una comparación entre los dos países con referencia a su comportamiento frente a la depresión de 1929 y años siguientes. De este análisis tendría que resultar la real estructura de uno y de otro y la recíproca posición funcional en el complejo económico mundial, elemento de la estructura que no es frecuentemente observado con atención. Se puede iniciar el análisis con el fenómeno de la desocupación. Las masas de desocupados ¿tienen el mismo significado en Alemania y en Inglaterra? El teorema de las «proporciones definidas» en la división del trabajo interno ¿se presenta del mismo modo en los dos países? Se puede decir que la desocupación inglesa, incluso siendo inferior numéricamente a la alemana, indica que el coeficiente «crisis orgánica» es mayor en Inglaterra que en Alemania, donde en cambio el coeficiente «crisis cíclica» es más importante. O sea, en la hipótesis de una continuación «cíclica», la absorción de la desocupación sería más fácil en Alemania que en Inglaterra. ¿De qué elemento de la estructura depende esta diferencia? De la mayor importancia que tiene en Inglaterra el comercio en comparación con la producción industrial, o sea, la existencia en Inglaterra de una masa de «proletarios» ligados a la función comercial superior a la alemana, donde hay una mayor masa industrial. Composición de la población activa y su distribución en las diversas actividades. Muchos comerciantes (banqueros, agentes de cambio, representantes, etc.) determinan un amplio empleo de personal para sus servicios cotidianos: aristocracia más rica y potente que en Alemania. Más numerosa la cantidad de «parásitos rituales», o sea, de elementos sociales empleados no en la producción directa, sino en la distribución y en los servicios personales de las clases propietarias.

Córcega

En *Italia Letteraria* del 9 de agosto de 1931 se publica un artículo de Augusto Garsia: «Canti d'amore e di morte nella terra dei Còrsi». Garsia parece haber estado recientemente en Córcega con Umberto Biscottini, que notoriamente organiza en Liorna toda la actividad irredentista de Córcega (la edición corsa del *Telegrafo*, el *Giornale di Politica e di Letteratura*, libros, misceláneas, etc.). Del artículo de Garsia se deduce que se imprime desde hace poco la revista *31-47*, que reproduce muchos artículos de la edición especial hecha para los corsos del diario *Il Telegrafo*, introducida clandestinamente en la isla. También Raffaello Giusti de Liorna edita ahora el *Archivio storico di Corsica*, que salió en 1925 en Milán y cuya dirección fue más tarde asumida por Gioacchino Volpe. El *Giornale di Politica e di Letteratura* no puede entrar en Francia (y por consiguiente en Córcega).

El irredentismo corso está suficientemente difundido en Italia, pero no sé cuánto en Córcega. En Córcega están el movimiento de la *Muvra* y el Partido Corso de Acción, pero no quieren salir de los cuadros franceses y mucho menos unirse a Italia; cuanto más quieren una larga autonomía y participan del movimiento autonomista francés (Bretaña, Alsacia, Lorena, etc.). Recordar al abogadito véneto que encontré en el tren en 1914; estaba abonado a la *Muvra*, al *Archivio storico di Corsica*, leía novelas de autores corsos (por ejemplo, Pierre Dominique, que era para él un renegado).

Sostenía la reivindicación no solo de Córcega, sino también de Niza y de Saboya.

También el comendador Belloni, vicecuestor de Roma, cuando en septiembre de 1925 me hizo un allanamiento domiciliario de cuatro horas, me habló largamente de estas reivindicaciones. El veterinario de Ghilarza, antes de la guerra, doctor Nessi, de Brianza, reivindicaba también el Delfinado, Lyon incluida, y encontraba atención entre los pequeños intelectuales sardos que son francófobos extremistas por razones económicas (la guerra de tarifas con Francia después de 1889) y por razones nacionalistas (los sardos sostienen que ni siquiera Napoleón pudo conquistar Cerdeña, y la fiesta de San Efisio en Cagliari no es otra cosa que la reproducción de la victoria de los sardos sobre los franceses de 1794, con la destrucción íntegra de la flota francesa [cuarenta fragatas] y de un cuerpo de desembarco de cuarenta mil hombres).

La lengua italiana en Malta

La defensa de la lengua y de la cultura en Malta, tal como aparece de los acontecimientos de los primeros meses de 1932 (confrontar el artículo del *Corriere della Sera* del 25 de marzo de 1932), se hizo más difícil desde la existencia del Concordato. Mientras el Estado italiano estuvo en conflicto con la Iglesia, la existencia de una italianidad organizada en Malta (como en otros muchos países del mundo) no representaba un peligro para los estados hegemónicos: difícilmente podría realizarse en la esfera nacional y política, ya que permanecía en la esfera del folklore y de las culturas dialectales. Con el Concordato la cuestión ha cambiado: la Iglesia, administrada por italianos, y representada localmente por italianos, ya no está en conflicto con el Estado, en realidad se confunde con el Estado y no con el recuerdo folklórico de la cosmópolis católica. De esta forma, entonces el Concordato, en lugar de facilitar una expansión de la cultura italiana, no solo la hace más difícil, sino que ha creado la situación propicia para una lucha contra los núcleos de italianidad tradicionales. Así parece que en el mundo moderno un imperialismo cultural y espiritual es utópico: solo la fuerza política, fundada sobre la expansión económica, puede ser la base para una expansión cultural.

Controlar si el honorable Enrico Mizzi, uno de los líderes del Partido nacionalista maltés, estuvo entre los fundadores del Partido nacionalista italiano. Probablemente, la observación hecha por cierto diario inglés se refiere al hecho de que Mizzi mandó su adhesión al comité organizador o a alguna personalidad como Corradini, Federzoni o Coppola.

Balance de la guerra

Camillo Pellizzi anuncia en el *Corriere* del 7 de abril de 1932 el libro de Luigi Villari *The war on the italian front* (con prefacio de sir Rennell Rodd, Cobden-Sanderson, Londres, 1932). En un apéndice aparecen publicadas las cifras sobre el balance comparativo de la guerra, y Pellizzi reproduce las siguientes: Italia movilizó el 14,8% de su población, Francia el 20,08%, Inglaterra el 12,31%; Italia tuvo un 14% de muertos sobre el total de movilizados, Francia el 16,15%, Inglaterra el 11,05%; Italia gastó en la guerra más de un cuarto de su riqueza total, Francia menos de un sexto; Italia perdió el 58,93% de su tonelaje mercante, Gran Bretaña el 43,63%, Francia el 39,44%.

Sería necesario ver cómo han sido obtenidas estas cifras y si se trata de cantidades homogéneas. Las cifras porcentuales de la movilización pueden resultar inexactas por el hecho de que se calculan el total de movilizados de varios años y se construye el porcentaje sobre la población de un año dado. Igualmente, para el tonelaje, sería necesario conocer la antigüedad de las naves perdidas, porque es notorio que algunos países tienen las naves más tiempo en servicio que otros, de donde también hay un mayor número de desastres incluso en tiempos de paz. El cálculo de la riqueza de un país varía sensiblemente según la honradez fiscal con que se denuncian los réditos, y esta forma de honradez no abunda jamás.

La cultura de los oficiales

No existe en Italia una traducción de la obra de Clausewitz sobre la guerra. Tampoco parece ser conocido por la vieja generación: en un artículo de la *Nuova Antologia* del 16 de diciembre de 1933, «Appunti sulla constituzione degli organi di comando in guerra», del almirante Sirianni, el nombre se repite siempre «Clausenwitz». Sería necesario relacionar este hecho con la afirmación[59] hecha por el general De Bono, en sus memorias editadas por Mondadori, según la cual los oficiales de su generación no se ocupaban de política, no leían los diarios, no sabían a menudo ni siquiera quién integraba el gobierno. Es fácil imaginar cuál podía ser el nivel cultural de los oficiales de la generación pasada: un oficial que se desinteresa de la vida política de su país se asemeja mucho al soldado mercenario de tipo medieval. Parece que el primer libro que resume el pensamiento militar (político) de Clausewitz es el de Emilio Canevari, *Clausewitz e la guerra odierna*, Roma, 1934.

Virgilio Brocchi

«Il volo nuziale» (cfr. en el *Secolo Illustrato*, 1 de octubre de 1932). «El gobierno parecía inseguro y negociaba la neutralidad y la guerra; pero, para que las negociaciones fueran realmente provechosas, tenía que dar a los aliados de ayer la sensación o la prueba de que no contenían ahora la voluntad exasperada de la nación que estallaba en mil incendios, desde la más humilde aldea a la capital, y que ardían incluso dentro de los mi-

---

59. Cfr. pág. 39.

nisterios. Sobre las llamas, cada diario, incluso aquellos que hasta el día antes habían exaltado la magnífica violencia de los imperios centrales, lanzaba petróleo y pólvora explosiva; contra todos se oponía un solo diario, pero, aunque quien lo dirigía era un hombre de indefectible fe y seguro coraje, carecía de virtudes simpáticas y de suficiente acogida; así parecía defender, más que un supremo ideal humano y el instinto de la civilización amenazada, el medroso egoísmo de los proletarios para quienes la patria es solo la patria de los señores y la guerra una especulación infame de banqueros».

Servicios de seguridad publica

En el *Corriere della Sera* del 1 de junio de 1932 se resumen de las publicaciones oficiales las nuevas normas para el empleo de las tropas regulares en servicio de S.P. Algunas disposiciones innovadoras son de gran importancia, como aquella por la cual la autoridad militar puede decidir su intervención por propia iniciativa, sin ser llamada por la autoridad política. Así también la disposición según la cual la tropa solo interviene con las armas cargadas, para actuar, y como parece no puede por consiguiente ser empleada en la formación de cordones, etcétera.

Sombras

Un episodio más bien oscuro, por no decir deshonesto, está constituido por las relaciones de los reformistas con la plutocracia: la *Critica Sociale* administrada por Bemporad, o sea, por la Banca Comercial (Bemporad era también editor de los libros políticos de Nitti), la entrada del ingeniero Omodeo en el círculo de Turati, el discurso de Turati, «Rifare l'Italia!», sobre la base de la industria eléctrica y de las represas de montaña, discurso sugerido y tal vez escrito en colaboración con Omodeo.

Chi é?

Cuando fue publicada la primera edición del *Chi é?*, diccionario biográfico italiano del editor Formiggini, el jefe del gobierno observó que faltaba un parágrafo para el general Badoglio. Esta observación del jefe de gobierno fue informada por Formiggini en *Italia che scrive* de ese momento, y es un rasgo psicológico de gran importancia.

Hay revoluciones y revoluciones

Artículo del *Osservatore Romano* del 11-12 de marzo, reseñado (algunos párrafos) por *Civiltà Cattolica* del 6 de abril de 1929. «Así como no suscita más la impresión funesta, que parecía producir en otros tiempos, la palabra "revolución", en tanto quiere indicar un programa y una palabra que se desarrolla en el ámbito de las instituciones fundamentales de Estado, dejando en su lugar al monarca y a la monarquía: vale decir los mayores y más sintéticos exponentes de la autoridad política del país; sin sedición ni insurrección, de las que parecían no poder prescindir hasta aquí el sentido y los medios de una revolución».

Las prisiones

En un artículo de Mario Bonfantini, «L'arte di Carlo Bini», en la *Italia Letteraria* del 22 de mayo de 1932, se citan estos dos versos (o casi): «La prisión es una lima tan sutil, que templando el pensamiento crea un estilo». ¿Quién ha escrito esto? ¿El mismo Bini? Pero ¿Bini ha estado de verdad en prisión (tal vez no mucho)? La prisión es una lima tan sutil que destruye completamente el pensamiento, o también hace como aquel maestro artesano, al que se le había consignado un lindo pedazo de madera de olivo estacionado para hacer una estatua de san Pedro, y corta aquí, corta allá, corrige, esboza, termina por obtener un mango de lezna.

Las reverencias del pueblero

Artículo de Salvatore Di Giacomo sobre la «impracticabilidad» de las calles populares de Nápoles para los «soñadores» y «poetas»; de las ventanas caían cestos de flores como para aplastar los sombreros duros y los sombreros de paja señoriales y también los cráneos contenidos en ellos (artículo en el *Giornale d'Italia* de 1920). Episodio de los tomates que cuestan y de las piedras que no cuestan. Sentido de separación, de diferenciación en un ambiente primitivo «recalentado», que cree próxima la impunidad y se manifiesta abiertamente. Este mismo ambiente primitivo, en tiempos «normales», es socarronamente adulador y servil. Episodio del pueblero veneciano, contado por Manzoni en el Bonghi: se deshacía en inclinaciones y sombrerazos delante de los nobles y saludaba sobriamente delante de las iglesias; interrogado sobre este aparente menor respeto por las cosas sagradas, respondió entre guiñadas: «Con los santos no se bromea».

¿Cómo aparece la separación en una ciudad moderna? Ejemplos y episodios.

Tragedia y farsa

Comienzo del *Dieciocho brumario de Luis Bonaparte*: la afirmación de Hegel según la cual en la historia cada acontecimiento se repite dos veces; corrección de Marx de que la primera vez el hecho se verifica como tragedia, la segunda como farsa. Este concepto ya estaba delineado en la *Contribución a la crítica de la filosofía del derecho*. «Los dioses griegos, trágicamente heridos de muerte en el *Prometeo encadenado* de Esquilo, sufrieron una segunda muerte, muerte cómica, en los diálogos de Luciano. ¿Por qué este camino de la Historia? Para que la humanidad se separe con alegría de su pasado». «Y este alegre destino histórico, nosotros lo reivindicamos para las potencias políticas de Alemania», etcétera.

«Fatigar los textos»

O sea, hacer decir a los textos, por amor de tesis, más de lo que los textos dicen en realidad. Este error de método filológico se verifica también fuera de la filología, en todos los análisis y exámenes de las manifestaciones de la vida. Corresponde en el derecho penal a vender con menos peso y diferente calidad de lo pactado, pero no es considerado crimen, a menos que sea evidente la voluntad de engaño; pero ¿el descuido y la incompetencia no merecen sanción, al menos una sanción intelectual y moral si no judicial?

Anécdota de Giustino Fortunato

Parece ser de 1925 o 1926. Contado por Lisa. Se hablaba con Fortunato de la lucha política en Italia. Aquel habría dicho que, según su parecer, había en Italia dos hombres realmente peligrosos, uno de los cuales era Miglioli.[60] Parece que estuvo presente, además de Lisa, un cierto abogado Giordano Bruno del que no he sentido jamás hablar a pesar de su trágico nombre. Bruno habría dicho: «¡Pero, senador, son dos hombres de gran ingenio!», ingenuamente, porque con frecuencia «peligroso» tiene un

---

60. El otro era Gramsci.

significado estrictamente «policial». Y Fortunato contestó riendo: «Justamente porque son inteligentes son peligrosos». No sé si la anécdota es cierta, y si es verídica, si Lisa la vivió o solo la «escuchó». Pero es verosímil y encaja perfectamente en el modo de pensar de Fortunato. (Recordar la carta de Fortunato reproducida por Prezzolini en la primera edición de su libro sobre *La cultura italiana*, y recordar el artículo necrológico sobre Piero Gobetti escrito por Einaudi [y me parece que Fortunato escribió también algo en el mismo número de *Baretti*]. De todos modos, Fortunato estaba en relación con Gobetti y trataba de inmunizarlo del influjo de la gente «peligrosa»).

«Bocas sin cabeza»

En las Sátiras (sátira IX), Alfieri escribió que los napolitanos son «bocas sin cabeza». Pero ¡de cuántas gentes se podría decir esto, sin ser cierto que se pueda decir de los napolitanos!

Phlipot

La farsa de los *Trois galants et Phlipot* contenida en el *Recueil de farces*, etc., por Le Roux de Liney y F. Michel (Techener, París, 1837, en 4 volúmenes) (en el 4.º volumen, n. 12). Phlipot, cuando siente el «¿Quién vive?», responde enseguida: «¡Je me rends!», y grita sucesivamente: «¡Vive France! ¡Vive Angleterre! ¡Vive Bourgogne!», hasta que, amenazado de todos lados y no sabiendo dónde esconderse, grita: «¡Y vivan los más fuertes!» (farsa francesa del siglo XV-XVI).

Fertilidad

Anécdota contenida en *Olanda* de De Amicis. Un general español le muestra a un campesino holandés una naranja: «Estos frutos mi país los produce dos veces al año». El campesino le muestra al general un pan de manteca: «Y mi país produce estos otros frutos dos veces por día».

Civilización

Una definición inglesa de la civilización: «La civilización ha sido definida como un sistema de dirección y de control que desarrolla del modo más fecundamente económico la máxima potencialidad de un pueblo».

La traducción no parece exacta: ¿qué significa «fecundamente económico»? La definición en su conjunto dice poco, porque es muy genérica. «Civilización» puede sustituirse por «régimen político», «gobierno», con un significado más preciso.

«Loco por decreto»

En una memoria político-jurídica juvenil de Daniele Manin (cfr. el artículo de A. Levi sobre «Politica di Daniele Manin», en la *Nuova Rivista Storica* de mayo-agosto de 1933) se usa la expresión «loco por decreto». Tommaseo, al anotar el escrito de Manin, recuerda cómo de una señora admirada por Napoleón se decía que era «bella por decreto». Por decreto se pueden lograr muchas cosas y el epigrama es siempre vigente.

Manzoni dialéctico

Capítulo VIII de *Promessi Sposi*, episodio de la intentada sorpresa de Renzo y Lucía para hacerse casar en la casa: «Renzo, que alborotaba de noche en casa ajena, que se había introducido a hurtadillas, y tenía al mismo patrón asediado en una habitación, tiene toda la apariencia de un opresor; y sin embargo, al fin y al cabo era el oprimido. Don Abondio, sorprendido, puesto en fuga, espantado, cuando atendía tranquilamente a sus asuntos, parecía la víctima; y sin embargo, era él en realidad el abusador. Así sucede a menudo en el mundo..., quiero decir, así sucedía en el siglo decimoséptimo».

Frailadas

Una octava de Luigi Pulci (*Morgante*, XXVIII, 42): «Siempre los justos son los primeros castigados –no quiero hablar más de la fe; –pues me veo después en boca de estos frailes, –a los que van a menudo las anguilas; –y ciertos holgazanes santurrones –informan: tal dijo, tal no cree –donde tanto ruido parece haber –aunque al principio estaba oscuro, y la oscuridad se hizo». Hoy a la boca de estos frailes no van tanto esas sabrosas anguilas cuanto vulgares «paste asciutte», pero los «frailes» perduran también hoy y, como en tiempos de Pascal, es más fácil encontrar «frailes» que «buenas razones».

La burguesía francesa

Se podría decir que la burguesía francesa es el «*gargagnan*[61] de la civilización europea».

Un dicho popular

El amor de la polilla. Recordar también el proverbio inglés: «Con cien liebres no se hace un caballo, con cien sospechas no se hace una prueba».

Bribones ricos y pobres

«Cuando los bribones ricos tienen necesidad de los bribones pobres, estos pueden imponer a los primeros el mayor precio que quieren» (Shakespeare, *Timón de Atenas*).

Sabiduría de los zulúes

La sabiduría de los zulúes ha elaborado esta máxima que reproduce una revista inglesa: «Es preferible avanzar y morir que detenerse y morir».

---

61. *Gargagnan*: en la jerga del hampa de Turín, rufián.

Apuntes dispersos
y notas bibliográficas

Algunos intelectuales

El barón Raffaele Garofalo: su artículo sobre la amnistía en la *Nuova Antologia* es comentado en otra parte;[1] su conferencia en el volumen *L'Italia e gli Italíani del secolo XIX*, al cuidado de Yolanda De Blasi. Giovanni Gentile: su discurso en Palermo en 1925 (cfr. la nota de Croce en *Cultura e vita morale*). Antonio Baldini: su conferencia en el volumen al cuidado de De Blasi sobre *Carducci, D'Annunzio, Pascoli*. Garofalo representa la vieja tradición del latifundista meridional (recordar su paso por el Senado intentando aumentar los cánones enfitéuticos y mantener en el nuevo código la segregación celular). Gentile y Baldini, otro tipo de intelectuales, más «desprejuiciados» que Garofalo. De Gentile es de tener presente su discurso a los obreros romanos en su volumen sobre *Fascismo e cultura* (edición Treves).

---

1. Cfr. A. Gramsci, *Note sul Machiavelli...*, pág. 219. En la edición en castellano ya citada de la obra no se reproducen las referencias que se mencionan en la edición de Einaudi, 1949. *(N. del T.)*.

La reforma Gentile y la religión en las escuelas

Cfr. el artículo «L'ignoto e la religione naturale secondo il senatore Gentile», en la *Civiltà Cattolica* del 6 de diciembre de 1930. Se examina la concepción de Gentile sobre religión, pero naturalmente están agradecidos por haber introducido la enseñanza de la religión en la escuela.

La encíclica sobre educación

La encíclica del Papa sobre educación (publicada en *Civiltà Cattolica* del 1 de febrero de 1930); discusiones que ha provocado, problemas que ha planteado, teórica y prácticamente. Este es un inciso del parágrafo general sobre la cuestión de la escuela o del aspecto escolar del problema nacional de la cultura o de la lucha por la cultura.

La escuela y los estudios

Sobre las condiciones recientes de la escuela y de los estudios en Italia es necesario ver el artículo de Mario Missiroli en la *Italia Letteraria* de 1929.

El talento

Hofmannsthal dirigió a Strauss estas palabras a propósito de los detractores del músico: «Tengamos buena voluntad, seriedad, coherencia, que valen más que el funesto talento, del cual está provisto cualquier bribón». (Recordado por L. Beltrami, en un artículo sobre el escultor Quadrelli en *Marzocco* del 29 de marzo de 1930).

«Historia y antihistoria»

«Son verdaderamente pocos los que reflexionan y son al mismo tiempo capaces de obrar. La reflexión amplía, pero debilita; la acción vivifica, pero limita». Goethe, *W. Meister* (VIII, 5).

«En mil circunstancias de mi vida he dado a conocer que soy verdaderamente el prior de la confraternidad de San Simplicio». V. Monti.

Costumbres italianas del siglo XVIII

Cfr. el artículo de Alejandro Giulini «Una dama avventuriera nel Sette-cento», *Nuova Antologia*, 16 de agosto de 1929. Italia daba entonces solo aventureros y también aventureras y no ya grandes intelectuales. La de-cadencia de las costumbres no solo era la que resulta del *Giorno* de Pari-ni y de la vida galante: la aristocracia creaba estafadores y ladrones inter-nacionales junto a los Casanovas y los Balsamos burgueses.

Una máxima de Rivarol

«Para elogiar un libro no es necesario abrirlo; pero, si se ha decidido cri-ticarlo, es siempre prudente leerlo. Por lo menos mientras viva su autor».

Monárquicos turineses

El *Memorandum storico-politico* de Clemente Solaro Della Margarita fue reimpreso en 1930 (Bocca, Turín, págs. XX, 488), al cuidado del Centro de Estudios Monárquicos de Turín. ¿Quién integrará este Centro? ¿Será tal vez una continuación de la «Asociación Monárquica» de Giuseppe Brunati y Cía.? Recordar que esta asociación tenía como órgano el sema-nario *Il Sovrano*, que se publicaba en Milán. Hacia 1925 hubo una esci-sión y Brunati publicó en Turín un semanario, *Il Sabaudo*, que publica-ba artículos muy curiosos para los obreros (se llegó a publicar que solo el soberano podía realizar el comunismo o algo por el estilo).

Sobre los Borbones

Un artículo interesante para constatar un cierto movimiento de rehabili-tación de los Borbones de Nápoles es el de Giuseppe Nuzzo, «La politica estera della monarchia napoletana alla fine del secolo XVIII», en *Nuova Antologia* del 16 de julio de 1930. Artículo históricamente insulso porque habla de veleidades burlescas.

Camillo de Franceschi

«I primordi del movimento unitario a Trieste», *Nuova Antologia*, 1 de octubre de 1928. Artículo incoherente y de fondo retórico. Hay, sin em-bargo, referencia a la intervención del «materialismo histórico» en el tratamiento de la cuestión nacional, argumento que será interesante estudiar concretamente.

Angelo Vivante

Socialismo, nazionalismo, irredentismo, nelle province adriatiche orientali, Trieste, 1905; *Irredentismo adriatico*, Florencia, 1912. De Vivante fue un hombre muy serio y de mucho carácter; fueron publicadas por la editorial de *Avanti!* al cuidado de Mussolini, que defendió a Vivante de los feroces ataques de los irredentistas y nacionalistas. A la bibliografía sobre este tema es necesario agregar los artículos de Mussolini en *Avanti!* a propósito de Trieste, y su opúsculo sobre el Trentino publicado por la *Voce*. Fueron publicados en el *Viandante* de Monicelli artículos de Arturo Labriola, Francesco Ciccotti y me parece que de otros más (el problema nacional fue uno de los puntos críticos por los cuales una parte de los intelectuales sindicalistas se pasó al nacionalismo: Monicelli, etc.). Ver cuánto seguía Vivante al austromarxismo en lo referente al problema nacional, y cuánto se separaba de él; ver las críticas de los rusos al austromarxismo sobre la cuestión nacional. Especial forma que asumía la cuestión nacional en Trieste y en Dalmacia (para los italianos); artículo de Ludo Hartmann en *Unità* de 1915, reproducido en el librito sobre el *Risorgimento* (editor Vallecchi); polémicas en la *Voce* a propósito del irredentismo y de la cuestión nacional con muchos artículos (me parece que uno era de Borgese) favorables a la tesis «austríaca» (Hartmann).

La *Voce*

Sobre el movimiento de la *Voce* de Prezzolini, que tenía un marcado carácter de campaña para una renovación moral e intelectual de la vida italiana (en lo que continuaba, con más madurez, a *Leonardo*, y se distinguió después de *Lacerba* de Papini y de *Unità* de Salvemini, pero más de *Lacerba* que de *Unità*), cfr. el libro de Giani Stuparich sobre *Scipio Slataper*, editado en 1922 por la casa editora de la *Voce*.

Los boletines de guerra

El compilador de los boletines de guerra del comando supremo italiano, de mayo de 1917 a noviembre de 1918, comprendido también el último más famoso, fue el actual general Domenico Siciliani.

Vida industrial turinesa

Recordar el librito de un tal Ghezzi (¿tal vez Raúl?) o Ghersi, que recibí al final de 1923 o principios de 1924 (impreso en Turín), en el cual se defendía la posición de Agnelli especialmente, pero también de otros industriales en 1921-1922, y se explicaba la organización financiera de la *Stampa* y de la *Gazzeta del Popolo*, etc. Estaba muy mal escrito literariamente hablando, pero contenía algunos datos interesantes sobre la organización de la vida industrial turinesa.

Gioacchino Volpe y el fascismo

Cfr. G. Volpe, «23 de marzo de 1919-27 de octubre de 1922», en el *Corriere della Sera* del 22 de marzo de 1932 (con ocasión de la fundación del Fascio de Milán). Artículo interesante y bastante comprensivo. Habría que hacer una bibliografía de todos los escritos de Volpe sobre los acontecimientos de la posguerra: algunos ya han sido recogidos en volumen. En el *Corriere* del 23 de marzo salió un segundo artículo de Volpe, «Fascismo al governo, 1922-1932», mucho menos interesante que el primero, pero con elementos notables: es evidente la intención de escribir no como apologista puro, sino como crítico que se coloca en un punto de vista histórico, pero el intento no parece muy logrado.

Instituciones del régimen fascista

Ver en la colección de la *Gerarchia* las fases salientes del período 1920 y siguientes, y especialmente la serie de estudios sobre las nuevas instituciones creadas por el régimen fascista.

Michel Mitzakis, *Les grands problèmes italiens*, 1931; Gustave Le Bon, *Bases scientifiques d'une philosophie de l'histoire* (el jefe del gobierno es un gran admirador de Le Bon. Cfr. la entrevista de Le Bon con F. Lefèvre en *Nouvelles Littéraires*).

Historia del nacionalsocialismo

Puesto que hoy la historia del nacionalsocialismo alemán será más bien escrita por motivos áulicos, será necesario recordar el libro de Konrad Heiden, *Geschichte des Nazionalsozialismus, die Karriere einer Idee*,

Rowohlt, Berlín, 1932, en 16.°, pág. 305 (cfr. la reseña de Delio Cantimori en *Leonardo* de marzo de 1933).

La burocracia

Estudio analítico de F. A. Repaci, «Il costo della burocrazia dello Stato», en *Riforma Sociale* de mayo-junio de 1932. Es indispensable para profundizar el argumento. Elabora el complejo material de los volúmenes estadísticos sobre la burocracia publicados por el Estado.

Proveeduría general del Estado

Publicaciones editadas por el Estado o con su concurso: recopilación de periódicos y de obras colectivas 1928-1930 (primera parte: escritos biográficos y críticos; segunda parte: división por materia), ed. Librería del Estado, Roma.

Los abogados en Italia

Cfr. el artículo de Mariano D'Amelio, «La classe forense in cifre», en el *Corriere della Sera* del 26 de enero de 1932. Cita un estudio de Rodolfo Benini, publicado en las Actas de la Accademia dei Lincei, «rico de cifras y de sabias y sutiles observaciones acerca de la clase de los abogados y procuradores, relativas a los años 1880 y 1913». Libro de Piero Calamandrei, editado por la *Voce*, me parece, titulado *Troppi avvocati!* Estudio reciente de Spallanzani, de cerca de veinte páginas, *L'efficienza della classe forense sulla vita italiana* (sin indicaciones bibliográficas). En 1880, en los tres registros de abogados y procuradores, de abogados solos y de procuradores solos, estaban inscritos 12.885 profesionales, o sea, un 45,17% por cada 100.000 habitantes; en 1913, el número era 21.488, 61,97% por 100.000 habitantes. En 1923, 23.925, 54,41% por 100.000 habitantes. En 1927, después de la revisión extraordinaria de los registros dispuestos por la nueva ley, el número asciende a 26.679, 68,85% por 100.000 habitantes (se cancelan más de 2000 inscripciones). Las acciones de revisión y las nuevas normas restrictivas para la inscripción reducen en 1929 el número a 25.353, 64,21% por 100.000 habitantes. Ahora, por término medio, se inscriben 10 abogados al año, menos las vacantes que se verifican.

En los otros países. Francia: en 1911 los *avocats* y *avoués* eran 10.236, 29 cada 100.000 habitantes; en 1921, 15.236, 39 cada 100.000 habitantes.

Alemania de posguerra: en 1925, 13.676 *Rechtsänwälte* (abogados y procuradores), 22 cada 100.000 habitantes; en 1913, 18 cada 100.000 habitantes; Austria: antes de la guerra, 15; después de la guerra, 18. Inglaterra: en 1920, 17.946, 47 cada 100.000 habitantes; antes de la guerra, 45 cada 100.000 habitantes.

En las facultades de Derecho italianas cada año 9000 estudiantes: los graduados en leyes, que en el período 1911-1914 fueron 1900, en 1928-1929 fueron 2240. En 1911-1914 los licenciados en liceos, 4943 término medio por año, en 1926-1929, 5640. En la magistratura superior (Cortes de Apelación, Criminal y de Casación), los magistrados en 1880 eran 2666; en 1913, 2553; en 1922, 2546; en 1929, 2557.

Italia meridional

Sobre la abundancia de los «paglietta»[2] en Italia meridional, recordar la anécdota de Inocencio XI, que pidió al marqués de Carpio que lo proveyera de 30.000 cerdos y recibió la respuesta de que no estaba en condiciones de complacerlo, pero que si le sucediera a Su Santidad tener necesidad de 30.000 abogados estaba preparado para servirlo.

El respeto al patrimonio artístico nacional

Es muy interesante al respecto el artículo de Luca Beltrami «Defensa del arte en lugares sacros y profanos», en *Marzocco* del 15 de mayo de 1927. Las anécdotas reproducidas por Beltrami de la prensa cotidiana son muy interesantes y edificantes. Puesto que este punto es siempre destacado por razones de polémica cultural, será bueno recordar estos episodios de vulgar trimalcionismo de las llamadas clases cultas.

Emigración

En el Congo belga hay 1600 inmigrantes italianos: solo en Katanga, la zona más rica del Congo, hay 942. La mayor parte de estos inmigrantes italianos están al servicio de compañías privadas en calidad de ingenieros, contadores, maestros albañiles, policía de trabajo. De los 200 médicos que ejercen la profesión en el Congo por cuenta del Estado y de las

---

2. «Paglietta»: sombrero de paja, muy usado por los abogados de Nápoles. En sentido despectivo se usa por abogaducho *(N. del T.)*.

Sociedades, dos tercios son italianos (*Corriere della Sera*, 15 de octubre de 1931).

Luigi Orsini, *Casa paterna. Ricordi d'infanzia e di adolescenza*, Treves, 1931. Luigi Orsini es sobrino de Felice. Recuerda las descripciones sobre la adolescencia de Felice, narradas por el hermano, padre de Luigi. Parece ser interesante el libro, por la pintura de la vida romañola de aldea, algunas decenas de años atrás.

Cerdeña

En el *Corriere della Sera* tres artículos de Francisco Coletti, con el título general de «La Sardegna che risorge», enumeran algunos de los más importantes problemas sardos y dan una descripción sumaria de las medidas gubernamentales. El tercer artículo es del 20 de febrero de 1932; los otros de algunas semanas antes. Coletti se ha ocupado siempre de Cerdeña, incluso en los años anteriores a la guerra, y sus artículos son siempre útiles porque ordenan y compendian muchos hechos. No sé si se han recogido en volumen sus escritos anteriores. Verificar.

Distribución de la industria en Italia

En el congreso geográfico realizado en Varsovia en agosto de 1934, el profesor Fernando Milone, de la Universidad de Bari, presentó un estudio sobre las causas y los efectos de la diferente distribución de la industria en las diferentes zonas de Italia.

La alimentación del pueblo italiano

En *Gerarchia* de febrero de 1929, página 158, el profesor Carlos Foà reproduce las cifras fundamentales de la alimentación italiana, comparándolas con las de otros países: Italia tiene 909.750 calorías disponibles por habitante, Francia 1.358.300, Inglaterra 1.380.000, Bélgica 1.433.500, los Estados Unidos 1.866.250. La comisión científica interaliada para el aprovisionamiento ha establecido que el mínimo de consumo alimentario por hombre, término medio, es de un millón de calorías por año. Italia, como término medio nacional de disponibilidad, está debajo de esa cifra. Pero, si se considera que las disponibilidades no se distribuyen entre hombres término medio sino por grupos sociales, se puede ver cómo ciertos grupos sociales, como los braceros meridionales (campesinos sin tierra), apenas deben de alcanzar las 400.000 calorías anuales, o sea, las dos quintas partes del término medio establecido por los científicos.

El consumo de sal

Cfr. Salvador Maiorana, «Il monopolio del sale», en *Rivista di Politica Economica*, enero de 1931, página 26. En el ejercicio 1928-1929, enseguida del aumento del precio de la sal, su consumo resultó inferior en kg 1,103 en comparación con el ejercicio precedente, o sea, se redujo a 7,133 por cabeza, mientras que su impuesto fue de L. 4,80 superior. Cesó, por otra parte, la entrega gratuita de sal en las comunas donde hay enfermos de pelagra, con la explicación de que dicha enfermedad había casi desaparecido y que otras actividades generales del Estado luchan contra la pelagra (en general), (¿qué suerte corrieron los enfermos de pelagra actuales?).

Sobre las condiciones de los campesinos

Bibliografía. En *Corriere della Sera* del 12 de mayo de 1932, Arturo Marescalchi («Come vivono i rurali») habla de dos libros sin dar indicaciones bibliográficas: uno, del doctor Guido Mario Tosi, estudia el presupuesto de una familia de pequeños propietarios de Bergamasco (el presupuesto arroja un pasivo); el otro estudio, dirigido por el profesor Ciro Papi y realizado por los doctores Felippo Scarponi y Achille Grimali, trata del presupuesto de una familia de medieros en la provincia de Perugia, en el valle medio del Tíber. La familia del mediero está en mejores condiciones que la del pequeño propietario, pero tampoco este presupuesto es seguro. (Se trata de dos publicaciones del Instituto Nacional de Economía Agraria, que ha publicado también una encuesta sobre las nuevas formaciones de pequeñas propiedades agrícolas en la posguerra).

León XIII e Italia

Cfr. el artículo de Crispolto Crispolti en *Gerarchia* de julio de 1933 sobre León XIII e Italia (sobre el volumen de Eduardo Soderini *Il pontificato di Leone XIII, Rapporti con l'Italia e con la Francia*, Mondadori editor). Crispolti escribe que el anticlericalismo italiano (y por consiguiente el desarrollo de la masonería) de 1878 a 1903 (pontificado de León XIII) fue una consecuencia de la política antiitaliana del Vaticano. Tampoco Crispolti está satisfecho con los libros de Soderini. Referencia al libro de

Salata y al «Archivio Galimberti». Volúmenes de Soderini «áulico-oficiales» del Vaticano. El artículo de Crispolti es interesante.

«Rendre la vie impossible»

«Il y a deux façons de tuer: l'une, que l'on désigne franchement par le verbe tuer; l'autre, celle qui reste sous-entendue d'habitude derrière cet euphemisme delicat: "rendre la vie impossible". C'est la mode d'assasinat lent et obscur, qui consomme une foule d'invisibles complices. C'est un autodafé, sans coroza et sans flammes, perpétré par une Inquisition sans juge ni sentence...». Eugenio D'Ors, *La vie de Goya*, ed. Gallimard, pág. 41. En otras partes se la llama «inquisición difusa».

NOCIONES ENCICLOPÉDICAS
TEMAS DE CULTURA *

---

* Este puede ser el título general de la rúbrica bajo el que se recogen todos los apuntes y motivos anotados hasta aquí, a veces bajo título diverso. Apuntes para un diccionario de política y crítica, nociones enciclopédicas propiamente dichas, motivos de vida normal, temas de cultura, apólogos filosóficos, etcétera.

Nociones enciclopédicas

Acción directa

Diferentes significados según las tendencias políticas e ideológicas. Significado de los «individualistas» y de los «economistas», con significados intermedios. El significado de los «economistas» o sindicalistas de diferentes tendencias (reformistas, etc.) es el que ha dado origen a los diversos significados, hasta el de los «criminales» puros.

Agnosticismo

Este término es usado en el lenguaje político con significados muy curiosos y sorprendentes: esto sucede especialmente en las polémicas «provinciales», en las que el escritor hace ostentación de palabras difíciles. Se dice, por ejemplo, que Tizio es agnóstico, cuando Tizio no quiere discutir porque no toma en serio un determinado argumento, etc. El término es de origen religioso y se refiere al *deus ignotus* (*ignoramus, ignorabimus* sobre Dios). Secta de los agnósticos, etc. Agnosticismo igual, por lo tanto, a empirismo y materialismo (nominalismo, etc.); imposibilidad de conocer lo absoluto, los universales, etc., en cuanto están ligados a la metafísica religiosa.

Aporía

Duda, o sea, relación de pensamiento todavía en formación, lleno de contradicciones que esperan solución. Por lo tanto, la aporía puede resolverse, como toda duda, positiva o negativamente.

Artesanado. Pequeña, mediana, gran industria

Conceptos cuantitativos y conceptos cualitativos. Desde el punto de vista cuantitativo, se parte del número de trabajadores empleados en cada empresa, estableciendo cifras medias para cada tipo: de 1 a 5, artesanado; de 5 a 50, pequeña industria; de 50 a 100, media industria; de 100 en adelante, gran industria. Se trata de tipos o generalizaciones muy relativos y que pueden cambiar de país a país. El concepto cualitativo sería más científico y exacto, pero es mucho más complejo y presenta grandes dificultades. Cualitativamente, los diferentes tipos tendrían que fijarse por la combinación de elementos diversos: aparte del número de obreros, por el tipo de máquinas y por la relación entre máquina y máquina, por el grado de división del trabajo, de la relación entre los diversos tipos de trabajadores (manuales, manuales especializados o afectados a las máquinas, obreros calificados, especializados) y por el grado de racionalización (aparte del de industrialización) del conjunto del aparato productivo y administrativo. Una empresa racionalizada tiene menos trabajadores que una no racionalizada, y, por consiguiente, con 50 trabajadores puede ser más «gran industria» que con 200. Esto sucede cuando algunas empresas, para ciertos elementos de su producción, utilizan una empresa externa que viene a ser como una división especializada de todo un grupo de empresas no ligadas orgánicamente, etc. Estos elementos particulares tienen diferente peso relativo según la rama industrial: en la industria de la construcción el maquinismo no se desarrollará nunca como en la industria mecánica. El tipo de máquina textil se desarrolla de modo diverso que el de la industria mecánica, etc. A este concepto de grandeza de la industria está ligado el concepto de «máquina». También está ligada la noción de «fábrica diseminada», que es un aspecto del artesanado, del trabajo a domicilio y de la pequeña industria. Pero una gran empresa de la construcción ¿no puede, en cierto sentido, considerarse como una fábrica diseminada? ¿Y la tranviaria y la ferroviaria? Desde el punto de vista de la organización territorial, o sea, de la concentración técnica, estas empresas son diseminadas y esto tiene su importancia para la psicología de los trabajadores. Un guardavía ferroviario no tendrá jamás la misma psicología que un obrero manual de una gran fábrica, etc. Otro elemento importante es la fuerza motriz que se adopte: un artesano que utiliza energía eléctrica ¿sigue siendo artesano, en el sentido tradicional del término? La moderna circunstancia de la facilidad de distribución de la fuerza motriz eléctrica, incluso para pequeñas unidades, transforma y renueva todos los tipos de industria y empresa.

Artesano

De un artículo de Ugo Ojetti («Arti e artigiani d'Italia», en el *Corriere* del 10 de abril de 1932) extraigo algunos puntos: para las leyes italianas es artesano quien no ocupa más de cinco trabajadores si se desempeña en un oficio artístico, más de tres en un oficio usual. Definición imprecisa. «Lo propio del artesano es trabajar él mismo con sus manos en su arte o en su oficio. Que de él dependan 5 o 10 personas, no cambia su carácter de artesano, lo que de inmediato lo distingue del industrial». Pero esta definición es también imprecisa, porque el artesano puede no trabajar sino dirigir el trabajo de un taller: la definición debe buscarse en el modo de producción y de trabajo. En Alemania existe la patente de oficio, que tiene tres grados como el oficio: «aprendiz», que llamaremos medio oficial o novicio; «compañero», que ha terminado el noviciado, y «maestro». Ojetti emplea la palabra «compañero» para indicar el trabajador artesano ya formado profesionalmente, pero ¿cómo se justifica esta palabra? No históricamente, porque el italiano no ha conservado el uso, como el francés o el alemán, de una palabra que antes tenía un significado jurídico preciso y hoy no tiene significado «profesional», sino solo de posición «económica». Profesionalmente, el «compañero» es un «maestro», pero no tiene un taller de su propiedad y debe trabajar para otro que, justamente, sea propietario.

Áscaris, crumiros, negritos, etcétera

Se llamaba «áscaris» a los diputados de las mayorías parlamentarias sin programa ni orientación; por consiguiente, siempre dispuestos a defeccionar y a dejar en banda a los gobiernos que se apoyaban en ellos; la expresión estaba ligada a las primeras experiencias hechas en África con las tropas indígenas mercenarias. La palabra «crumiro» se vincula a la ocupación de Túnez por parte de Francia con el pretexto inicial de rechazar hipotéticas tribus de Krumiros, que desde Túnez se habrían lanzado sobre Argel para el pillaje. Pero ¿cómo el término entró a formar parte del vocabulario especial del sindicalismo obrero? El término «negrito» debe de ser una derivación de «áscari», pero se usaba, más que para poner de relieve la inseguridad de la fidelidad y la facilidad de deserción, para destacar la actitud de servilismo y la predisposición a ejecutar los más bajos servicios, con gran desenvoltura. (Puede derivar también del hábito de tener servidores negros).

Bibliografías

En la bibliografía de un diccionario político y crítico es necesario tener en cuenta: 1) diccionarios o enciclopedias generales, en cuanto dan las explicaciones más comunes y difundidas (vulgares) de la terminología de las ciencias morales y políticas; 2) enciclopedias especiales, o sea, enciclopedias publicadas por las diversas corrientes intelectuales y políticas, como las católicas, etc.; 3) diccionarios políticos, filosóficos, económicos, etc., existentes en los diversos países; 4) diccionarios etimológicos generales y especiales, por ejemplo el de términos derivados del griego de Guarnerio, publicado por Vallardi. Así como la terminología adquiere diferentes contenidos según los tiempos y según las diferentes corrientes culturales, intelectuales y políticas, la bibliografía general teóricamente es indefinible, porque abarca toda la literatura general. Se trata de poner límites: un diccionario político y crítico limitado por un cierto nivel cultural y de carácter elemental, que tendría que presentarse como un ensayo parcial. Entre los libros generales recordar el de Mario Govi, *Fondazione della metodologia. Logica ed epistemologia*, Bocca, Turín, 1929, página 579, para las nociones históricas sobre la clasificación de las ciencias y otros problemas de método, etcétera.

Bog y Bogati[1]

Se ha observado que las relaciones entre Bog y Bogati son una coincidencia fortuita del desarrollo lingüístico de una determinada cultura nacional. Pero la observación no es exacta. En las lenguas neolatinas apareció el vocablo germánico «rico» para perturbar la relación que en latín exis-

---

1. Dios y rico (en ruso).

tía entre *deus, dives e divites, divitae* (abundancia, abundante, etc.). De un artículo de Alejandro Chiappelli, «Come s'inquadra il pensiero filosofico nell'economia del mondo», *Nuova Antologia* del 1 de abril de 1931, se pueden extraer elementos para mostrar que en todo el mundo occidental, a diferencia del asiático (India), la concepción de Dios está estrechamente conexa con la concepción de *propiedad* y de *propietario*: «... [el] concepto de propiedad, como es el centro de gravedad y la raíz de todo nuestro sistema jurídico, es la urdimbre de toda nuestra estructura civil y mental. Hasta nuestro concepto teológico se ha formado a menudo sobre tal concepto, y Dios es representado entonces como el gran propietario del mundo. La rebelión contra Dios en el *Paraíso perdido* de Milton, como también en el poema de Dante, se pinta como la temeraria tentativa de Satanás o de Lucifer de despojar al Omnipotente y de deponerlo de su altísimo trono. Un agudo colaborador, también director durante un tiempo del *Hibbert Journal* (Jacks, "The Universe as Philosopher", en *Hibbert Journal*, octubre de 1917, página 26), refería haber asistido a una conferencia en la que la prueba de la existencia de Dios era extraída de la necesidad de postular un propietario o poseedor del mundo. ¿Cómo se puede creer jamás que una propiedad tan grande, tan valiosa y fructífera no pertenezca a alguien? Y es en sustancia la misma pregunta que se hace, hablando consigo mismo, en el sublime monólogo, el pastor errante en Asia de Leopardi. Que haya habido o no una primera causa en el mundo puede dudarse. Pero la necesidad de un primer poseedor tiene que aparecer manifiesta e indudable». Chiappelli olvida que también en el *credo* Dios es llamado «creador y señor (*dominus*: patrón, propietario) del cielo y de la tierra».

Capitalismo antiguo

Sobre el capitalismo antiguo o, mejor, sobre el industrialismo antiguo, debe leerse el artículo de G. C. Speziale «Delle navi di Nemi e dell'archeologia navale», en la *Nuova Antologia* del 1 de noviembre de 1930 (polémica con el profesor Giuseppe Lugli, que escribía en *Pègaso*; artículos en los diarios de la misma época). El artículo de Speziale es muy interesante; me parece que exagera en la importancia que le da a las posibilidades industriales de la antigüedad (confrontar la cuestión sobre el capitalismo antiguo discutida en la *Nuova Rivista Storica*). Me parece que Speziale carece de la exacta noción de lo que era la «máquina» en el mundo clásico y de lo que es hoy (esta observación vale especialmente para Barbagallo y Cía.).

Las «novedades» sobre las que insiste Speziale ni siquiera exceden a las definiciones que de la máquina daba Vitruvio: o sea, instrumentos aptos para facilitar el movimiento y el transporte de cuerpos pesados (ver con exactitud la definición de Vitruvio) y por eso no son más que novedades relativas. La máquina moderna es una cosa bien diferente; no solo «ayuda» al trabajador, sino que lo «sustituye». Que las «máquinas» de Vitruvio incluso continúen existiendo junto a las «modernas» y que en tal dirección los romanos hubieran alcanzado una cierta perfección, todavía ignorada, puede ser, y no asombra, pero en eso no hay nada de «moderno» en el sentido exacto de la palabra, que es el establecido por la «revolución» industrial, o sea, la invención y difusión de máquinas que «sustituyen» al trabajo humano precedente.

«Científico». ¿Qué significa «científico»?

El equívoco en torno a los términos «ciencia» y «científico» nació del hecho de que tomaron su significado de un grupo determinado de ciencias, y precisamente de las ciencias naturales y físicas. Se llamó «científico» todo método que fuera similar al método de investigación y de examen de las ciencias naturales, convertidas en ciencias por excelencia, las ciencias fetiche. No existen ciencias por excelencia y no existe un método por excelencia, «un método en sí». Toda investigación científica se crea su método adecuado, su propia lógica, cuya generalidad o universalidad consiste solo en ser «conforme al fin». La metodología más genérica y universal no es otra que la lógica formal o matemática, o sea, el conjunto de instrumentos abstractos del pensamiento que se han venido descubriendo, depurando, refinando a través de la historia de la filosofía y de la cultura. Esta metodología abstracta, la lógica formal, es despreciada por los filósofos idealistas pero erróneamente: su estudio corresponde al estudio de la gramática, o sea, no solo corresponde a una profundización de las experiencias pasadas de metodología de pensamiento (de la técnica del pensamiento), a una absorción de la ciencia pasada, sino que es una condición para el desarrollo de la ciencia misma. Estudiar el hecho por el que la «lógica» formal se ha convertido más en una disciplina ligada a las ciencias matemáticas –Russell en Inglaterra, Peano en Italia–, hasta ser elevada, como en Russell, a la pretensión de «única filosofía» real. El punto de partida podría tomarse de la afirmación de Engels de que «científico» se contrapone a «utópico»; el subtítulo de la *Crítica social* de Turati ¿tiene el mismo significado que en Engels? Por cierto que no; para Turati, «científico» se aproxima al significado de «método propio de las ciencias físicas» (el subtítulo desapareció en cierto momento: ver cuándo; por cierto que ya en 1917), e incluso en este sentido es muy genérico y tendencioso.

Dubreuil, en el libro *Standards*, anota justamente que el adjetivo «científico», tan usado para acompañar las palabras dirección científica del trabajo, organización científica, etc., no tiene el significado pedantesco y amenazador que muchos le atribuyen, pero después no explica exactamente cómo debe ser entendido. En realidad, «científico» significa «racional», y más precisamente «racionalmente conforme al fin» a alcanzar, o sea, producir el máximo con el mínimo esfuerzo, obtener el máximo de eficiencia económica, etc., seleccionando y fijando racionalmente todas las operaciones y los actos que conducen al fin. El adjetivo «científico» se usa hoy exactamente, pero su significado puede ser reducido siempre al de «conforme con el fin», en cuanto tal «conformidad» es racionalmente (metódicamente) buscada mediante un análisis minucioso de todos los elementos (hasta la capilaridad) constitutivos y necesariamente constitutivos (eliminación de los elementos emotivos comprendidos en el cálculo).

Civiltà Cattolica

El movimiento de la *Civiltà Cattolica*: «Beatus populus cuius Dominus Deus eius» (págs. 143, 15). Los escritores de la revista traducen de este modo: «Feliz el pueblo que tiene a Dios por Señor». ¿Es exacta? La traducción es esta: «Feliz el pueblo que tiene por señor al propio Dios». O sea que el movimiento reproduce la exaltación de la nación hebrea y del Dios nacional hebreo que era el señor. ¿Ahora la *Civiltà Cattolica* quiere iglesias nacionales, como está implícito en el movimiento? (Confrontar la traducción de la Biblia hecha por Liuzzi para la verificación de textos).

Concepción melodramática de la vida

No es cierto que solo en algunos estratos inferiores de la inteligencia se pueda encontrar un sentido libresco y no innato de la vida. En las clases populares existe igualmente la degeneración «libresca» de la vida, que la dan no solo los libros, sino también otros instrumentos de difusión de la cultura y de las ideas. La música verdiana o, mejor, el libreto y la madeja de los dramas musicalizados por Verdi, son responsables de toda una serie de posturas «artificiosas» de la vida popular, de modos de pensar, de un «estilo». «Artificioso» no es tal vez la palabra justa, porque en los elementos populares esta artificiosidad asume formas ingenuas y conmovedoras. El barroco y el melodramatismo les parecen a muchos hombres de pueblo un modo de sentir y de actuar extraordinariamente fascinante, un modo de evacuar lo que tienen de bajo, de mezquino, de despreciable en su vida y en su educación, para penetrar en una esfera más selecta, de altos sentimientos y de nobles pasiones. Las novelas de folletín y de conventillo (toda la literatura edulcorada, meliflua, llorona) proporcionan héroes y heroínas; pero el melodrama es más contagioso porque las palabras musicalizadas se recuerdan más y forman como matrices en las que el pensamiento toma forma en su fluir. Observar el modo de escribir de muchos hombres de pueblo: está calcado sobre un cierto número de frases hechas. Por otra parte, el sarcasmo es muy corrosivo. Es necesario recordar que no se trata de un esnobismo diletante, sino de algo profundamente sentido y vivido.

Consejo de estado

Doble significado del término. En Italia, el Consejo de Estado ha tomado el significado de organismo judicial para los asuntos administrativos. Pero no es a este significado al que se refieren los publicistas ingleses cuando polemizan sobre la cuestión de si el Parlamento (Cámara de Diputados) puede y debe transformarse en un Consejo de Estado: se refieren a la cuestión del parlamentarismo como régimen de los partidos o al parlamentarismo que debe ser reducido a un cuerpo legislativo en régimen puramente constitucional, con el equilibrio de poderes roto en provecho de la Corona o del poder ejecutivo en general, o sea, reducido a las funciones del Consejo de Estado en régimen de absolutismo monárquico o dictatorial de derecha. En Italia, una huella de la vieja institución del Consejo de Estado se puede encontrar en el Senado, que no es una Cámara de la aristocracia (como en Inglaterra); no es electivo aunque más no sea de manera indirecta, como en Francia y en otros lugares, sino que es nombrado por el poder ejecutivo entre gente subordinada al poder de una fuerza determinada para poner límites a la expansión democrática y a la intervención popular en los problemas.

Coyuntura

Se puede definir la coyuntura como el conjunto de las circunstancias que determinan el mercado en una fase dada, solo si estas circunstancias son concebidas en movimiento, o sea, como un conjunto que da lugar a un proceso de combinaciones siempre nuevas, proceso que constituye el ciclo económico. Se estudia la coyuntura para prever y, por consiguiente también, dentro de ciertos límites, para determinar el ciclo económico en sentido favorable a los negocios. Por eso la coyuntura fue también definida como la oscilación de la situación económica, o el conjunto de las oscilaciones.

El origen de la expresión sirve para entender mejor el concepto. En italiano = fluctuación económica. Ligada a los fenómenos de la posguerra muy rápidos en el tiempo. En italiano el significado de «ocasión económica favorable o desfavorable» permanece vinculado con la palabra «coyuntura». Diferencia entre «situación» y «coyuntura»: la coyuntura sería el complejo de rasgos inmediatos y transitorios de la situación económica, y por este concepto habría que entender entonces los rasgos más fundamentales y permanentes de la situación misma. El estudio de la coyuntura está por lo tanto ligado más estrechamente a la política inmediata, a la «táctica» y a la agitación, mientras que la «situación» lo está a la «estrategia» y a la propaganda, etcétera.

Cumbres de mando. Palancas de mando

Expresiones usadas en diferentes lenguas para decir la misma cosa. La expresión «cumbres de mando» tiene tal vez un origen de carácter militar; la de «palanca de mando», uno evidentemente industrial. En la lucha es necesario tener las cumbres y las palancas de mando, que se llaman también las claves de la situación, etc.; o sea, cuando se tienen fuerzas determinadas y limitadas, es necesario distribuirlas de modo que se tengan a mano las posiciones estratégicas que dominan el conjunto de la situación y permiten guiar el desarrollo de los acontecimientos. (Un capitán que se acuartelase en el fondo de un valle, y no se preocupara de ocupar y dominar las cimas circundantes y los pasos obligados, podría ser rodeado fácilmente, hecho prisionero o ser destruido aunque tuviera predominio numérico: un cañón de grueso calibre en el fondo de un barranco o en una cima tiene diferente potencialidad, etcétera).

Demiurgo

Del significado original de «trabajador para el pueblo, para la comunidad» (artesano) hasta los significados actuales de «creador», etc. (Confrontar los escritos de Filippo Burzio).

Doctrinarios, etcétera[2]

El carácter «doctrinario» (estrictamente entendido) de un grupo puede ser establecido por su actividad real (política y organizativa) y no por el contenido «abstracto» de la doctrina misma. Un grupo de «intelectuales», por el hecho mismo de constituirse en una cierta medida cuantitativa, muestra representar «problemas sociales», cuya solución ya existe o está en vías de aparecer. Se llama «doctrinario» porque representa no solamente intereses inmediatos, sino también aquellos futuros (previsibles) de un cierto grupo: es «doctrinario» en sentido peyorativo cuando se mantiene en una posición puramente abstracta y académica, y, de acuerdo con las «condiciones ya existentes o en vías de aparición», no se esfuerza por organizar, educar y dirigir una fuerza política correspondiente. En tal sentido, los «jacobinos» no han sido en lo más mínimo «doctrinarios».

Doctrinario significaría más esencialmente «enemigo de los compromisos», «fiel a los principios». Palabra tomada del lenguaje político francés. *Partido de doctrinarios* bajo Carlos X y Luis Felipe: Royer-Collard, Guizot, etcétera.

Empirismo

Significado equívoco del término. Por lo común se emplea el término empirismo en el sentido de no científico. Pero también se emplea en el sentido de no categórico (propio de las categorías filosóficas) y, por consiguiente, de «concreto» y real en el sentido «material» de la palabra. Realidad empírica y realidad categórica, etc. Para Croce, por ejemplo, las ciencias filosóficas son las únicas y verdaderas ciencias, mientras que las ciencias físicas o exactas son «empíricas» y abstractas, porque para el idealismo la naturaleza es una abstracción convencional, «cómoda», etcétera.

---

2. *Teóricos, doctrinarios y abstractos*, pág. 213.

Epígonos y diádocos

Hay quien emplea el término «epígono» de modo bastante curioso y elabora en torno a él toda una teoría muy extraña y deshilvanada. ¿Por qué los epígonos tienen que ser inferiores a los progenitores? ¿Por qué habría que ligar el concepto de epígono al de degenerado? En la tragedia griega, los «epígonos» llevaron realmente a cabo la empresa que los *Siete de Tebas* no consiguieron realizar. El concepto de degeneración está, en cambio, ligado al de los diádocos, los sucesores de Alejandro.

Espíritu de cuerpo

En el mejor sentido del término podría significar el acuerdo de las intenciones y de la voluntad, la compacta unidad moral para la que importa que las cosas buenas sean hechas en interés del todo único, no importa si por uno u otro miembro del todo. De ordinario, sin embargo, «espíritu de cuerpo» ha asumido un significado peyorativo, o sea, de «defensa» del todo contra las sanciones por el mal realizado por los individuos. Y se comprende cuál es el origen de la degeneración: es una falsa comprensión de lo que es el «todo». Se asume por «todo» solo una fracción del mismo, una fracción, se entiende, subordinada, y a través de la «fuerza», dada por el espíritu de cuerpo, se tiende y se intenta hacer prevalecer la parte (subordinada al todo, para ejercitar un poder indirecto si no es posible el directo) y obtener privilegios. Si se analiza, aún se ve que en la raíz de tal espíritu de cuerpo está la ambición de una persona o de un pequeño grupo de personas (que se llama entonces «pandilla», «conventículo», «cuadrilla», «camaradería», etc.). El elemento burocrático, civil, pero especialmente el militar, tiene gran tendencia al espíritu de cuerpo que conduce a la formación de «castas». El elemento moral y psicológico más fuerte del espíritu de cuerpo es el punto de honor, del honor del cuerpo, se entiende, que crea las pasiones más desviadas y perjudiciales. La lucha contra el espíritu de cuerpo perjudicial es la lucha del todo contra la parte, de la colectividad contra las ambiciones de los individuos y contra los privilegios, del Estado contra las castas y las «asociaciones delictivas».

Estadolatría

Posición de cada grupo social hacia el propio Estado. El análisis no sería exacto si no se tuviesen en cuenta las dos formas en las que el Estado se presenta en el lenguaje y en la cultura de determinadas épocas, o sea, como sociedad política y como sociedad civil, como «autogobierno» y como «gobierno de funcionarios». Se da el nombre de «estadolatría» a una determinada posición frente al «gobierno de los funcionarios» o sociedad política, que en el lenguaje común es la forma de vida estatal a la que se da el nombre de Estado y que vulgarmente es entendida como todo el Estado. La afirmación de que el Estado se identifica con los individuos (con los individuos de un grupo social) como elemento de cultura activa (esto es, como movimiento para crear una nueva civilización, un nuevo tipo de hombre y de ciudadano) debe servir para determinar la voluntad de construir en la envoltura de la sociedad política una compleja y bien articulada sociedad civil, en la cual el individuo se gobierne por sí sin que por esto su autogobierno entre en conflicto con la sociedad política, incluso convirtiéndose en su normal continuación, en su complemento orgánico. Para algunos grupos sociales, que antes del acceso a la vida estatal autónoma no tuvieron un largo período de desarrollo cultural y moral propio e independiente (como en la sociedad medieval y en los gobiernos absolutos se había hecho posible por la exigencia jurídica del Estado a las órdenes privilegiadas), un período de estadolatría es necesario e incluso oportuno; esta «estadolatría» no es otra cosa que la forma normal de «vida estatal», de iniciación al menos a la vida estatal autónoma y a la creación de una «sociedad civil» que históricamente no fue posible crear antes del acceso a la vida estatal independiente. Todavía esta tal «estadolatría» no debe ser abandonada a sí misma, no debe sobre todo transformarse en fanatismo teórico y ser concebida como «perpetua»: debe ser criticada, justamente para que se desarrolle y produzca nuevas formas de vida estatal, en las cuales la iniciativa de los individuos sea «estatal», aunque no sea debida al «gobierno de los funcionarios» (convertir en espontánea la vida estatal).

Facción

El término sirve hoy para indicar generalmente una cierta degeneración del espíritu de partido, una cierta unilateralidad extremista-fanática, exclusivista, alejada de los compromisos, incluso y especialmente sobre cuestiones secundarias y subordinadas; el punto de vista de tal juicio es el espíritu nacional, o sea, un cierto modo de concebir la dirección política de un país. «Facción» y «faccioso» son adoptados por los partidos de derecha contra sus adversarios, los que han respondido con los términos de «camarilla», de «espíritu de camarilla», etc., para indicar la tendencia de ciertos agrupamientos políticos gubernativos a identificar sus intereses particulares con los del Estado y de la nación, y a defenderlos con un igual fanatismo y exclusivismo. La palabra «facción», que es de origen militar (probablemente), se ha transformado en común en Italia para indicar los partidos que disputaban entre sí en las Comunas medievales, etc., y está implícito en el uso el concepto de que tales luchas impidieron la unificación nacional hasta el Risorgimento, o sea, toda una concepción antihistórica del desarrollo nacional italiano. «Facción» indica el carácter de las luchas políticas medievales, exclusivistas, tendientes a destruir físicamente al adversario, no a crear un equilibrio de partidos en un todo orgánico con la hegemonía del partido más fuerte, etc. «Partido» es parte de un todo; «facción» es fuerza armada que sigue las leyes militares exclusivistas, etcétera.

Funcionarios y funciones

¿Qué significa, desde el punto de los «funcionarios» y de las «funciones», la separación entre precios al por mayor y precios al menudeo? Que existe un «ejército» de funcionarios que se comen la diferencia a costa del consumidor y del productor. ¿Y qué significan las quiebras que ascienden a cifras hiperbólicas? Que los «concursos» para este ejército de funcionarios van enormemente mal, y son «concursos» de un tipo especial: los «bochados» destruyen una ingente maza de riqueza y son bochados solo *pro tempore*, y aun «bochados» vuelven a funcionar y a destruir nueva riqueza. ¿Cuántos funcionarios de esos existen? Ellos mismos se crean las funciones, se asignan el estipendio y ponen aparte la pensión.

Gallito rojo

Del francés *coq rouge*, término que tiene que ser de origen campesino e indica el incendio declarado por razones políticas en las luchas de facciones y en las *jacqueries*. Se podría recordar la llamada táctica del fósforo predicada por Michelino Bianchi y Umberto Pasella en las campañas emilianas durante el predominio sindicalista hacia 1906.

Genios nacionales

Toda nación tiene su poeta o escritor, en el cual resume la gloria intelectual de la nación y de la raza: Homero para Grecia, Dante para Italia, Cervantes para España, Camoens para Portugal, Shakespeare para Inglaterra, Goethe para Alemania. Es de hacer notar que Francia no tiene ninguna de estas grandes figuras que sea representativa sin discusión; tampoco la tienen los Estados Unidos. ¿Para Rusia se podría hablar de Tolstoi? ¿Para China de Confucio? El hecho francés es notable porque Francia tradicionalmente es un país unitario por excelencia (¿Victor Hugo?) también en el campo de la cultura, incluso especialmente en este. La fecha en la que aparecieron estas figuras en la historia de cada nación es un elemento interesante para fijar la contribución de cada pueblo a la civilización común y también su «actualidad cultural». Como «elemento ideológico» actualmente operante, ¿refracta gloria sobre Grecia la grandeza de Homero? Los admiradores de Homero se han acostumbrado a distinguir la Grecia antigua de la moderna.

Me he referido a la importancia cultural que en cada país tuvieron los grandes genios (como Shakespeare para Inglaterra, Dante para Italia, Goethe para Alemania). De los que son operantes aún hoy, o que lo eran en la preguerra, solo dos: Shakespeare y Goethe, especialmente este último, por la singularidad de su figura. Se ha afirmado que el oficio de estas grandes figuras es el de enseñar, como filósofos, lo que debemos creer, como poetas, lo que debemos intuir (sentir), como hombres, lo que debemos hacer. Pero ¿cuántos pueden entrar en esta definición? Dante no, por su alejamiento en el tiempo y por el período que expresa, el pasaje del Medioevo a la edad moderna. Solo Goethe mantiene siempre cierta actualidad, porque expresa en forma serena y clásica lo que en Leopardi, por ejemplo, es todavía turbio romanticismo: la fe en la actividad creadora del hombre, en una naturaleza vista no como enemiga y antagonista, sino como una fuerza para conocer y dominar, con el abandono sin pesar ni desesperación de las «fábulas antiguas», de las que se conserva el perfume de poesía, que las hace aún más muertas como creencia y fe. Debe verse el libro de Emerson *Hombres representativos* y *Los héroes* de Carlyle.

Hierocracia-teocracia

«Un gobierno en el cual tienen participación e injerencia legal el clero, el Papa u otras autoridades eclesiásticas» sería más exactamente hierocrático; pero puede haber también un gobierno «que actúa por impulsos religiosos y subordina leyes, vínculos de vida civil y costumbres a los dictámenes religiosos», que sin estar compuesto por eclesiásticos sea teocrático. En realidad, elementos de teocracia subsisten en todos los Estados en los que no exista neta y radical separación entre Iglesia y Estado, pero el clero ejercita funciones públicas de cualquier género y la enseñanza de la religión es obligatoria o existen concordatos (trastrocamiento de la máxima de Maquiavelo: *regnum instrumentum religionis*).

Homo homini lupus

Éxito obtenido por esta expresión en la ciencia política, pero especialmente en la ciencia política de los filisteos de farmacia provinciana. Parece que el origen de la fórmula se encuentra en una más vasta debida a los eclesiásticos medievales, en latín vulgar: *Homo homini lupus, foemina foeminae lupior, sacerdos sacerdoti lupissimus.*

Iniciativa individual. (Argumento conexo con el de la «estadolatría»)[3]

Elementos para plantear la cuestión: identidad-distinción entre sociedad civil y sociedad política, y, por consiguiente, identificación orgánica entre individuos (de un determinado grupo) y Estado, según la cual «todo individuo es funcionario» no en cuanto sea empleado a sueldo del Estado y supeditado al control «jerárquico» de la burocracia estatal, sino en tanto, «al actuar espontáneamente», su activismo se identifica con los fines del Estado (o sea, del grupo social determinado o sociedad civil). La iniciativa individual no es por eso una hipótesis de «buena voluntad», sino un presupuesto necesario. Pero «iniciativa individual» se entiende en el campo económico, y precisamente se entiende en el sentido de iniciativa de carácter «utilitario» inmediato y estrictamente personal, con la apropiación del beneficio que la misma iniciativa promueve en el interior de un determinado sistema de vínculos jurídicos. Pero no es esta la única forma de iniciativa «económica» históricamente manifestada (catálogo de las grandes iniciativas individuales que han terminado en desastre en los últimos decenios: Kreuger, Stinnes; en Italia,

---

3. Ver pág. 195.

los hermanos Perrone; son útiles a este fin los libros de Lewinsohn). Se tienen ejemplos de tales iniciativas no «inmediatamente interesadas», o sea, «interesadas» en el sentido más elevado, del interés estatal o del grupo que constituye la sociedad civil. Un ejemplo admirable es la misma «alta burocracia» italiana, cuyos componentes, si quisieran emplear para la apropiación económica personal cualidades de organizadores y de especialistas de que están dotados, tendrían la posibilidad de crearse una posición financiera mucho más elevada que la que les proporciona el Estado empresario: no se puede decir que la idea de la jubilación los mantenga fieles al empleo del Estado, como sucede con el estrato burocrático más bajo.

Inteligencia

«A menudo lo que la gente llama "inteligencia" no es más que la facultad de entender las verdades secundarias en menoscabo de las verdades fundamentales». «Lo que mayormente nos puede desesperar de los hombres es la frivolidad». (Dos aforismos de Ugo Bernasconi en *Pègaso* de agosto de 1930: «Parole alla buona gente»). Esta inteligencia es llamada también genéricamente «talento» y se evidencia en ese tipo de polémica superficial, dictada por la vanidad de pareceres diferentes y de la no aceptación de la autoridad de nadie, por la cual se intenta contraponer, como objeción a una verdad fundamental, toda una serie de verdades parciales o secundarias. La «frivolidad» a menudo puede verse en la bobería formalista: así, se llama «frivolidad» en ciertos intelectuales y en las mujeres lo que en política, por ejemplo, es justamente bobería y provincialismo mezquino.

Libertad, disciplina

Al concepto de libertad tendría que acompañarlo el de responsabilidad que genera la disciplina, y no directamente la disciplina que se entiende como impuesta desde fuera, como limitación coactiva de la libertad. Responsabilidad contra arbitrio individual: la única libertad es la «responsable», o sea «universal», en cuanto se pone como aspecto individual de una «libertad» colectiva o de grupo, como expresión individual de una ley.

Mandar y obedecer

¿En qué medida es cierto que obedecer es más fácil que mandar? Mandar es propio del caporalismo. Esperar pasivamente las órdenes. En la obediencia hay un elemento de mando y en el mando un elemento de obediencia (automando y autoobediencia). El *perinde ac cadáver* de los jesuitas.[4] El carácter del mando y de la obediencia en el orden militar. ¿Es necesario obedecer sin comprender hacia dónde conduce la obediencia y a qué fin tiende? Se obedece en este sentido, voluntariamente, es decir, libremente, cuando se comprende que se trata de fuerza mayor, pero para que se esté convencido de la fuerza mayor es necesario que exista colaboración efectiva cuando la fuerza mayor no existe. Mandar por mandar es caporalismo; en cambio, se manda para alcanzar un fin, no solo para cubrir las propias responsabilidades jurídicas: «He dado la orden: no soy responsable si no se la ha seguido o si se la ha seguido mal; responsable es el ejecutor que ha faltado». El mando del director de orquesta: acuerdo preventivo alcanzado, colaboración, el mando es una función distinta, no impuesta jerárquicamente.

Máquina

Artículo de Metron, «La diffusione della macchina», en *Corriere della Sera* del 15 de marzo de 1932. Significado más amplio del concepto de máquina: en Oriente se considera máquina la navaja de seguridad tanto como el automóvil. En Occidente se llama máquina desde el instrumento para cocinar o para escribir al motor eléctrico o la máquina de vapor. Para Metron son cosas diferentes: para él la verdadera máquina es la que «permite la utilización de las energías naturales» (fórmula equívoca, porque también la navaja de seguridad y la palanca de Arquímedes permiten utilizar energías naturales no utilizadas antes); las otras son, para hablar con exactitud, solo utensilios o transmisiones. «Las máquinas utensilios mejoran, hacen más perfecto el trabajo humano; las máquinas motrices sustituyen del todo a aquel. La verdadera revolución se debe en el mundo no a las máquinas que como las de escribir o cocinar tienen siempre necesidad del motor hombre, sino a aquellas máquinas que eliminan del todo el esfuerzo muscular».

Observa Metron: «Según los cálculos contenidos en un estudio publicado con ocasión de la conferencia mundial sobre energía que tuvo lugar

---

4. Como un cadáver *(N. del T.)*.

en 1930 en Berlín, la energía mecánica de cualquier origen (carbón, combustibles minerales, caídas de agua, etc.), consumida en el curso de un año por la humanidad entera, se puede evaluar en cerca de un trillón setecientos mil kilovatios hora por persona. Ahora bien, 900 kilovatios hora representan cerca de diez veces el trabajo que un hombre fuerte puede hacer en un año. En resumen, por cada hombre de carne y hueso y en su beneficio, trabajan otros diez hombres metálicos. Si este proceso continuara, conduciría a una forma ideal de ocio, no el ocio que embrutece sino el que eleva: o sea, la fuerza muscular completamente a disposición del hombre que solo tendría que trabajar con el cerebro, vale decir en la forma más noble y ambiciosa». Esto fue escrito en 1932, es decir, cuando, justamente en los países donde «los hombres metálicos» trabajan para los otros hombres en proporciones enormemente superiores a la media mundial, existe la más terrible crisis de ocio forzado y de degradante miseria. ¡También este es un opio de la miseria! En realidad, la distinción hecha por Metron entre máquinas motrices y máquinas utensilios, con el predominio revolucionario de las primeras, no es exacta: las máquinas motrices han «agrandado» el campo del trabajo y de la producción, han hecho posibles cosas que antes de su descubrimiento eran imposibles o casi. Sin embargo, las máquinas utensilios son las que realmente han sustituido el trabajo humano y han cambiado toda la organización humana de la producción. Observación justa: que de 1919 en adelante la innovación de mayor importancia es la introducción en las fábricas del transporte mecánico del material, de los hombres y de los convoyes. Por otra parte, la cuestión del predominio de las máquinas motrices o de las máquinas utensilios es ociosa fuera de ciertos límites: importa para establecer el límite entre la antigüedad y la modernidad. Por otra parte, hay también entre las máquinas utensilios diferenciaciones, etcétera.

Medioevo

Confrontar Luigi Sorrento, *Medioevo, il termine e il concetto*, Editrice Vita e Pensiero, Milán, 1931, en 8.°, 54 páginas. Sorrento es profesor en la Universidad del Sacro Cuore (y la publicación es justamente un discurso pronunciado en esta universidad), y es de imaginar que estudia el tema desde un punto de vista católico y apologético y también dentro de los límites histórico-literarios, o sea, sin ocuparse del contenido económico-social del concepto de Medioevo. Sería necesario, en cambio, estudiar de modo completo el tema para entender la distinción entre el Medioevo y la edad del mercantilismo y de las monarquías absolutas, que por costumbre se incluyen en el Medioevo (*ancien régime* muy difundidamente se confunde con Medioevo, mientras que justamente es la edad del mercantilismo y de las monarquías absolutas, cerrada con la Revolución francesa). El opúsculo de Sorrento será, sin embargo, útil para la indicación de las fuentes literarias.

Mística

En italiano, el término «mística» no coincide con el francés *mystique*; también en italiano se ha empezado a difundir con el significado francés, pero de modo extraño porque el significado francés, que es evidentemente crítico y peyorativo, se está aceptando con significado «positivo» y no con sentido despectivo. La «mística» no puede ser diferenciada del fenómeno del «éxtasis», o sea, de un estado nervioso particular en el cual el sujeto «siente» que entra directamente en contacto con Dios, con lo Universal, sin necesidad de mediadores (por eso los católicos desconfían del misticismo, que desprecia a la iglesia intermediaria). Se comprende por qué los franceses han introducido el término «mística» en el lenguaje político: quieren significar un estado de ánimo de exaltación política no racional ni razonada, sino un fanatismo permanente, incoercible a las demostraciones corrosivas, que luego no es otra cosa que las «pasiones» de las que habla Croce o el «mito» de Sorel, juzgado por cerebros cartesianamente logicistas; se habla, por tanto, de una mística democrática, parlamentaria, republicana. Positivamente se habla de mística (como en la «escuela de mística fascista» de Milán) por no usar los términos de religiosidad o directamente de «religión». En la disertación introductoria de Arnaldo Mussolini para el tercer año de la escuela de mística fascista («Conciencia y deber», publicada en el semanario *Gente nostra* del 13 de diciembre de 1931), se dice entre otras cosas: «Se ha afirmado que vuestra escuela de mística fascista no tiene el nombre adecuado. Mística es una palabra que se asigna a algo divino, y cuando se la trae fuera del campo rígidamente religioso se adapta a muchas ideologías inquietas, vagas, indeterminadas. Desconfiad de las palabras, y sobre todo de las palabras que pueden tener varios significados. Es cierto que alguien podría responderme que con la palabra "mística" se ha querido poner en evidencia las relaciones necesarias entre lo divino y el espíritu humano que es su derivación. Acepto esta tesis sin demorarme en una cuestión de palabras. En el fondo no son estas las que cuentan: es el espíritu el que vale. Y el espíritu que os anima está en justa relación con el correr del tiempo que no conoce diques, ni tiene límites críticos: mística es una apelación a una tradición ideal que revive transformada y recreada en vuestro programa de jóvenes fascistas renovadores». Al significado de «mística» francés se aproxima el de «religión», tal como lo usa Croce en la *Storia d'Europa*.

Nacional-popular

He escrito algunas notas[5] para señalar cómo las expresiones «nación» y «nacional» tienen en italiano un significado mucho más limitado del que en otras lenguas tienen las palabras correspondientes de los diccionarios respectivos. La observación más interesante se puede hacer para el chino, donde los intelectuales están muy distanciados del pueblo: para traducir la expresión china *Sen Min-ciu-i*, que indica los tres principios de la política nacional-popular de Sun Yat-sen, los jesuitas han escogido la fórmula de «triple demismo» (escogida por el jesuita italiano D'Elia en la traducción francesa del libro de Sun Yat-sen, *Le triple démisme de Suen Wen*). Confrontar la *Civiltà Cattolica* del 4 y del 18 de mayo de 1929, donde la fórmula china *Sen Min-ciu-i* es analizada en su composición gramatical china y comparada con varias traducciones posibles.

Nariz de Cleopatra

Buscar el sentido exacto que Pascal daba a esta expresión que se ha hecho famosa (está contenida en los *Pensées*), y su vinculación con las opiniones generales del escritor. (Frivolidad de la historia de los hombres, pesimismo jansenista).

No se puede destruir sin crear

La afirmación de que «no se puede destruir sin crear» está muy difundida. Ya antes de 1914 la he leído en la *Idea Nazionale*, que era también un *bric-à-brac* de banalidades y de lugares comunes. Cada grupo o grupito que cree ser portador de novedades históricas (y se trata de antigüedades con un poco de barba) se proclama orgullosamente destructor-creador. Es necesario cortar la banalidad de la afirmación transformada en banal.

---

5. Cfr. A. Gramsci, *Letteratura e vita nazionale*, Einaudi, Turín, 1950, pág. 103 y sigs. Edición en castellano: Lautaro, Buenos Aires, 1961, pág. 123 y sigs.

No es cierto que «destruye» todo el que quiera destruir. Destruir es muy difícil, tan difícil como crear. Porque no se trata de destruir cosas materiales, se trata de destruir «relaciones» invisibles, impalpables, aunque se escondan en las cosas materiales. Es destructor-creador el que destruye lo viejo para esclarecer, para hacer aparecer lo nuevo que se ha transformado en «necesario», y urge implacablemente en el umbral de la historia. Por eso se puede decir que se destruye en cuanto se crea. Muchos sedicentes destructores no son otra cosa que «procuradores de fallidos abortos», pasibles del código penal de la historia.

«Not representation without labour»

La vieja máxima inglesa «Not representation without labour», recordada por Augus («Britannia, quo vadis?», *Nuova Antologia*, 16 de enero de 1930) para sostener que habría que sacar el voto a los desocupados para resolver el problema de la desocupación (o sea, para que se forme un gobierno que reduzca al mínimo el fondo de la desocupación), ¿cuándo ha sido practicada, por quién, cómo?, ¿y cómo se la entendía?

Oficial

El término «oficial», especialmente en las traducciones de lenguas extranjeras (en primer lugar del inglés), da lugar a equívocos, a incomprensión y... a estupor. En italiano, el significado de «oficial» ha venido restringiéndose cada vez más y hoy indica solamente a los oficiales del ejército; en el más amplio sentido, se ha conservado el término solo en algunas expresiones transformadas en idiomáticas y de origen burocrático: «oficial público», «oficial del estado civil», etc. En inglés, *official* designa toda clase de funcionario (para oficial del ejército se usa *officer*, que designa, no obstante, al funcionario en general del mismo modo), no solo del Estado sino también privado (funcionario sindical). (Sería útil, sin embargo, hacer una investigación más precisa de carácter histórico, jurídico, político).

Opinión pública

Lo que se llama «opinión pública» está estrechamente conexo con la hegemonía política, es el punto de contacto entre la «sociedad civil» y la «sociedad política», entre el consenso y la fuerza. El Estado, cuando quiere iniciar una acción poco popular, crea preventivamente la opinión pública adecuada, o sea, organiza y centraliza ciertos elementos de la sociedad civil. Historia de la «opinión pública»: naturalmente, elementos de opinión pública han existido siempre, incluso en satrapías asiáticas; pero la opinión pública como hoy se entiende nació en vísperas de la caída de los Estados absolutos, o sea, en el período de lucha de la nueva clase burguesa por la hegemonía política y la conquista del poder. La opinión pública es el contenido político de la voluntad política pública que podría ser discordante; por eso existe la lucha por el monopolio de los órganos de opinión pública: diarios, partidos, Parlamento, de modo que una sola fuerza modele la opinión y, por consiguiente, la voluntad política nacional, dispersando a los disidentes en un polvillo individual inorgánico.

Entre los elementos que recientemente han turbado el normal gobierno de la opinión pública por parte de los partidos organizados y definidos en torno a programas definidos, debe ponerse en primer lugar a la prensa amarilla y a la radio (donde esté muy difundida). Ellas dan la posibilidad de suscitar extemporáneamente motivaciones de pánico o de entusiasmo ficticio que permiten el cumplimiento de objetivos determinados, en las elecciones por ejemplo. Todo esto está ligado al carácter de la soberanía popular que se ejercita una vez cada 3-4-5 años: basta tener el predominio ideológico (o mejor emotivo) en ese día determinado para poseer una mayoría que dominará durante 3-4-5 años, incluso si, pasada la emoción, la masa electoral se separa de su expresión legal (país legal no es lo mismo que país real). Más que los partidos, son los sindicatos profesionales libres los organismos que pueden impedir o limitar este *boom* de la opinión pública; y por eso nace la lucha contra los sindicatos libres y la tendencia a someterlos a control estatal. Todavía la parte inorganizable de la opinión pública (especialmente las mujeres, donde tienen voto) hace de tal forma posible la realización de los *booms* y los golpes de mano electorales aun donde la prensa amarilla está muy difundida, al igual que la radio (en monopolio controlado por el gobierno). Uno de los problemas de técnica política que se plantean hoy pero que las democracias no consiguen resolver es precisamente este: crear organismos intermedios entre las grandes masas, inorganizables profesionalmente (o difícilmente organizables), los sindicatos profesionales, los partidos y las asambleas legislativas. Los consejos comunales y provinciales tuvieron en el pasado una función más o menos cercana a esta, pero actualmente han perdido importancia. Los Estados modernos tienden al máximo de concentración, mientras se desarrollan por reacción las tendencias federativas y localistas; mientras el Estado oscila entre el despotismo central y la completa disgregación (hasta la «confederación de los tres oprimidos»).

Organización corporativa medieval

Vestigios de la organización corporativa medieval: 1) la Compagnia della Caravana en Génova entre los trabajadores del puerto; sobre ella debe de existir cierta literatura; 2) en Rávena existe todavía la llamada *Casa matha*, resto de una *escuela psicatoria* que se remontaría al año 1000. *Matha* derivaría del griego *matheis*, «estera», y aludiría a las cabañas de esteras de juncos acuáticos donde encontraban reparo los primeros pescadores de la Rávena bizantina. De la «Sociedad de los hombres de la Casa matha» trataría un historiador Bard; el analista de Rávena Agnello citaría la *escuela piscatoria* por el 733 (pero ¿es la misma?); L. A. Muratori la mencionaría por el 943 (pero ¿es la misma cosa?). La «Sociedad de los hombres de la Casa matha» tiene estatutos que se remontan a 1304; el presidente se llama «primo massaro».[6] En 1887 se renovaron los estatutos, que abolieron las ceremonias religiosas con las que se abrían las asambleas. Una norma estatutaria establece que, apenas iniciada la asamblea, se cierren las puertas para impedir a los retrasados (que serán multados) unirse con los presentes y a los presentes irse antes de que terminen las tareas. Hoy los socios se dividen en «ordinarios» y de «delantal» (vendedores de pescado y pescadores), y son en total 150. En la actualidad la sociedad administra una escuela náutica que absorbe la mayor parte de las rentas sociales, pero continúa la obra de asistencia. Una investigación sobre la lengua de las organizaciones obreras antes de la constitución de la C.G.L.: el término «cónsul», por ejemplo, que se mantenía en los primeros «fascios» obreros del Partido obrero, etcétera.

«Paritario y paritético»

El significado de «paritario» y de «paritético» es de los más interesantes y «significativos». Significa que 1.000.000 tiene los mismos derechos que 10.000, a veces que uno tiene los mismos derechos que 50.000. ¿Qué significa paritario en las fábricas Schneider de Creusot? ¿Qué significa

---

6. «Massaro» puede traducirse por capataz o caudillo *(N. del T.)*.

paritario en el consejo nacional para la industria de los mineros de carbón en Inglaterra? ¿Qué significa en el consejo directivo de la U.I.L. de Ginebra? ¿Entre quién se establece la paridad?

Lo curioso es que los más animosos sostenedores del paritarismo son los católicos, para los cuales una persona (un alma) tendría que ser de igual valor que otra, etc.; pero ya Rosmini quería que el poder representativo fuese establecido no de acuerdo con el «alma inmortal», igualmente querida por Dios, sino de acuerdo con la propiedad. ¡Qué espiritualismo!

Postulado

Especialmente en las ciencias matemáticas, se entiende por «postulado» una proposición que, sin poseer la evidencia inmediata y la indemostrabilidad de los axiomas, sin por otra parte poder demostrarse como un teorema, está sin embargo provista, a partir de los datos de la experiencia, de una tal verosimilitud que incluso el adversario puede aceptarla o consentirla y puede ser base, por consiguiente, de demostraciones. El postulado, por lo tanto, es en este sentido una proposición requerida para los fines de la demostración y la construcción científicas. En el uso común, en cambio, *postulado* significa un modo de ser y de obrar que se desea realizar (o conservar, si ya fue realizado o también que se quiere y en ciertos casos *se debe* cumplir o conservar), o se afirma como resultado de una indagación científica (historia, economía, fisiología, etc.). Por eso, a menudo se confunde (o se mezcla) el significado de «reivindicación», de *desiderata*, de «exigencia», y los de «postulado» y «principio»; los postulados de un partido político o de un Estado serían sus «principios» prácticos, de los que se infieren inmediatamente las reivindicaciones de carácter más concreto y particular (ejemplo: la independencia de Bélgica es un postulado de la política inglesa, etcétera).

Privilegios y prerrogativas

Fijar los significados históricos de los dos términos. Me parece que si es un estado moderno puede ser absurdo hablar de «privilegios» de determinados grupos sociales, no lo es tanto hablar de «prerrogativas». Por otra parte, de prerrogativas no se puede hablar sino con referencia a los cuerpos constituidos y a las funciones políticas, no como beneficios en la vida económica: la prerrogativa no puede dejar de estar «estrictamente» ligada a las funciones sociales y al desarrollo de determinados deberes. Por eso se debe ver si los «privilegios» no son «prerrogativas» degeneradas, o sea, revestimientos sin contenido social y funcional, beneficios mantenidos parasitariamente incluso cuando las funciones que los justificaban habían muerto o se habían desplazado a un nuevo grupo social, que tenía, por consiguiente, el gravamen funcional sin tener todos los medios jurídicos-políticos para desarrollarlo regularmente. Es de destacar que los conceptos de privilegio y de prerrogativa eran conceptos originariamente jurídicos, y han sido el contenido de toda una época de la historia de los Estados: se convirtieron en conceptos morales de reprobación solo cuando justamente no correspondieron más a los servicios sociales y estatales necesarios. «Prerrogativas de la Corona» es la frase más común que utiliza hoy el término «prerrogativa». Si es exacta la teoría constitucional según la cual la función de la corona de representar la soberanía, sea en el sentido estatal o en el de dirección político-cultural (es decir, ser árbitro en las luchas internas de los sectores dominantes, la clase hegemónica y sus aliados), está pasando a los grandes partidos de tipo «totalitario», es evidente que a tales partidos pasan las prerrogativas correspondientes. Por eso deben estudiarse las funciones del Gran Consejo, que tiende a transformarse en un «Consejo de Estado» en el viejo sentido (o sea, con las viejas atribuciones), pero con funciones mucho más radicales y decisivas.

Reich

Para el significado del término *Reich*, que no significa del todo «imperio» (he visto que en *Gerarchia* ha sido traducido alguna vez como «reino»), observar que existe en todas las lenguas germánicas y aparece en el término correspondiente a *Reichstag* en las lenguas escandinavas, etc.; parece que *Reich* es término germánico para indicar genéricamente el «Estado» territorial. Así, la *Commonwealth* de las naciones británicas no puede ser traducida como «república», aunque también signifique «república».

Religión y política

Un argumento para estudiar es este: si existe un vínculo y cuál es entre la unidad religiosa de un país y la multiplicidad de los partidos y viceversa, entre la unidad relativa de los partidos y la multiplicidad de las iglesias y sectas religiosas. Se observa que en los Estados Unidos, donde los partidos políticos eficientes son dos o tres, existen centenares de iglesias y sectas religiosas; en Francia, donde la unidad religiosa es notable, existen decenas y decenas de partidos. Lo que hace reflexionar es el caso de la Rusia zarista, donde los partidos políticos normal y legalmente no existían o eran reprimidos y existía la tendencia a la multiplicidad de sectas religiosas muy impregnadas de fanatismo. Ello se podría explicar observando que tanto el partido como la religión son formas de concepción del mundo y que la unidad religiosa es aparente como es aparente la unidad política: la unidad religiosa esconde una real multiplicidad de concepciones del mundo que encuentran expresión en los partidos, porque existe «indiferentismo» religioso, como la unidad política esconde multiplicidad de tendencias que encuentran expresión en las sectas religiosas, etc. Todo hombre tiende a tener una sola concepción del mundo orgánica y sistemática, pero, puesto que las diferenciaciones culturales son muchas y profundas, la sociedad muestra un extraño abigarramiento de corrientes que presentan un colorido religioso o un colorido político según la tradición histórica.

Riscossa[7]

Debe de ser de origen militar y francés. El grito de guerra del ejército de Carlos VIII en Fornovo era justamente: «¡Montoison à la recousse!». En el lenguaje militar francés, *recousse* o *rescousse* indicaba un nuevo ataque; y «¡A la rescousse!» se gritaba en la batalla para pedir socorros.

Self-government y burocracia

El autogobierno es una institución o una costumbre política, administrativa, que presupone condiciones bien determinadas: la existencia de un estrato social que viva de la renta, que tenga una tradicional práctica en los asuntos públicos y que goce de cierto prestigio entre las masas populares por su rectitud y su desinterés (y también por algunas dotes psicológicas, como la de saber ejercitar la autoridad con firme dignidad, pero sin altivez ni distanciamiento soberbio). Se entiende que por todo esto el autogobierno solo fue posible en Inglaterra, donde la clase de los propietarios terratenientes, aparte de sus condiciones de independencia eco-

---

7. «Riscossa»: aproximadamente, insurrección *(N. del T.)*.

nómica, nunca había luchado encarnizadamente con la población (como sucedió en Francia) y no había tenido grandes tradiciones militares de cuerpo (como en Alemania), con el distanciamiento y la consecuente postura autoritaria. Cambio de significado del autogobierno en los países no anglosajones: lucha contra el centralismo de la alta burocracia gubernativa, e instituciones confiadas a una burocracia controlada inmediatamente desde abajo. Burocracia transformada en necesidad: debe ser planteada la cuestión de formar una burocracia honesta y desinteresada que no abuse de su función para tornarse independiente del control del sistema representativo. Se puede decir que toda forma de sociedad tiene una posición o solución para el problema de la burocracia, y una no puede ser igual a la otra.

Sobre la verdad, o sea, sobre decir la verdad en política

Es opinión muy difundida en algunos ambientes (y esta difusión es un signo de la dimensión política y cultural de estos ambientes) que es esencial en el arte político mentir, saber esconder astutamente las propias y verdaderas opiniones, los verdaderos fines a los que se tiende, saber hacer creer lo contrario de lo que realmente se quiere, etc. La opinión está tan arraigada y difundida que si se dice la verdad no se es creído. Los italianos, en general, son considerados en el extranjero como maestros en el arte de la simulación y del disimulo. Recordar la anécdota judía: «¿Adonde vas?», pregunta Isaac a Benjamín. «A Cracovia», responde Benjamín. «¡Eres un embustero! Dices que vas a Cracovia para que yo crea en cambio que vas a Lemberg; pero yo sé muy bien que vas a Cracovia: ¿qué necesidad hay, por lo tanto, de mentir?». En política se podrá hablar de discreción, no de mentira en el mezquino significado que muchos imaginan: en la política de masas decir la verdad es justamente una necesidad política.

Sociedad civil

Es necesario distinguir la sociedad civil como es entendida por Hegel, y en el sentido en el que se adopta a menudo en estas notas (o sea, en el sentido de hegemonía política y cultural de un grupo social sobre la entera sociedad, como contenido ético del Estado), del sentido que le dan los católicos, para los cuales la sociedad civil es, en cambio, la sociedad política o Estado, en oposición a la sociedad familiar y de la Iglesia. Dice Pío XI en su encíclica sobre la educación (*Civiltà Cattolica* del 1 de febrero de 1930): «Tres son las sociedades necesarias, distintas y también enlazadas por Dios, en el seno de las cuales nace el hombre: dos sociedades de orden natural, cual son la familia y la sociedad civil; la tercera la Iglesia, de orden sobrenatural. Primero la familia, instituida directamente por Dios con su propio fin, que es la procreación y la educación de la prole, la cual tiene por eso prioridad natural y, por consiguiente, prioridad de derechos con respecto a la sociedad civil. Sin embargo, la familia es una sociedad imperfecta porque no tiene en sí todos los medios para su propio perfeccionamiento: allí donde la sociedad civil es sociedad perfecta, teniendo en sí todos los medios para el propio fin, que es bien común temporal, donde, a este respecto, o sea, con respecto al bien común, tiene preeminencia sobre la familia, la cual alcanza precisamente en la sociedad civil su conveniente perfección temporal. La tercera sociedad, en la que nace el hombre mediante el bautismo a la divina vida de la gracia, es la Iglesia, sociedad de orden sobrenatural y universal, sociedad perfecta, porque tiene en sí todos los medios necesarios a su fin, que es el de la salvación eterna de los hombres, y por lo tanto suprema en su orden». Para el catolicismo, la llamada «sociedad civil» en lenguaje hegeliano no es «necesaria», o sea, es puramente histórica y contingente. En la concepción católica el Estado es solo la Iglesia, y es un Estado universal y sobrenatural: teóricamente la concepción medieval es mantenida en pleno.

Teocracia. Cesaropapismo. Hierocracia

No son exactamente la misma cosa: 1) teocracia, unida a la idea del mando por gracia de Dios; 2) cesaropapismo: el emperador es también jefe de la religión, si bien en él predomina el carácter laico-militar; 3) hierocracia es el gobierno de los religiosos, o sea que en el mando predomina el carácter sacerdotal; la del Papa es una hierocracia.

Teopanismo

Término usado por los jesuitas para indicar, por ejemplo, una característica de la religión hinduista (pero ¿teopanismo no significa panteísmo?; o también, ¿se adopta para indicar una particular concepción religioso-mitológica, para distinguirla del «panteísmo» filosófico superior?). Confrontar con la *Civiltà Cattolica* del 5 de julio de 1930 (artículo: «El hinduismo», páginas 17-18): «Para el hinduismo no hay diferencia sustancial entre

Dios, hombre, animal y planta: todo es Dios, no solo en la creencia de las clases inferiores, entre las que el así llamado panteísmo es concebido animísticamente, sino también en el seno de las clases altas y las personas cultas, en cuya manera de pensar la esencia divina se revela, en sentido teopanístico, como mundo de las almas y de las cosas visibles. Aunque sea en sustancia el mismo error, sin embargo, en la manera de concebirlo y expresarlo, se distingue del *panteísmo*, que imagina el mundo como un ser absoluto, objeto de culto religioso: "el todo es Dios" del *teopanismo*, que concibe a Dios como la realidad espiritual-real de la cual emanan todas las cosas; "Dios se hace todo", necesariamente, incesantemente, sin principio y sin fin. El teopanismo es (junto a unos pocos sistemas dualistas) la manera más común de la filosofía hinduista, de concebir a Dios y el mundo».

Teóricos, doctrinarios y abstractos

En el lenguaje común, «teórico» se utiliza con sentido peyorativo, como «doctrinario» y aun como «abstracto». Ha tenido la misma suerte que el término «idealista», que de un significado técnico filosófico ha venido a representar al «cortejador de nebulosidades». Que ciertos términos hayan asumido este significado peyorativo no sucedió por casualidad. Se trata de una reacción del sentido común contra ciertas degeneraciones culturales, etc.; pero el sentido común ha sido a su vez el filisteizador, el momificador de una reacción justificada a la que convierte en estado de ánimo permanente, en pereza intelectual tan degeneradora y repulsiva como el fenómeno que quería combatir. El «buen sentido» ha reaccionado, el «sentido común» ha embalsamado la reacción y ha hecho un canon «teórico», «doctrinario», «idealista».

«Tiranía de la mayoría»

Cómo nació en los publicistas de la Restauración el concepto de «tiranía de la mayoría». Concepto tomado por los «individualistas» tipo Nietzsche, pero también por los católicos. Según Maurras, la «tiranía de la mayoría» es admisible en los pequeños países, como Suiza, porque entre los ciudadanos suizos reina una cierta igualdad de condiciones; pero es desastrosa (sic), en cambio, donde entre los ciudadanos, como en Francia, existe gran desigualdad de condición.

Ultra

Nombres diferentes dados en Francia y en Alemania a los católicos favorables a una influencia del papado en sus respectivos países, lo que significa además que en gran parte luchaban por acrecentar su fuerza partidaria con la ayuda de una potencia extranjera (no solamente «espiritual y cultural», sino también temporal –¡y cómo!–, porque habría querido cobrar impuestos, décimos, etc., y dirigir la política internacional). En algunos períodos fue una forma de «partido del extranjero» (opuesto a «galicano» en Francia).

Universidad

Término conservado en el sentido medieval de corporación o comunidad: por ejemplo, «las universidades israelitas», las «universidades agrarias» en las regiones donde existen usos civiles sobre la tierra y sobre los bosques reconocidos y regulados por leyes (como en el Lazio). En el lenguaje común, el término «universidad» se conservó para ciertas instituciones de estudios superiores (universidad de los estudios) y recuerda a la antigua organización corporativa de los estudios.

Zunftbürger, Pfahlbürger, etcétera

Para las expresiones *Zunftbürger* y *Pfahlbürger* o *Pfahlbürgerschaft*,[8] empleadas en el Manifiesto,[9] para sus correspondientes equivalencias italianas, el libro de Arrigo Solmi *L'amministrazione finanziaria del regno italico nell'alto Medioevo*, Pavía, 1932, págs. XV-288 (cfr. la reseña analítica de Piero Pieri en *Nuova Italia* del 20 de enero de 1933). En Pavía existían antes del 1000 «algunas artes o profesiones de oficio, usufructuadas casi en régimen de monopolio, bajo dependencia de la Cámara o del Palacio regio de Pavía. Aparecen constituidas en torno a personas de mayor experiencia y responsabilidad llamadas *magistri*: estos son de designación regia, tienen el gobierno interno del oficio y responden ante el Es-

---

8. Los términos usados por Marx y Engels son *Pfahlbürger* y *Pfahlbürgerschaft* (cfr. Karl Marx, *Die Frühschriften*, Alfred Kröener Verlag, Stuttgart, 1953, pág. 526). Casi todos los traductores al español dan ambos términos como equivalentes de «villano». Para el segundo preferimos la traducción del «vástago villano». En cuanto a *Zunftbürger*, debe traducirse por «maestro de gremio» *(N. del T.)*.

9. El *Manifiesto del Partido Comunista*, de Marx y Engels.

214

tado, pero proveen también a la defensa de los privilegios del gremio y a la valorización de los productos. Ningún artesano puede ejercer el oficio si no está inscrito en la organización, y todos están sometidos a tributos de carácter general y especial hacia la Cámara regia» (Cámara: el Ministerio de Finanzas de aquel entonces).

Bibliografía

Recoger los datos bibliográficos de las publicaciones enciclopédicas especializadas en política, sociología y economía. Se podría empezar por el *Diccionario filosófico* de Voltaire, en el que «filosófico» significa precisamente «enciclopédico», de la ideología del enciclopedismo o iluminismo. Recordar el *Diccionario político* de Mauricio Block, que es el «diccionario filosófico» del liberalismo francés. El *Dictionnaire politique et critique* de Charles Maurras (en las *Nouvelles Littéraires* del 14 de noviembre de 1931 parece que de este trabajo de Maurras han salido ya 20 fascículos de 96 páginas cada uno).

ROBERTO MICHELS, *Introduzione alla storia delle dottrine economiche e politiche*, en 16.º, págs. XIII-310, Zanichelli, Bolonia, 1932.

Diccionarios. *Dictionaire de l'économie politique*, publicado por la Libraire de Gillaumin & C., París, 1873, 4.ª edición.

COSSA, *Introduzione allo studio della economia politica*.

RICCA-SALERNO, *Storia delle dottrine finanziarie in Italia*.

Un *Dizionario di Sociologia*, de FAUSTO SQUILLACE, ha sido publicado por la editorial Remo Sandron de Palermo, y el libro tuvo una segunda edición enteramente reelaborada. Squillace es un escritor de tendencia sindicalista, muy superficial, que nunca consiguió sobresalir entre sus colegas.

REZASCO, *Dizionario del linguaggio italiano storico e amministrativo*, Florencia, 1881.

A London Bibliography of the social science. Comp. under the direction of B. M. Headicar and C. Fuller, with an introduction by S. Webb. Ha salido el III volumen, de la P a la Z, en 8.° gr., págs. XI-1232. Tendrá 4 volúmenes. School of Economics and Political Science, Londres.

Société française de philosophie. Vocabulaire technique et critique de la philosophie, publicado por A. Lalande, IV edic. aumentada, Alcan, París, 1932, en 8.ª, 3 volúmenes.

S. E. el general CARLO PORRO, *Terminologia geografica*, colección de vocablos de geografía y ciencias afines, para uso de los estudiantes de geografía general y militar, Utet, Turín, 1902, en 8.ª, págs. X-794.

L'avvocato di tutti. Piccola enciclopedia legale, Utet, Turín, en 8.ª, págs. VIII-1250.

Temas de cultura

Material ideológico

Un estudio de cómo está organizada de hecho la estructura ideológica de una clase dominante, o sea, la organización material dedicada a mantener, defender y desarrollar el «frente» teórico o ideológico. La parte más notable y más dinámica del mismo es la prensa en general: casas editoriales (que tienen implícito o explícito un programa y apoyan a una determinada corriente), diarios políticos, revistas de toda índole, científicas, literarias, filológicas, de divulgación, etc., periódicos diversos, incluidos los boletines parroquiales. Tal estudio sería gigantesco, si se realizara a escala nacional; por eso se podría realizar en una ciudad o en diversas ciudades una serie de estudios. Un jefe de redacción de un cotidiano tendría que tener tal estudio como guía general para su trabajo, incluso tendría que rehacerlo por cuenta propia: cuántos hermosos sueltos se podrían escribir sobre el tema.

La prensa es la parte más dinámica de esta estructura ideológica, pero no es la única: todo lo que influye o puede influir sobre la opinión pública directa o indirectamente le pertenece: las bibliotecas, las escuelas, los círculos y clubs de diferente clase, desde la arquitectura hasta la disposición y los nombres de las calles. No se explicaría la posición conservada por la Iglesia en la sociedad moderna, si no se conocieran los esfuerzos cotidianos y pacientes que hace para desarrollar continuamente su específica sección de tal estructura material de la ideología. Tal estudio hecho seriamente tendría su importancia: aparte de proporcionar un modelo histórico viviente de tal estructura, habituaría a un cálculo más cauto y exacto de las fuerzas activas en la sociedad. ¿Qué se puede contraponer por parte de una clase renovadora a este formidable complejo de trincheras y fortificaciones de la clase dominante? El espíritu de escisión, o sea, la progresiva conquista de la conciencia de la propia personalidad histórica, espíritu de escisión que debe tender a prolongarse de la clase protagonista a las clases aliadas potenciales: todo esto requiere un complejo trabajo ideológico, cuya primera condición es el exacto conocimiento de la materia volcada en su elemento humano.

Criterio metodológico

Una manifestación típica del diletantismo intelectual (y de la actividad intelectual de los diletantes) es esta: que al tratar una cuestión se tiende a exponer todo lo que se sabe y no solo lo necesario e importante de un tema.

Se aprovecha toda ocasión para hacer ostentación de los elementos recientemente aprendidos, de todos los harapos y condecoraciones del propio bazar; toda pequeña historieta es elevada a significación mundial para poder dar curso a la propia concepción mundial, etc. Sucede después que, así como se quiere ser original y no repetir las cosas ya dichas, siempre se quiere demostrar un cambio importante en los «factores» fundamentales del cuadro y, por consiguiente, se cae en estupideces de todo tipo.

¿Cómo estudiar la historia?

He leído la observación del historiador inglés Seeley, que hacía notar que, en su tiempo, la historia de la independencia americana atrajo menos la atención que la batalla de Trafalgar, que los amores de Nelson, que los episodios de la vida de Napoleón, etc. Y también de estos hechos debían extraerse consecuencias de gran significado para la historia mundial: la existencia de los Estados Unidos como potencia mundial no es por cierto pequeña cosa en el desarrollo de los sucesos de los últimos años. ¿Cómo se debe encarar el estudio de la historia? ¿Habría que detenerse sobre los hechos que son fecundos en consecuencias? Pero en el momento en que tales hechos nacen, ¿cómo se hace para conocer su fecundidad futura? La cuestión es realmente insoluble. En la afirmación de Seeley se encuentra implícita la reivindicación de una historia objetiva, en la que la objetividad es concebida como nexo de causa y efecto. Pero ¿cuántos hechos no solo desaparecen, sino que son descuidados por los historiadores y por el interés de los lectores, a pesar de ser objetivamente importantes? La lectura de los libros de Wells sobre la historia mundial recuerda estos descuidos y olvidos.[1] En realidad, nos ha interesado hasta hoy la historia mundial y hemos llamado «historia mundial» a la europea con sus dependencias no europeas. Porque la historia nos interesa por razones «políticas», no objetivas, dicho sea en el sentido de científicas. Tal vez hoy estos intereses se ensanchan con la filosofía de la praxis, en cuanto nos convencemos de que solo el conocimiento de todo un proceso histórico puede dar cuenta del presente y dar una cierta verosimilitud al hecho de que nuestras previsiones políticas sean concretas. Pero tampoco hay que ilusionarse con este argumento. Si en Rusia hay mucho interés por la cuestión oriental, este interés nace de la posición geopolítica de Rusia y no de influjos culturales más universales y científicos. Tengo que decir la verdad: tanta gente no conoce la historia de Italia, incluso en lo que esta explica el presente, que me parece necesario hacerla conocer antes que cualquier otra. Pero no me desagradaría intelectualmente una asociación de política exterior que estudiase a fondo las cuestiones, incluso de la Cochinchina y de Annam. Mas ¿cuántos interesados habría?

Justificaciones de la autobiografía

Una de las justificaciones puede ser esta: ayudar a los otros a desarrollarse según ciertos modelos y hacia ciertas salidas. A menudo las autobiografías son un acto de orgullo: se cree que la propia vida es digna de ser contada porque es «original», diferente de las otras, porque la propia personalidad es original, diferente de las otras, etc. La autobiografía puede ser concebida «políticamente». Se sabe que la vida de uno es similar a otros miles de vidas, pero que por un «acaso» ella haya tenido un desenlace que los otros miles no podían tener y en efecto no tuvieron. Narrando se crea esta posibilidad, se sugiere el proceso, se indica la salida. La autobiografía sustituye así al «ensayo político o filosófico»: se describe de hecho lo

---

1. Ver más amplias referencias a Wells en general y al tema de esta nota en particular en A. Gramsci, *Cartas desde la cárcel*, Lautaro, Buenos Aires, 1950, págs. 193, 194, 324 y 335 *(N. del T.)*.

que en otra parte se deduce lógicamente. Y es cierto que la autobiografía tiene un gran valor histórico, en cuanto muestra la vida en la práctica y no solamente como tendría que ser según las leyes escritas o los principios morales dominantes.

La importancia de los particulares es tanto más grande cuanto más lo sea en un país la realidad efectiva y diversa que las apariencias, los hechos que las palabras, el pueblo que hace que los intelectuales que interpretan esos hechos. Observación ya hecha[2] de cómo en ciertos países las constituciones son modificadas por las leyes, las leyes por los reglamentos y la aplicación de los reglamentos por su palabra escrita.[3] El que ejecuta las «leyes» (el reglamento) es reclutado en cierto estrato social, en un cierto nivel de cultura, seleccionado a través de cierto estipendio, etc. La ley es este ejecutor, es el modo en que es ejecutada, especialmente porque no existen órganos de control y de sanción. Así, solo a través de la autobiografía se ve el mecanismo en la práctica, en su función efectual que muy a menudo no corresponde para nada a la ley escrita. Y también la historia, en sus líneas generales, se hace sobre la ley escrita: cuando nacen después hechos nuevos que trastornan la situación se plantean preguntas vanas, o por lo menos falta el documento de cómo se ha preparado el cambio «molecularmente», hasta que explotó en el cambio. Ciertos países son especialmente «hipócritas», o sea que en ellos lo que se ve y lo que no se ve (porque no se quiere ver, y porque a menudo lo que se ve parece excepción o «pintoresco») están en especial contraste: precisamente en estos países no abundan los memorialistas, o las autobiografías son «estilizadas», estrictamente personales e individuales.

«Racionalismo». Concepto romántico del innovador

Según este concepto, es innovador el que quiere destruir todo lo existente sin preocuparse de lo que sucederá después porque, ya se sabe, metafísicamente toda destrucción es creación, incluso no se destruye más que lo que se sustituye recreando. Este concepto romántico se acompaña de un concepto racional o «iluminístico». Se piensa que todo lo que existe es

---

2. Cfr. supra, págs. 33-34.

3. Carlos Marx, en *El dieciocho brumario de Luis Bonaparte*, escribe refiriéndose a las constituciones burguesas: «Cada artículo de la Constitución contiene, en efecto, su propia antítesis, su propio Senado y su propio Congreso; en la frase general, la libertad; en el comentario adicional, la anulación de la libertad», Ediciones en Lenguas Extranjeras, Moscú, 1941, pág. 19 (*N. del T.*).

una «trampa» de los fuertes contra los débiles, de los astutos contra los pobres de espíritu. El peligro emana del hecho de que «iluminísticamente» las palabras son tomadas literalmente, materialmente. La filosofía de la praxis está contra este modo de pensar. La verdad es, en cambio, esta: que todo lo existente es «racional», o sea que ha tenido o tiene una función útil. Que todo lo que existe haya existido, o sea que haya tenido su razón de ser en cuanto fuera «conforme» al modo de vida, de pensar, de obrar, de la clase dirigente, no significa que se haya convertido en «irracional» porque la clase dominante haya sido privada del poder y de la fuerza para poder dar impulso a toda la sociedad. Una verdad que se olvida es esta: que todo lo que existe ha tenido su razón de ser, ha servido, ha sido racional, ha «facilitado» el «desarrollo histórico» y la vida. Que en un cierto punto esto haya dejado de ser así, que de haber sido formas de progreso ciertas formas de vida se hayan transformado en un tropiezo y en un obstáculo, es cierto, pero no es cierto «en toda la extensión»: es cierto donde es cierto, o sea, en las formas más altas de la vida, en las decisivas, en las que marcan la punta del progreso, etc. Pero la vida no se desarrolla homogéneamente, se desarrolla por avances parciales, de punta, se desarrolla, por así decirlo, por crecimiento «piramidal». Por lo tanto, es necesario estudiar la historia de todo modo de vida, o sea, la originaria «racionalidad», y después, reconocida esta, plantearse la pregunta de si en cada caso singular esta racionalidad existe aún, en cuanto existen todavía las condiciones sobre las cuales se basaba la racionalidad. El hecho en el que no se pone atención es en cambio este: que los modos de vida aparecen a quien los vive como absolutos, «como naturales», tal como se dice, y que ya es una cosa muy importante el mostrar la «historicidad», el demostrar que están justificados en cuanto existan ciertas condiciones, pero alteradas estas no son más justificados sino «irracionales». La discusión, sin embargo, contra ciertos modos de vida y de obrar asume un carácter odioso, persecutorio, se transforma en un hecho de «inteligencia» o de «estupidez», etc. Intelectualismo, iluminismo puro al que es necesario combatir incesantemente.

Se deduce: 1) que todo hecho ha sido «racional»; 2) que se debe combatir cuando deja de ser racional, o sea que ya no es más conforme con un fin pero se arrastra por la viscosidad del hábito; 3) que no es necesario creer que, porque un modo de vivir, de actuar o de pensar se haya hecho «irracional» en un ambiente dado, sea irracional para todo y para todos y que solo la maldad o la estupidez lo hagan perdurar todavía; 4) que, sin embargo, el hecho de que un modo de vivir, de pensar y de obrar se haya hecho irracional en algún lugar tiene una grandísima importancia, es cierto y es necesario esclarecerlo de todos modos: así se modifica inicialmente la costumbre, introduciendo un modo de pensar historicista, que facilitará los cambios de hecho apenas las condiciones hayan cambiado; esto tornará menos «viscosa» la costumbre rutinaria. Otro punto para tener en cuenta es este: que un modo de vivir, de obrar y de pensar se haya introducido en toda la sociedad porque es propio de la clase dirigente, no significa de por sí que sea irracional y se deba rechazar. Si se observa de cerca se ve que en todo hecho existen dos aspectos: uno «racional», o sea, conforme al fin o «económico», y uno de «moda», que es un determinado modo de ser del primer aspecto racional. Usar zapatos es racional; la forma de los zapatos, en cambio, se debe a la moda. Usar cuello es racional, porque permite cambiar a menudo aquella parte de la prenda «camisa» que se ensucia más fácilmente; la forma del cuello dependerá en cambio de la moda, etc. Se ve, en suma, que la clase dirigente, «inventando» una utilidad nueva, más económica o más conforme con las condiciones dadas o con el fin dado, al mismo tiempo ha dado «su» particular forma a la invención, a la nueva utilidad.

Piensan como mulas ciegas quienes confunden la utilidad permanente (en cuanto lo es) con la moda. En cambio, es objetivo del moralista y del creador de costumbres analizar los modos de ser y de vivir y criticarlos, separando lo permanente, lo útil, lo racional, lo conforme al fin (en cuanto subsista el fin) de lo accidental, de lo esnob, de lo simiesco, etc. Sobre la base de lo «racional» puede ser útil crear una «moda» original, o sea, una forma nueva que interese. Que el modo de pensar aludido no sea justo se ve por el hecho de que es limitado: por ejemplo, nadie (a menos que esté loco) predicará que no se enseñe a leer y a escribir, por el hecho de que leer y escribir hayan sido ciertamente introducidos por la clase dirigente, o porque la escritura sirva para difundir cierta literatura o para escribir las cartas de chantaje o los informes de los espías.

El autodidacta

No se quiere repetir el frecuente lugar común de que todos los sabios son autodidactas, en cuanto la educación es autonomía y no impresión desde el exterior. Lugar común tendencioso que permite no organizar ningún aparato de cultura y negar a los pobres el tiempo para dedicar al estudio, uniendo al oprobio la burla, o sea, la demostración teórica de que no son sabios por culpa propia porque..., etc. Admitamos, por consiguiente, que, salvo pocos héroes de la cultura (y ninguna política puede fundarse sobre el heroísmo), para educarse es necesario un aparato de cultura a través del cual la vieja generación transmite a la nueva toda la experiencia del pasado (de todas las generaciones pasadas), hace adquirir determinadas inclinaciones y costumbres (incluso físicas y técnicas que se asimilan con la repetición) y transmite enriquecido el patrimonio del pasado. Pero no es de esto de lo que queremos hablar. Queremos hablar de los autodidactas en sentido estricto, o sea, de aquellos que sacrifican una parte o todo el tiempo que los otros componentes de su generación dedican a las diversiones o a otras ocupaciones para instruirse y educarse, y también queremos responder a la pregunta: aparte de las instituciones oficiales, ¿existen actividades que satisfagan las nacientes necesidades de estas inclinaciones y cómo las satisfacen? Además, ¿se plantean este objetivo de satisfacer tales necesidades las instituciones políticas existentes tanto como deberían? Me parece que este es un criterio de crítica que no debe ser desechado, ni descuidado de ningún modo. Se puede observar que los autodidactas en sentido estricto surgen en ciertos estratos sociales con preferencia a otros y ello se entiende. Hablamos de aquellos que tienen a su disposición solamente su buena voluntad y disponibilidades económicas limitadísimas, posibilidades de gasto limitadísimas o casi nulas. ¿Deben ser descuidados? No parece, porque precisamente parecen nacer partidos dedicados justamente a estos elementos, que justamente parten del concepto de tener algo que hacer con tales elementos. Y bien, si estos elementos sociales existen, no existen las fuerzas que busquen responder a sus necesidades, elaborar este material; es decir, tales fuerzas sociales existen de palabra pero no en los hechos, como afirmación pero no como actuación. Por otra parte, no se dijo que no existan fuerzas sociales genéricas que se ocupen de tales necesidades, incluso hacen su único trabajo, su actividad principal con este resultado: que terminan por contar más de lo que deberían, con tener un influjo más grande del que «merecían» y a menudo directamente con el «especular» financieramente sobre estas necesidades para que los autodidactas con su estímulo, si bien gastan poco individualmente, terminen por gastar considerablemente en conjunto (considerablemente en el sentido de que permiten con sus gastos vivir a muchas personas). El movimiento del que se habla (o se hablaba) es el libertario y su antihistoricismo, su reaccionarismo, se ve en el carácter del autodidactismo que forma personas «anacrónicas» que piensan con modos anticuados y superados y transmiten «viscosamente». Por consiguiente: 1) un movimiento sobrepasado, superado, en cuanto satisface ciertas necesidades apremiantes, termina por tener un influjo mayor que el que históricamente le correspondería; 2) este movimiento mantiene retrasado el mundo cultural por las mismas razones. Sería de ver toda la serie de razones que por tanto tiempo han permitido en Italia que un movimiento atrasado, superado, tuviese más campo de acción que el que le corresponde, provocando a menudo confusiones y hasta catástrofes. Por otra parte, es necesario afirmar enérgicamente que en Italia el movimiento hacia la cultura fue grande, provocó sacrificios, o sea que las condiciones objetivas eran muy favorables. El principio de que una fuerza no vale tanto por la propia «fuerza intrínseca» cuanto por la debilidad de los adversarios, y de las fuerzas en medio de las que se encuentra inserta, en ningún lado es tan valedero como en Italia. Otro elemento de la fuerza relativa de los libertarios es este: que ellos tienen más espíritu de iniciativa individual, más actividad personal. Pero que esto suceda depende de causas complejas: 1) que tienen mayor satisfacción personal en su trabajo; 2) que están menos impedidos por trabas burocráticas, que no tendrían que existir para las otras organizaciones (¿por qué las organizaciones que tendrían que potenciar las iniciativas individuales se tienen que transformar en burocráticas?; ello es un obstáculo para las fuerzas individuales); 3) (tal vez la mayor) que un cierto número de personas viven del movimiento, pero viven libremente; o sea, no por puestos ocupados por designación, sino en cuanto su actividad los hace dignos de ellos: para mantener ese puesto, para mantener su estipendio, hacen esfuerzos que otros no harían.

Oratoria, conversación, cultura

Macaulay, en su ensayo sobre *Oradores áticos*, atribuye la facilidad de dejarse deslumbrar por sofismas casi pueriles, propia de los griegos incluso más cultos, al predominio que en la educación y en la vida griega tenía el discurso vivo y hablado. El hábito de la conversación y de la oratoria genera una cierta facultad de encontrar con gran rapidez argumentos de tan brillante apariencia que cierran momentáneamente la boca del adversario y dejan asombrado al oyente. Esta observación se puede trasladar también a ciertos fenómenos de la vida moderna y a la labilidad de la base cultural de ciertos grupos sociales, como los obreros urbanos. Ello explica en parte la desconfianza de los campesinos contra los intelectuales comisionados electoralmente: los campesinos que reflexionan largamente sobre las afirmaciones que sintieron declamar y por cuyos destellos fueron momentáneamente deslumbrados, terminan con el buen sentido que ha retomado la delantera después de la emoción suscitada por las palabras arrolladoras, por encontrar las deficiencias y la superficialidad, y, por consiguiente, se convierten en desconfiados por sistema. (Otra observación de Macaulay debe ser retenida: se refiere a una sentencia de Eugenio de Saboya que decía que más grandes generales habían resultado los que fueron colocados de repente a la cabeza de un ejército y, por consiguiente, en la necesidad de pensar en maniobras grandes y de conjunto. O sea que quien por profesión se ha transformado en esclavo de las minucias se burocratiza; ver el árbol y no el bosque, el reglamento y no el plan estratégico. Los grandes capitanes supieron, sin embargo, contemporizar una y otra cosa: el control del rancho de los soldados y la gran maniobra, etcétera).

Además, se puede agregar que el diario se aproxima mucho a la oratoria y a la conversación. Los artículos de diario son a menudo apresurados, improvisados, similares, en grandísima parte, por la rapidez de la ideación y de la argumentación, a los discursos comiciales. Son pocos los diarios que tienen redactores especializados y, por otra parte, incluso la actividad de estos es en gran parte improvisada: la especialización sirve para improvisar mejor y más rápidamente. Faltan especialmente en los diarios italianos las reseñas periódicas más elaboradas y ponderadas (para el teatro, para la economía, etc.); los colaboradores suplen solo en parte esa carencia y, como no tienen una orientación unitaria, dejan pocas huellas. La solidez de una cultura puede ser por eso medida en tres grados principales: a) la de lectores de diarios únicamente; b) la de quienes leen también revistas que no sean de variedades; c) la de los lectores de libros; sin tener en cuenta a una gran multitud (la mayoría) que no lee ni siquiera diarios y se forma cualquier opinión asistiendo a las reuniones periódicas y de períodos electorales, atendidas por oradores de nivel diversísimo. Observación hecha en la cárcel de Milán donde se vendía *Il Sole*: la mayoría de los detenidos, incluso políticos, leía la *Gazzetta dello Sport*. Entre cerca de 2500 detenidos se vendían como máximo 80 ejemplares de *Il Sole*; después de la *Gazzetta dello Sport* las publicaciones más leídas eran la *Domenica del Corriere* e *Il Corriere dei Piccoli*.

Es cierto que el proceso de civilización intelectual se ha desarrollado durante un larguísimo período en forma oratoria y retórica, es decir, con ninguna o muy escasa ayuda de escritos: los recuerdos de nociones escuchadas que se exponían de viva voz eran la base de toda instrucción (y así sucede aún en ciertos países, por ejemplo Abisinia). Una nueva tradición comienza con el Humanismo, que introduce la «tarea escrita» en las escuelas y en la enseñanza; pero se puede decir que ya en el Medioevo, con la escolástica, se critica implícitamente la tradición de la pedagogía fundada en la oratoria y se busca dar a la facultad mnemónica un esqueleto más sólido y permanente. Si se reflexiona, se puede observar que la importancia dada por la escolástica al estudio de la lógica formal es de hecho una reacción contra la «facilonería» demostrativa de los viejos métodos de cultura. Los errores de lógica formal son especialmente comunes en la argumentación hablada. El arte de la imprenta luego revolucionó todo el mundo cultural, al proporcionar a la memoria una ayuda de valor inestimable y permitir una inaudita extensión de la actividad educadora. En esta investigación está, por lo tanto, implícita la otra, la de las modificaciones cualitativas, aparte de las cuantitativas (extensión de masa), aportadas al modo de pensar por el desarrollo técnico e instrumental de la organización cultural.

También hoy la comunicación oral es un medio de difusión ideológica que tiene una rapidez, un área de acción y una simultaneidad emotiva enormemente más amplias que la comunicación escrita (el teatro, el cinematógrafo y la radio, con la difusión por altoparlantes en las plazas, baten todas las formas de comunicación escrita, del libro a la revista, del diario al periódico mural), pero en superficie, no en profundidad. Las academias y las universidades como organizaciones de la cultura y medios de difundirla. En las universidades, las exposiciones orales y los trabajos de seminario y de gabinete experimental, la función del gran profesor y la del asistente. La función del asistente profesional es la de los «veteranos de santa Zita» de la escuela de Basilio Puoti, de los que habla De Sanctis, o sea, la formación en la misma clase de asistentes «voluntarios» hecha por selección espontánea debida a los mismos alumnos, que ayudan al profesor y prosiguen sus estudios, enseñando a estudiar prácticamente.

Algunas de las observaciones precedentes fueron sugeridas por la lectura del *Saggio popolare di sociologia*,[4] que se resiente justamente de todas las deficiencias de la conversación, de la facilonería argumentativa de la oratoria, de la débil estructura en su lógica formal. Sería curioso hacer sobre este libro una ejemplificación de todos los errores lógicos indica-

---

4. Bujarin, *Teoría del materialismo histórico. Ensayo popular de sociología marxista*. Cuadernos de Pasado y Presente, Córdoba, 1972. Cfr. A. Gramsci, *Il materialismo storico e la filosofia di Benedetto Croce*, Einaudi, Turín, 1948, págs. 117 a 168. En la edición castellana ya citada, págs. 125 a 179.

dos por los escolásticos, recordando la justísima observación según la cual también los modos de pensar son elementos adquiridos no innatos cuyo justo empleo (después de su adquisición) corresponde a una cualidad profesional. No poseerlos, no poner cuidado en poseerlos, no plantearse el problema de adquirirlos a través de un «noviciado», equivale a la pretensión de construir un automóvil sabiendo emplear y teniendo a disposición el taller y los instrumentos de un herrero de aldea. El estudio de la «vieja lógica formal» está hoy desacreditado y en parte con razón. Pero el problema de hacer el aprendizaje de la lógica formal como control de la facilonería demostrativa de la oratoria se presenta ni bien se plantea el problema fundamental de crear una nueva cultura sobre una base social nueva, que no tiene tradiciones como las viejas clases de los intelectuales. Un «bloque intelectual tradicional», con la complejidad y la capilaridad de sus articulaciones, consigue asimilar en el desarrollo orgánico de todo componente individual el elemento «aprendizaje de la lógica» incluso sin necesidad de un aprendizaje diferente e individualizado (así como los niños de las familias cultas aprenden a hablar «según la gramática», o sea, aprenden el tipo de lenguaje de las personas cultas incluso sin necesidad de particulares y fatigosos estudios gramaticales, a diferencia de los niños de las familias en las que se habla un dialecto y un lenguaje dialectizado). Pero tampoco esto sucede sin dificultades, sin discrepancias y pérdidas secas de energía. El desarrollo de las escuelas técnico-profesionales en todos los grados postelementales presentó el problema bajo otras formas. Debe recordarse la afirmación del profesor G. Peano de que incluso en el Politécnico y en las matemáticas superiores resultan mejor preparados los alumnos provenientes del gimnasio-liceo en comparación con los procedentes de los institutos técnicos. Esta mejor preparación está dada por la compleja enseñanza «humanística» (historia, literatura, filosofía), como ha sido ampliamente demostrado en otras notas (la serie sobre los «intelectuales» y el problema escolar).[5] ¿Por qué la matemática (el estudio de la matemática) no puede dar iguales resultados, si la matemática está tan cerca de la lógica formal que hasta se confunde con ella? Del mismo modo, si en el hecho pedagógico hay semejanza, hay también una enorme diferencia. La matemática se basa esencialmente en la serie numérica, o sea, en una serie infinita de igualdades $(1 = 1)$ que pueden ser combinadas de modo infinito. La lógica formal tiende a hacer lo mismo pero solo hasta

5. A. Gramsci, *Gli intellettuali e l'organizzazione della cultura*, Einaudi, 1949, págs. 97 a 132. Edición castellana citada, págs. 109 a 146.

un cierto punto: su abstracción se mantiene solo al comienzo del aprendizaje, en la formulación inmediata desnuda y cruda de sus principios, pero actúa concretamente en el mismo discurso en que se hace la formulación abstracta. Los ejercicios de lenguaje del gimnasio-liceo muestran, después de un cierto tiempo, que en las traducciones latino-italianas y greco-italianas no hay nunca identidad en los términos de las lenguas puestas en comparación, o al menos que tal identidad, que parece existir en los comienzos del estudio (rosa italiano = rosa latín), se va complicando cada vez más con el progreso del «noviciado», o sea que se va alejando del esquema matemático para llegar a un juicio histórico y estético, en el cual la difuminación y la expresividad «única e individualizada» tienen prioridad. Y esto no solo sucede en la confrontación entre dos lenguas, sino que sucede en el estudio de la historia de una misma «lengua», que hace aparecer como diferente semánticamente el mismo sonido-palabra a través del tiempo, y como diversa su función en el período (cambios morfológicos, sintácticos, semánticos, aparte de los fonéticos).

NOTA: Una experiencia hecha para demostrar cuán efímero es el aprendizaje hecho por vía «oral»: doce personas de un elevado nivel cultural repiten una a la otra un hecho complejo; luego ninguna lo escribe, según recuerda, del mismo modo: las doce versiones difieren de la narración original (escrita para el control) a menudo de manera asombrosa. Esta experiencia, repetida, puede servir para mostrar cómo es necesario desconfiar de la memoria no educada con métodos apropiados.

Lógica formal y mentalidad científica

Para comprender cuán superficial y fundada sobre bases débiles está la mentalidad científica moderna (tal vez haya que hacer distinciones entre país y país), basta recordar la reciente polémica sobre el llamado *homo oeconomicus*, concepto fundamental de la ciencia económica, tan plausible y necesario como todas las abstracciones sobre las que se basan las ciencias naturales (y también, aunque en forma diferente, las ciencias históricas y humanísticas). Si fuese injustificado por su abstracción el concepto distintivo de *homo oeconomicus*, igualmente injustificado sería también el símbolo H_2O para el agua, dado que en la realidad no existe ninguna agua H_2O, sino una infinita cantidad de «aguas» individuales. La objeción nominalista vulgar retomaría con todo su vigor, etcétera.

La mentalidad científica es débil como fenómeno de cultura popular, pero también es débil en el sector de los científicos quienes tienen una mentalidad científica de grupo técnico, o sea que comprenden la abstracción en su ciencia particular pero no como «forma mental», y aún más: comprenden su particular «abstracción», su particular método abstractivo pero no los de las otras ciencias; se puede sostener en cambio que existen diversos tipos de abstracción y que es científica aquella mentalidad que llega a comprender todos los tipos de abstracción y a justificarlas. El conflicto más grave de «mentalidad» es, sin embargo, el existente entre las ciencias llamadas exactas o matemáticas, que además no son todas las ciencias naturales, y las ciencias «humanísticas» o «históricas», o sea, aquellas que se refieren a la actividad histórica del hombre, a su intervención activa en el proceso vital del universo. (Se debe analizar el juicio de Hegel sobre la economía política y precisamente sobre la capacidad demostrada por los economistas de «abstraer» en este campo).

Filosofía de la praxis y «economismo histórico»

Confusión entre los dos conceptos. Aún debe plantearse el problema: ¿qué importancia debe atribuirse al «economismo» en el desarrollo de los métodos de investigación historiográfica, admitido que el economismo no puede ser confundido con la filosofía de la praxis? Que un grupo de financistas, que tienen intereses en un país determinado, puedan guiar la política de este país, atraer la guerra o alejarla es indudable; pero la aceptación de este hecho no es «filosofía de la praxis», es economismo histórico, o sea, es la afirmación de que «inmediatamente», «ocasionalmente», los hechos han sido influidos por determinados intereses de grupo, etc. Que el «olor del petróleo» pueda provocar graves acontecimientos en un país es también cierto. Pero estas afirmaciones, controladas, demostradas, etc., no son todavía filosofía de la praxis, incluso pueden ser aceptadas y hechas por quien rechace *in toto* la filosofía de la praxis. Se puede decir que el factor económico (entendido en sentido inmediato y judaico del economismo histórico) no es más que uno de los tantos modos con que se presenta el más profundo proceso histórico (factor raza, religión, etc.), pero es este más profundo proceso lo que la filosofía de la praxis quiere explicar y precisamente por eso es una filosofía, una «antropología», y no un simple canon de investigación histórica.[6]

---

6. Indudable alusión a la teoría de Croce que hace del materialismo histórico solo un canon de interpretación histórica. Ver B. Croce, *Materialismo histórico y economía marxista*, edic. Iman, págs. 106-107 *(N. del T.)*.

Bergson, el materialismo positivista, el pragmatismo

Bergson ligado al positivismo: se «rebela» contra su «ingenuo» dogmatismo. El positivismo había tenido el mérito de restituir a la cultura europea el sentido de la realidad, agotado en las antiguas ideologías racionalistas; pero luego había cometido el error de encerrar la realidad en la esfera de la naturaleza muerta y, por consiguiente, también de encerrar la investigación filosófica en una especie de nueva teología materialista. La documentación de este «equívoco» es la obra de Bergson. La crítica de Bergson... penetró, desmitificando los ídolos de lo absoluto y resolviéndolos en la forma de contingencia fugaz, por todos los meandros del dogmatismo positivista; sometió a un terrible examen la íntima estructura de las especies orgánicas y de la personalidad humana, e infligió todos los esquemas de aquella mecánica estaticidad en la que el pensamiento encierra el perenne fluir de la vida y de la conciencia. Afirmando el principio del eterno fluir y el origen *práctico* de todo sistema conceptual, incluso las verdades supremas (!) corrían el riesgo de disolverse; y aquí, en esta fatal *tendencia* está el límite (!) del bergsonismo. (Extractos de un artículo de Balbino Giuliano resumido de la *Fiera Letteraria* del 25 de noviembre de 1928).

Las innovaciones del derecho procesal y la filosofía de la praxis

La expresión contenida en el prefacio de la *Crítica de la economía política* (1856): «Así como no se juzga a un individuo por lo que piensa de sí mismo», puede ser relacionada con la revolución acontecida en el derecho procesal y con las discusiones teóricas respectivas que en 1856 eran relativamente recientes. El viejo procedimiento de hecho exigía la confesión del imputado (especialmente en el caso de delitos capitales) para emitir la sentencia condenatoria: el *habemus confitentem reum* parecía ser la culminación del proceso judicial, de ahí las solicitaciones, las presiones y los diferentes grados de tortura (no como condena sino como medio de instrucción procesal). En el procedimiento renovado, el interrogatorio del imputado se transforma solamente en un elemento a veces descuidable, en todo caso solamente útil para dirigir las ulteriores indagaciones de la instrucción y del proceso, tanto que el imputado no jura y se le reconoce el derecho de no responder, de ser reticente e incluso de mentir, mientras que el peso máximo es otorgado a las pruebas materiales objetivas y a los testimonios desinteresados (tanto que los funcionarios del Estado no tendrían que ser considerados como testigos sino solo como referendarios del ministerio público).

Debe investigarse si fue ya hecha una tal aproximación entre el método de instrucción para reconstruir la responsabilidad penal de los individuos particulares y el método crítico, propio de la filosofía de la praxis, de reconstruir la «personalidad» objetiva de los sucesos históricos y de su desarrollo, y si ya fue examinado el movimiento para la renovación del derecho procesal como un elemento «sugestivo» en la renovación del estudio de la historia: Sorel podría haber hecho la observación, ya que entra en su estilo.

Es de observar cómo la renovación del derecho procesal, que tuvo una importancia nada pequeña incluso en la esfera política, determinando un reforzamiento de la tendencia a la división de los poderes y a la independencia de la magistratura, por consiguiente a la reorganización general de la estructura del aparato gubernativo, se ha atenuado en muchos países, volviéndose en muchos casos a los viejos métodos de instrucción e incluso a la tortura: los sistemas de la policía americana con el tercer grado de los interrogatorios son muy conocidos. Así ha perdido muchos de sus rasgos la figura del abogado fiscal, que tendría que representar objetivamente los intereses de las leyes y de la sociedad legal, los cuales son lesionados no solo cuando un culpable no resulta castigado, sino también cuando un inocente es condenado. Parece, en cambio, que se hubiera formado la convicción de que el fiscal es un abogado del diablo que quiere ver en el infierno especialmente a los inocentes para halagar a Dios, y que el fiscal tiene que querer siempre sentencias condenatorias.

El racismo, Gobineau y los orígenes históricos de la filosofía de la praxis

Debe leerse la *Vita di Gobineau*, escrita por Lorenzo Gigli, para ver si el autor ha conseguido reconstruir exactamente la historia de las ideas racistas y encuadrarlas en la cornisa histórica de la cultura moderna. Es necesario por eso referirse a las tendencias historiográficas de la Francia de la Restauración y de Luis Felipe (Thierry, Mignet, Guizot) y a la impostación de la historia francesa como una lucha secular entre la aristocracia germánica (franca) y el pueblo de origen gálico o galo-romano. La polémica sobre tal cuestión, como es sabido, no quedó restringida al campo científico, sino que se propagó al campo político y militante: algún aristócrata reivindicó el dominio de los nobles como surgido de un «derecho de conquista», y cierto escritor democrático sostuvo que la Revolución francesa y la decapitación de Luis XVI no fueron otra cosa que una insurrección del elemento gálico originario contra el elemento germánico que se había impuesto a la antigua nacionalidad. Es sabido que muchas de las más populares novelas de Eugenio Sue (*Los misterios de París*, *El judío errante*, etc.) dramatizan esta lucha y que en *Los misterios de París* están interpoladas cartas de Sue a los lectores en las que esa lucha es expuesta en forma histórico-política, como Sue podía y sabía hacer. En la polémica participaron diarios y revistas (por ejemplo, *La Revue des Deux Mondes*, en sus primeros años de publicación, encaró la cuestión en forma moderada, contra el fanatismo de algún noble que exageraba). La misma cuestión, en la historiografía francesa, se presentó para las relaciones entre galos y romanos, y son conocidos los voluminosos enfoques de Jullian sobre la historia de la Galia. Debe hacerse notar que de tales discusiones se originaron (al menos parcialmente) dos tendencias: 1) la de la filosofía de la praxis, que del estudio de los dos estratos de la población francesa como sectores de origen nacional diferente pasó al estudio de la función económico-social de los mismos; 2) la del racismo y la superioridad de la raza germana que, de elemento polémico de la aristocracia francesa para justificar una restauración más radical, un retorno integral a las condiciones del régimen prerrevolucionario, se transformó a través de Gobineau y Chamberlain en un elemento de la cultura alemana (de importación francesa) con desarrollos nuevos e impensados. En Italia, la cuestión no podía surgir porque la feudalidad de origen germánico fue destruida por las revoluciones comunales (excepto en el Sur y Sicilia), dando lugar a una nueva aristocracia de origen mercantil y autóctona. Que una tal cuestión no sea abstracta y libresca, sino que se haya podido convertir en una ideología política militante y eficiente, fue demostrado por los acontecimientos alemanes.

Jorge Sorel

En *Critica Fascista* del 15 de septiembre de 1933, Gustavo Glaesser resume el reciente libro de Michael Freund (*Georges Sorel. Der Revolutionäre Konservatismus*, Klostermann Verlag, Francfort del Meno, 1932), que muestra qué tipo de ejemplo puede ser para un ideólogo alemán un hombre como Sorel. Debe hacerse notar que, aunque Sorel pueda, por la variedad e incoherencia de sus puntos de vista, ser utilizado para justificar las más disparatadas posiciones prácticas, es también innegable en Sorel un punto fundamental y constante, su radical «liberalismo» (o teoría de la espontaneidad), que impide toda derivación conservadora de sus opiniones. Rarezas, incongruencias, contradicciones se encuentran en Sorel siempre y por todas partes, pero no puede ser separado de una constante tendencia de radicalismo popular: el sindicalismo de Sorel no es un indistinto «asociacionismo» de «todos» los elementos sociales de un Estado, sino de uno solo de ellos, y su «violencia» no es la violencia de «cualquiera», sino de un único «elemento» que el pacifismo democrático tendía a corromper, etc. El punto oscuro de Sorel es su antijacobinismo y su economismo puro; y este, que en el terreno histórico francés debe conectarse con el recuerdo del terror y después con la represión de Galliffet, además de con la aversión a los Bonaparte, es el único elemento de su doctrina que puede ser desvirtuado y dar lugar a interpretaciones conservadoras.

¿Quién es el legislador?

El problema: «¿Quién es legislador en un país?», tratado en otras notas,[7] puede representarse por la definición «real», no «escolástica», de otras cuestiones. Por ejemplo: «¿Qué es la policía?». Se siente a menudo decir, como si se tratara de una crítica demoledora de la policía, que el 90% de los delitos perseguidos hoy (un gran número no es perseguido porque o no se tiene información o es imposible toda certeza, etc.) quedarían impunes si la policía no tuviese a su disposición a los confidentes, etc. Pero, en realidad, este tipo de crítica es ineficaz. ¿Qué es la policía? Por cierto que no es solo una organización tal, jurídicamente reconocida y habilitada para la función de seguridad pública, como habitualmente se cree. Este organismo es el núcleo central y formalmente responsable de la «policía», que es una organización mucho más vasta, en la cual, directa o indirectamente, con vínculos más o menos precisos y determinados, permanentes u ocasionales, etc., participa una gran parte de la población de un Estado. El análisis de estos vínculos sirve para comprender qué es el «Estado» mucho mejor que ciertas disertaciones filosófico-jurídicas.

---

7. *Note sul Machiavelli...*, ed. cit., pág. 135 y sigs. Edición en castellano citada, pág. 170 y sigs.

Individualismo e individualidad
(conciencia de la responsabilidad) o personalidad

Debe verse cuánto hay de justo en la tendencia contra el individualismo y cuánto de erróneo y peligroso. Cuestión, por consiguiente, para plantear históricamente y no abstracta, esquemáticamente. Reforma o Contrarreforma. La cuestión se plantea de manera diferente en los países que han producido la Reforma o que han sido paralizados por la Contrarreforma. El hombre colectivo o conformismo impuesto y el hombre colectivo o conformismo propuesto (pero, entonces, ¿se puede llamar conformismo?). La conciencia crítica no puede nacer sin una ruptura del conformismo católico o autoritario y, por consiguiente, sin un florecimiento de la individualidad: la relación entre el hombre y la realidad debe ser dirigida a través de una casta sacerdotal (¿como la relación entre hombre y Dios en el catolicismo? ¿Que es además una metáfora de la relación entre el hombre y la realidad?). La lucha contra el individualismo lo es contra un determinado individualismo, con un determinado contenido social, y precisamente contra el individualismo económico en un período en que este se ha hecho anacrónico y antihistórico (no olvidar, sin embargo, que fue necesario históricamente y fue una fase del desarrollo progresivo). Que se luche por destruir un conformismo autoritario, transformado en reaccionario y embarazoso, y a través de una fase de desarrollo de individualidad y personalidad crítica se llegue al hombre-colectivo es una concepción dialéctica difícil de comprender para las mentalidades esquemáticas y abstractas. Como también es difícil de comprender que se afirme que a través de la destrucción de una máquina estatal se llegará a crear otra más fuerte y compleja, etcétera.

El maquiavelismo de Stenterello[8]

Stenterello es mucho más astuto que Maquiavelo. Cuando Stenterello se adhiere a una iniciativa política, quiere enterar a todos de que él es muy astuto y que a él no lo embroma nadie, ni siquiera él mismo. Se adhiere a la iniciativa porque es astuto, pero es todavía más astuto porque sabe serlo y quiere que todos lo sepan. Por eso explicará a todos qué significa «exactamente» la iniciativa a la cual se ha adherido: se trata de una máqui-

---

8. Nombre dado a un personaje de la Comedia Florentina, que en el siglo pasado representaba un papel farsesco entre tonto y astuto (*N. del T.*).

na bien montada, bien imaginada, y su mayor astucia consiste en el hecho de que ha sido preparada con la convicción de que todos son imbéciles y se dejarán trampear. Justamente: Stenterello quiere hacer saber que no es que él se deje trampear, él tan astuto; la acepta porque engañará a los otros, no a él. Y como entre los otros algún astuto hay, es a este a quien Stenterello le hace guiñadas y explica y analiza: «Soy de los vuestros, ¡vaya!, nosotros nos entendemos. Tened cuidado de no creer que yo creo... Se trata de un "maquiavelismo". ¿Nos hemos entendido?». Y Stenterello pasa por ser así el más astuto de los astutos, el más inteligente de los inteligentes, el heredero directo y sin beneficio de inventario de la tradición de Maquiavelo.

Otro aspecto de la cuestión: cuando se propone una iniciativa política, Stenterello no se cuida de ver la importancia de la propuesta para aceptarla, trabajar por su difusión, defenderla y sostenerla. Stenterello cree que su misión es la de ser la vestal del fuego sagrado. Reconoce que la iniciativa no está contra las tablas sagradas y así cree haber cumplido su parte. Sabe que estamos rodeados de traidores, de desviacionistas, y está con el fusil preparado para defender el altar y el fuego sagrado. Aplaude o dispara y así ha hecho la historia, tomándose de arriba un medio litro.

Stenterello piensa especialmente en el porvenir. El presente le preocupa menos que el porvenir. Tiene un enemigo contra el cual tendría que combatir. Pero para qué combatir si el enemigo deberá desaparecer lo mismo arrollado por la fatalidad de la historia... Tiene que hacer algo muy diferente que combatir al enemigo inmediato. Más peligrosos son los enemigos mediatos, los que acechan la herencia de Stenterello, los que combaten el mismo enemigo que Stenterello, pretendiendo que serán sus herederos. ¿Qué pretensiones son estas? ¿Cómo se osa dudar de que Stenterello será el heredero? Por consiguiente, Stenterello no combate al enemigo inmediato, sino a aquel que pretende combatir a ese mismo enemigo para sucederlo. Stenterello es tan astuto que solo él comprende que este es el verdadero enemigo. ¡Se las sabe todas, Stenterello!

(En torno a esta rúbrica, en forma de bocetos sobre Stenterello político, se pueden reagrupar otros motivos, como los de menospreciar al enemigo por política, pero que se transforma en una convicción y, por consiguiente, lleva a la superficialidad y a la derrota).[9]

---

9. Cfr. supra, págs. 35-36.

César y el cesarismo

La teoría del cesarismo que hoy predomina (cfr. el discurso de Emilio Bodrero, «L'umanità di Giulio Cesare», en *Nuova Antologia* del 16 de septiembre de 1933) fue introducida en el lenguaje político por Napoleón III, quien no fue por cierto un gran historiador, filósofo ni teórico de la política. Es verdad que en la historia romana la figura de César no está caracterizada solo o principalmente por el «cesarismo» en este sentido estricto. El desarrollo histórico del que César fue la expresión asume en la «península itálica», o sea, en Roma, la forma del «cesarismo», pero tiene como cuadro el territorio imperial íntegro y en realidad consiste en la «desnacionalización» de Italia y en su subordinación a los intereses del imperio. Tampoco, como dice Bodrero, César transformó Roma de estado-ciudad en capital del imperio, tesis absurda y antihistórica: la capital del imperio estaba donde residiera el emperador, o sea, era un punto móvil; la cristalización de una capital llevó a la escisión, con el surgimiento de Constantinopla, de Milán, etc. Roma se transforma en una ciudad cosmopolita e Italia entera se transforma en una cosmópolis. Se debe hacer un parangón entre Catilina y César: Catilina era más «italiano» que César, y su revolución, tal vez con otra clase en el poder, habría conservado para Italia la función hegemónica del período republicano. Con César la revolución no es más solución para la lucha entre las clases itálicas, sino de todo el imperio, o al menos de las clases con funciones principalmente imperiales (militares, burócratas, banqueros, concesionarios, etc.). Por otra parte, César, con la conquista de la Galia, había desequilibrado el cuadro del imperio: con César el Occidente comenzó a luchar contra el Oriente. Esto se ve en las luchas entre Antonio y Octaviano y continuará hasta la escisión de la Iglesia, sobre la que tuvo influencia la tentativa de Carlo Magno de restaurar el imperio, así como la fundación del poder temporal del papado romano. Desde el punto de vista de la cultura, es interesante el actual mito de «César», que no tiene ninguna base en la historia, así como ninguna base tenía en el siglo XVIII la exaltación de la república romana como institución democrática y popular, etcétera.

El movimiento y el fin

¿Es posible mantener vivo y eficiente un movimiento sin la perspectiva de fines inmediatos y mediatos? La afirmación de Bernstein según la cual el movimiento es todo y el fin nada, bajo la apariencia de una interpretación «ortodoxa» de la dialéctica, oculta una concepción mecanicista de la vida y del movimiento histórico: las fuerzas humanas son consideradas como pasivas y no conscientes, como un elemento no disímil de las cosas materiales, y el concepto de evolución vulgar, en el sentido naturalista, sustituye al concepto de desenvolvimiento y desarrollo. Esto es tanto más interesante de notar en cuanto Bernstein ha tomado sus armas en el arsenal del revisionismo idealista (olvidando las *Tesis sobre Feuerbach*), que tendría que haberlo llevado, en cambio, a valorar la intervención de los hombres (activos, y por consiguiente seguidores de ciertos fines inmediatos y mediatos) como decisiva en el desarrollo histórico (se entiende que en condiciones dadas). Pero, si se analiza más a fondo, se ve que en Bernstein y en sus secuaces la intervención humana no está del todo excluida, al menos implícitamente (lo que sería muy tonto), pero es admitida solo de modo unilateral, porque es admitida como «tesis», pero excluida como «antítesis»; o sea: se la considera eficiente como tesis, en el momento de la resistencia y de la conservación, y se la rechaza como antítesis, como iniciativa e impulso progresivo del antagonista. Pueden existir «fines» para la resistencia y la conservación (las mismas «resistencia y conservación» son fines que piden una organización especial civil y militar, el control activo del adversario, la intervención oportuna para impedir que el adversario se fortalezca mucho, etc.), no para el progreso y la iniciativa renovadora. No se trata de otra cosa que de una sofística teorización de la pasividad, de un modo «astuto» (en el sentido de las «astucias de la providencia» viquianas), por el cual la «tesis» interviene para debilitar a la «antítesis», porque justamente la antítesis, que presupone el florecimiento de las fuerzas latentes y adormecidas para espolearlas valientemente, tiene necesidad de tener en cuenta los fines, inmediatos y mediatos, para reforzar su movimiento superador. Sin la perspectiva de fines concretos no puede existir el movimiento del todo.

El mal menor o el menos peor

(Para aparejar con la otra fórmula sin criterio de «tanto peor tanto mejor»). Se podría tratar en forma de apólogo (recordar el dicho popular «peor no ha muerto jamás»). El concepto de «mal menor» o de «menos peor» es de los más relativos. Un mal es siempre menor que un subsiguiente mayor, y un peligro es siempre menor que otro subsiguiente posible mayor. Todo mal se convierte en menor en comparación con otro que se presenta como mayor y así hasta el infinito. La fórmula del mal menor, del menos peor, no es otra cosa, por lo tanto, que la forma que asume el proceso de adaptación a un movimiento históricamente regresivo, movimiento cuyo desenvolvimiento es guiado por una fuerza audazmente eficiente, mientras que las fuerzas antagonistas (o mejor, los jefes de ellas) están decididas a capitular progresivamente, en pequeñas etapas y no de un solo golpe (lo que tendría un significado bien diverso, por el efecto psicológico condensado, y podría hacer nacer una fuerza activa concurrente con la que pasivamente se adapta a la «fatalidad», o reforzarla si ya existe). Puesto que es justo el principio metódico según el cual los países más avanzados (en el movimiento progresivo o regresivo) son la imagen anticipada de los otros países donde el mismo desenvolvimiento está en los comienzos, la comparación es correcta en este campo, por eso puede servir (servirá pero siempre desde un punto de vista educativo).

Discusiones prolijas, partir un pelo en cuatro, etcétera

Es postura de intelectual la de tomar con fastidio las discusiones muy largas, que desmenuzan analíticamente en sus más menudas especificidades y no quieren terminar sino cuando entre los disputantes se ha llegado a un acuerdo perfecto sobre todo el campo de la discordia, o por lo menos las opiniones contrastadas se han enfrentado totalmente. El intelectual profesional cree suficiente un acuerdo sumario sobre los principios generales, sobre las líneas directrices fundamentales, porque presupone que el trabajo individual de reflexión llevará necesariamente al acuerdo sobre las «minucias»; por eso, en las discusiones entre intelectuales, se procede a menudo por rápidas referencias: se tantea, por decirlo así, la formación cultural recíproca, el «lenguaje» recíproco, y hecha la comprobación de que están en un terreno común, con un lenguaje común, con modos comunes de razonar, se procede ultraexpeditivamente. Pero la cuestión esencial consiste justamente en esto: que las discusiones no acontecen entre intelectuales profesionales, sino que incluso es preciso crear previamente un terreno cultural común, un lenguaje común, comunes modos de pensar entre personas que no son intelectuales profesionales, que no han adquirido todavía el hábito y la disciplina mental necesaria para conectar rápidamente conceptos aparentemente dispares, como tampoco para analizar rápidamente, descomponer, intuir, descubrir diferencias esenciales entre conceptos aparentemente similares.

Ya ha sido señalada en otro parágrafo[10] la debilidad íntima de la formación oral de la cultura y los inconvenientes de la conversación o diálogo con respecto a lo escrito: sin embargo, aquellas observaciones, justas en sí mismas, deben ser integradas con estas aquí expuestas, o sea, con la conciencia de la necesidad, para difundir orgánicamente una nueva forma cultural, de la palabra hablada, de la discusión minuciosa y «pedante». Justa adaptación de la palabra hablada y escrita. Todo esto se observa en las relaciones entre intelectuales profesionales y no intelectuales formados, que es a fin de cuentas el caso de todas las gradaciones escolares, de la elemental a la universitaria.

Quien no sea técnico del trabajo intelectual en su trabajo «personal» sobre libros tropieza con dificultades que lo detienen y a menudo le impiden seguir adelante, porque es incapaz de resolverlas rápido, lo que es en cambio posible en las discusiones orales de inmediato. Se observa, aparte de la mala fe, cómo se prolongan las discusiones por escrito por esta razón normal: que una incomprensión exige dilucidaciones y en el curso de la polémica se multiplican las dificultades para entenderse y explicarse.

Angherie[11]

El término se usa todavía en Sicilia para indicar ciertas prestaciones obligatorias a las cuales es constreñido el trabajador agrícola en sus relaciones contractuales con el propietario, arrendatario o subarrendatario, del que ha obtenido tierra en la llamada mediería (que no es otra cosa que un contrato de participación o de simple arriendo con pago en especie, fijado en la mitad, o todavía más, de la cosecha, aparte de las prestaciones especiales o «angherie»). El término es todavía aquel de las épocas feudales; él ha derivado en el lenguaje común el significado peyorativo de «vejación», que sin embargo no parece haber adquirido aún hoy en Sicilia, donde todavía designa una costumbre como normal.

Por lo que respecta a Toscana, cuna de la mediería (confrontar los recientes estudios al respecto hechos por iniciativa de la Academia de los Georgófilos), merece citarse un trozo de un artículo de F. Guicciardini (en la *Nuova Antologia* del 16 de abril de 1907, «Le recenti agitazioni agrarie in Toscana e i doveri della proprietà»): «Entre los pactos acceso-

10. Cfr. supra, pág. 226 y sigs.
11. Angheria, Angaria o Anganci: violencia o vejación *(N. del T.)*.

rios del pacto de colonización, no me refiero a los pactos que llamaré "angarici", en cuanto constituyen cargas del colono, que no tienen en correspondencia ventaja especial alguna: tales serían, por ejemplo, los lavados gratuitos, la extracción de agua, el corte de leña y haces para la estufa del patrón, la contribución en comestibles para el guardián, el suministro de paja y heno para la caballeriza de la hacienda, y en general todos los suministros gratuitos en favor del patrón. No puedo afirmar si estos pactos son los últimos restos del régimen feudal que sobreviven a la destrucción de los castillos y a la liberación de los colonos, o si son incrustaciones formadas por el abuso de los patrones y la indolencia de los colonos, en tiempos más cercanos a nosotros, sobre el tronco genuino del contrato». Según Guicciardini, estas prestaciones han desaparecido en casi todas partes (en 1907), pero ello es dudoso incluso para Toscana. Pero, aparte de estas «angherie», es necesario recordar otras, como el derecho del patrón a encerrar a los colonos en la casa a una cierta hora de la tarde, la obligación de pedir permiso para casarse y hacer el amor, etc., que parecen haberse restablecido en muchas regiones (Toscana, Umbría) después de haber sido abolidas luego de los movimientos agrarios del primer decenio del siglo, movimientos dirigidos por los sindicalistas.

La enfiteusis

El propietario se llama *directario*, y el poseedor *utilista*. En la práctica, la enfiteusis es un arriendo que tiene la especial característica de ser perpetuo, con la cesión de todo derecho inherente a la verdadera propiedad, pero con el derecho de reconquistar el dominio del fundo en caso de falta de pago del canon (censo o nivel enfitéutico – prestaciones perpetuas). Teóricamente, la figura del propietario se duplica. El contrato de enfiteusis es más frecuente en las zonas meridional y de Ferrara; en las otras se aplica escasamente. Está ligado, me parece, al jornalerismo agrario elemental o, mejor, al campesino sin tierra que toma en enfiteusis pequeñas superficies para ocupar las jornadas en las que no tiene trabajo, ya sea porque se trata de épocas sin trabajo o en relación con la monocultura: el enfiteuta, así, introduce grandes mejoras y rotura terrenos inaccesibles o enormemente pedregosos; puesto que está desocupado, no calcula el trabajo presente con la esperanza de un futuro útil, dada la pequeñez de los cánones para las tierras casi estériles. El trabajo del campesino a menudo es tal que el capital-trabajo empleado pagaría dos o tres veces la superficie. Todavía si por cualquier razón el utilista no paga el canon, pierde todo.

Dado el carácter de prestación perpetua, el contrato tendría que ser escrupulosamente observado y el Estado no debería intervenir jamás. En cambio, en 1925 fue concedido a los propietarios el aumento de un quinto de las retribuciones de los cánones. En junio de 1929, los senadores Garofalo, Libertini, Marcello y Amero d'Aste tuvieron el caradurismo de presentar un proyecto de ley por el cual se aumentaban todavía más los cánones, a pesar de la revaluación de la lira: el proyecto no fue considerado, pero quedó como signo de los tiempos, como prueba de la ofensiva general de los propietarios contra los campesinos.

Los campesinos italianos

Problemas campesinos: malaria, bandidismo, tierras incultas, pelagra, analfabetismo, emigración. (Estos problemas ¿fueron tratados en el Risorgimento? ¿Cómo? ¿Por quién?). En el período del Risorgimento, algunas de estas desventuras alcanzan el grado máximo de gravedad; el Risorgimento coincide con un período de gran depresión económica en amplias regiones italianas, depresión que se ve aumentada por la conmoción política. La pelagra aparece en Italia en el curso del siglo XVIII, y fue agravándose en el siguiente: investigaciones sobre la pelagra de médicos y economistas. (¿Cuáles son las causas de la pelagra y de la mala nutrición que está en su origen?). Confrontar el libro de Luigi Messedaglia *Il mais e la vita rurale italiana* (Piacenza, editado por la Federación de los Consorcios Agrarios, 1927). Este libro de Messedaglia es necesario para el estudio de la cuestión agraria italiana, como el libro de Jacini y los de Celso Ulpiani.

Sobre el predicador católico

La Contrarreforma elaboró un tipo de predicador que está descrito en el *De predicatore Verbi Dei*, París, 1585. Algunos cánones: 1) la predicación al auditorio: diferente para un público de campesinos y para uno de ciudadanos, para uno de nobles y uno de plebeyos, etc.; 2) el predicador no debe ser complaciente con la elocuencia exterior, tampoco con el excesivo refinamiento de la forma; 3) no debe internarse en cuestiones muy sutiles y hacer excesivo gasto de doctrina; 4) no debe describir los argumentos heréticos ante multitudes inexpertas, etc. El tipo de predicador formado por la Contrarreforma puede encontrarse hoy en el periodista católico, porque en realidad los periodistas son una variedad cultural del predicador y del orador. El punto 4 es especialmente interesante y sirve para entender por qué las más de las veces las polémicas con los periódicos católicos son estériles en sus resultados: no solo no reproducen los «argumentos de los heréticos», sino que, al combatirlos indirectamente, los retuercen y los desfiguran, porque no quieren que los lectores inexpertos puedan reconstruirlos a través de la misma polémica. A menudo, directamente, la «herejía» queda sin objeción, porque se considera un mal menor dejarla circular en cierto ambiente en vez de hacerla conocer por ambientes todavía no infectados, al combatirla.

Apóstatas y sus sistemas desleales de polémica

Los católicos se lamentan a menudo, y con razón, de que los apóstatas del catolicismo se sirvan de los argumentos de los heréticos callando las refutaciones, presentándolos a los inexpertos como novedades originales no refutadas. En los seminarios, estos argumentos son expuestos con precisión, analizados, refutados en los cursos de apologética: el sacerdote secularizado, con insigne deslealtad intelectual, presenta al público aquellos argumentos como originales suyos, como no refutados e irrefutables, etcétera.

Cualidades militares

Una frase del general Gazzera en el discurso al Parlamento como ministro de Guerra (22 de abril de 1932: confrontar en los diarios de 1923): «La audacia nace de la pasión, la sagacidad del intelecto, el equilibrio del saber». Se podría comentar, y sería especialmente interesante, tratando de ver cómo audacia, sagacidad y equilibrio de las dotes personales se transforman a través de la organización del ejército en cualidades colectivas de un conjunto orgánico y articulado de oficiales, suboficiales, cabos y soldados, ya que en la acción las cuatro gradaciones tienen intensa vida propia y forman en conjunto una colectividad orgánica.

Las discusiones sobre la guerra futura

Guerra total, importancia de la aviación, de los pequeños ejércitos profesionales, en comparación con los grandes ejércitos de reclutamiento, etc. Estos argumentos son importantes en sí y por sí y merecen estudio y consideración. La literatura a propósito debe de ser hoy imponente en todos los países. (Veo citado un volumen: Rocco Morretta, *¿Come sarà la guerra di domani?*, Agnelli, Milán, 1932, pág. 368). Pero hay un aspecto de la cuestión que parece también digno de consideración: todas estas discusiones sobre la hipotética guerra futura son el terreno de una «guerra» real actual: las viejas estructuras militares (estados mayores, etc.) resultan modificadas por la intervención en el equilibrio entre las viejas armas de la aviación y sus oficiales. Se sabe que las viejas estructuras militares representan una determinada política conservadora-reaccionaria de viejo estilo, difícil de vencer y eliminar. Para muchos gobiernos actuales la aviación, las discusiones sobre la importancia de la aviación, sobre el modo según el cual deben ser establecidos los planes estratégicos de una guerra futura, etc., son la ocasión para eliminar molecularmente a las viejas personalidades militares, ligadas a una vieja costumbre política y que podrían organizar golpes de Estado, etc. Por eso la importancia de la aviación es doble: técnico-militar y político-inmediata.

Ver el artículo del general Orlando Freri («L'agguerrimento delle nuove generazioni», en *Gerarchia* de agosto de 1933), que es interesante tanto más por cuanto ha sido publicado casi simultáneamente con la dimisión del general Gazzera del Ministerio de Guerra y del crucero de la escuadrilla de Balbo de Roma a Chicago. El artículo de Freri plantea la cuestión del «pequeño ejército» de paz como ejército de «graduados y especialistas» que debiera crearse en relación con el desarrollo de la milicia voluntaria y por razones de equilibrio (o sea, en relación con las necesidades modernas de una instrumentación mecánica vasta y costosa que no puede ser satisfecha con un ejército de paz numeroso, etcétera).

El «estrellón de Italia»

¿Cómo ha nacido este modo de decir sobre el «estrellón» que entra a formar parte de la ideología patriótica y nacional italiana? El 27 de noviembre de 1871, el día en que Víctor Manuel II inauguró en Roma el Parlamento, fue visto en pleno día el planeta Venus que normalmente (porque Venus es un planeta interno de la órbita de la Tierra) no puede verse más que por la mañana, antes de salir el sol, y por la tarde en el ocaso. Si alguna vez ciertas condiciones atmosféricas favorecen la visibilidad del planeta, no es raro el caso de que se pueda ver incluso después de la salida del sol y también antes de que se haya puesto; esto es precisamente lo que sucedió el 27 de noviembre de 1871. El hecho es recordado del modo más preciso por Giuseppe Manfroni, entonces comisario de Borgo, que en sus

Memorias escribió: «El más grande acontecimiento del mes de noviembre fue la inauguración de la nueva sesión del Parlamento, acaecida el 27 con un discurso pronunciado por el rey... No faltó el milagro: en pleno día, sobre el Quirinal, una estrella brillantísima: Venus, dicen los astrónomos; pero el pueblo decía que la estrella de Italia iluminaba el triunfo de las ideas unitarias». La visibilidad de Venus en pleno día parece ser un fenómeno raro, no rarísimo, ya observado por los antiguos y en el Medioevo. En diciembre de 1797, cuando Napoleón regresó triunfalmente a París después de la guerra italiana, se vio el planeta de día y el pueblo decía que era la estrella de Napoleón.

El pueblo romano y la cultura liberal

A menudo, en estas notas,[12] se ha hecho referencia a la *Scoperta dell'America* de Pascarella, como documento de una determinada corriente de cultura folklorista popular. Se podría estudiar directamente no solo la *Scoperta*, sino las otras composiciones de Pascarella desde este punto de vista, o sea, cómo el bajo pueblo romano había asimilado y expresaba la cultura liberal democrática desarrollada en Italia durante el Risorgimento. Es inútil recordar cómo en Roma esta asimilación y expresión tiene caracteres peculiares, no solo por la vivacidad del pueblo romano, sino especialmente porque la cultura liberal democrática tenía un contenido anticlerical y en Roma, por la proximidad del Vaticano y por toda la tradición pasada, esta cultura no podía dejar de tener una expresión típica. (Deberían verse las crónicas sobre los sucesos romanos del período 1870-1880, que son ricas en episodios populares. Ver, por ejemplo, los *Annali*,[13] de Pietro Vigo; la polémica Cavallotti-Chauvet; también *Il libro di Don Chisciotte*, de Scarfoglio, y otra literatura, especialmente periodística, de esa época).

Testimonianze

De Luigi Volpicelli, «Per la nuova storiografia italiana» (la *Fiera Letteraria*, 29 de enero de 1928): «El primer cuarto de siglo no fue infecundo en obras e investigaciones para los estudios históricos; también en conjunto muchos pasos adelante se han dado sobre la historiografía del siglo

---

12. Cfr. supra, págs. 38 y 42.
13. Cfr. Pietro Vigo, *Storia degli ultimi trenta anni del secolo XIX*, Treves, Milán, 1908.

transcurrido. Renovada completamente por el materialismo histórico, la investigación contemporánea ha conseguido recorrer nuevos y más congruentes caminos y se ha hecho cada vez más exigente y compleja». Pero Volpicelli no tiene conciencia exacta de lo que escribe; en efecto, después de haber hablado de esta función del materialismo histórico en el primer cuarto de siglo, critica la historiografía del siglo XIX (de modo muy vago y superficial) y continúa: «Me he detenido largamente sobre tal tema (la historiografía del siglo XIX) para dar una idea precisa (!) al lector del paso gigantesco cumplido por la historiografía contemporánea. Las consecuencias, en efecto, han sido enormes (¿consecuencias de qué?); la renovación, directamente total. Fueron destruidos los límites exteriores fijados por las diversas metodologías que agotaban la indagación histórica en una formal investigación filológica o diplomática, se superaron ampliamente las tendencias económico-jurídicas de principios de siglo, las falsas expectativas del materialismo histórico, las abstracciones y los aforismos de ciertos ideólogos, más novelistas que historiadores». Así, el materialismo histórico, que inicialmente es el renovador de la historiografía, se transforma un trecho después, bajo la forma de «falsa expectativa», en una víctima de la renovación; de sepulturero de la historiografía decimonónica se transforma en una parte del siglo XIX, sepultada con todo el conjunto. Volpicelli tendría que estudiar un poco de lógica formal.

La burocracia

Me parece que, desde el punto de vista económico-social, el problema de los funcionarios y de la burocracia es necesario considerarlo en un cuadro mucho más vasto: en el cuadro de la «pasividad» social, pasividad relativa, y entendida desde el punto de vista de la actividad productiva de bienes materiales. O sea, desde el punto de vista de aquellos bienes o valores especiales que los economistas liberales llaman «servicios». En una determinada sociedad, ¿cuál es la distribución de la población con respecto a las «mercancías» y con respecto a los «servicios»? (Y se entiende «mercancías» en el sentido restringido de «mercancías» materiales, de bienes físicamente consumibles como «espacio y volumen»). Es cierto que, cuanto más extendida esté la parte de «servicios», tanto peor organizada está una sociedad. Uno de los fines de la «racionalización» es por cierto el de restringir a lo meramente necesario la esfera de los servicios. El parasitismo se desarrolla especialmente en esta esfera. La desocupación «productiva» determina «inflación» de servicios: multiplicación del pequeño comercio.

Personalidades del mundo económico nacional

Son menos conocidas y apreciadas de lo que a veces merecerían. Una clasificación: 1) científicos, escritores, periodistas, cuya actividad es prevalentemente teórica, que influyen en la práctica pero como «educadores» y teóricos; 2) prácticos, pero que tienen mucha actividad como «publicistas» o «difusores» o «conferencistas» (por ejemplo, Alberto Pirelli, Teodoro Mayer, Gino Olivetti); 3) prácticos de valor indiscutido y sólido (por ejemplo, Agnelli, Crespi, Silvestri, etc.), conocidos por el público; 4) prácticos que se mantienen a la sombra, por muy grande que sea su actividad (ejemplo, Marsaglia); 5) prácticos *demi-monde* (un ejemplo típico era aquel contador Panzarasa de la sociedad en cadena Italgas); 6) expertos estatales, especialistas de la burocracia estatal para las aduanas, las administraciones autónomas, el comercio internacional, etc.; 7) banqueros y especuladores, etc. Se tendrían que examinar estas personalidades «prácticas» para toda actividad industrial, técnica, financiera, etc., e incluso «político-parlamentaria» (compiladores y relatores de los balances y de las leyes económico-financieras en el Senado y en la Cámara) y «técnicos» (tipo ing. Omodeo). La colección de las publicaciones periódicas del *Rotary* italiano, las publicaciones oficiales de las confederaciones industriales y patronales, podrían proporcionar cierto material; igualmente las publicaciones del Crédito Italiano sobre las sociedades anónimas.

Las reivindicaciones del italiano mezquino

Francisco Savorgnan di Brazza ha recogido en volumen (*Da Leonardo a Marconi*, Hoepli, Milán, 1933, págs. VIII, 368) una serie de artículos suyos que reivindican para las «individualidades» italianas un conjunto de invenciones y descubrimientos (termómetro, barómetro, dínamo, galvanismo, higrómetro, teléfono, paracaídas, etc.), que parecen haber sido a menudo «usurpados» por extranjeros. En otra nota[14] se señaló como tal reivindicación, es propia del «italiano mezquino», que en realidad reduce a Italia a la función de la China, donde, como es notorio, ha sido inven-

---

14. A. Gramsci, *Gli intellettuali e...*, ed. cit., págs. 58-59. Edición en castellano ya citada, págs. 69-70.

tado «todo». La nota consideraba incluso a Cristóbal Colón y el descubrimiento de América, y estaba conectada con una serie de observaciones sobre el hecho de que en el siglo XV los italianos habían perdido el espíritu de empresa (como colectividad), mientras algunos italianos «emprendedores» que quisieron afirmarse tuvieron que ponerse al servicio de Estados extranjeros o de capitalistas extranjeros.

Las estatuas vivientes de Cuneo

Una de las anécdotas cuneenses más graciosas: para la visita de Víctor Manuel II, la administración de la ciudad recogió en los alrededores a los jóvenes de mayor prestancia física los que, enyesados como parecía adecuado, fueron colocados antes del desfile real sobre pedestales con poses de estatuas antiguas. Al mismo tiempo, todos los cotudos fueron encerrados en los sótanos. Al paso del rey, las «estatuas» se dispusieron en orden, dando la impresión de un gran espectáculo de belleza y arte, pero desde los sótanos las voces desgarrantes de los cotudos hicieron oír su nota discordante: «Somos nosotros los cuneenses; Cuneo, somos nosotros», etc. Las aldeas de Potemkin no son solo, por consiguiente, una cosa privativa de la vieja Rusia feudal y burócrata, y períodos enteros de la historia pueden ser llamados por las aldeas de Potemkin.

Natural, antinatural, artificial, etcétera

¿Qué significa decir que una cierta acción, un cierto modo de vivir, una cierta posición o costumbre, son «naturales» o «antinaturales»? En su interior todos creen saber qué significa exactamente, pero, si se reclama una respuesta explícita y motivada, se ve que la cosa no es tan fácil como parece. Es necesario, mientras tanto, determinar que no se puede hablar de «naturaleza» como de algo fijo, inmutable y objetivo. Hay quien se da cuenta de que casi siempre «natural» significa «justo» y «normal», según nuestra actual conciencia histórica; pero los más no tienen conciencia de esta actualidad determinada históricamente y creen que su modo de pensar es eterno e inmutable.

En algunos grupos fanáticos de la «naturalidad» se observa esta opinión: acciones que ante nuestra conciencia aparecen como «antinaturales» son para ellos «naturales» porque las realizan los animales y ¿no son los animales «los seres más naturales del mundo»? Estas opiniones se sienten expresadas frecuentemente, en ciertos ambientes, a propósito sobre todo de las cuestiones conexas con las relaciones sexuales. Por ejemplo: ¿por qué el incesto sería antinatural si está difundido en la «naturaleza»? Tales afirmaciones sobre los animales no siempre son exactas, porque las observaciones están hechas sobre animales domesticados por el hombre para su servicio y constreñidos a una forma de vida que para los mismos animales no es «natural», sino conforme a los fines del hombre. Pero, aunque fuera verdad que ciertos actos se verifican entre los animales, ¿qué significado tendría eso para el hombre? ¿Por qué tendría que extraer de allí una norma de conducta? La «naturaleza» del hombre es el conjunto de las relaciones sociales que determinan una conciencia históricamente definida; solo esta conciencia puede indicar lo que es «natural» o «antinatural». Por otra parte, el conjunto de las relaciones sociales es contradictorio en todo momento y está en continuo desarrollo, así como la naturaleza del hombre no es algo homogéneo para todos los hombres y en todos los tiempos.

Se siente decir a menudo que un cierto hábito se ha transformado en una «segunda naturaleza»; pero la «primera naturaleza» ¿habrá sido verdaderamente la «primera»?

En este modo de expresarse del sentido común ¿no está implícita la referencia a la historicidad de la «naturaleza humana»? Constatado que al ser contradictorio el conjunto de las relaciones sociales no puede dejar de ser contradictoria la conciencia de los hombres, se plantea el problema de cómo se manifiestan tales contradicciones y de cómo puede ser progresivamente obtenida la unificación. Se manifiestan en todo el cuerpo social con la existencia de conciencias históricas de grupo (con la existencia de estratificaciones correspondientes a diversas fases del desarrollo histórico de la civilización y con antítesis en los grupos que corresponden a un mismo nivel histórico) y se manifiestan también en los individuos singulares como reflejo de una tal disgregación «vertical y horizontal». En los grupos subalternos, por la ausencia de autonomía en la iniciativa histórica, la disgregación es más grave y más fuerte la lucha por liberarse de los principios impuestos y no propuestos en la consecución de una conciencia histórica autónoma: los puntos de referencia en tal lucha son dispares y uno de ellos, precisamente el que consiste en la «naturalidad», en el poner como ejemplo a la «naturaleza», tiene mucho éxito porque es evidente y simple. ¿Cómo debe formarse, en cambio, esta conciencia histórica propuesta autónomamente? ¿Cómo debe cada uno escoger y combinar los elementos para la constitución de una tal conciencia autónoma? ¿Todo elemento «impuesto» tendrá que ser repudiado *a priori*? Habrá que repudiarlo como impuesto, pero no en sí mismo, o sea, será necesario darle una nueva forma que sea la propia del grupo dado. Que la instrucción sea obligatoria no significa, en efecto, que sea por ello repudiable y tampoco que no pueda ser justificada, con nuevas argumentaciones, una nueva forma de obligatoriedad: es necesario convertir en «libertad» lo que es «necesario», pero para eso es preciso reconocer una necesidad «objetiva», que resulte objetiva en primer lugar para el grupo mencionado. Es necesario referirse por eso a las relaciones técnicas de producción, a un determinado tipo de civilización económica que para ser desarrollado requiere un determinado modo de vida, determinadas reglas de conducta, un cierto hábito. Es necesario persuadirse de que no solo es «objetiva» y necesaria una cierta instrumentación, sino también un cierto modo de comportarse, una cierta educación, un cierto modo de convivencia, etc.; en esta objetividad y necesidad histórica (que por otra parte no es evidente, sino que requiere quien la reconozca críticamente y la sostenga de modo completo y casi «capilar») se puede basar la «universalidad» del principio moral; incluso no ha existido jamás otra universalidad que esta objetiva necesidad de la técnica civil, aunque esté interpretada mediante ideologías trascendentes o trascendentales y presentada a menudo del modo más eficaz históricamente para alcanzar el objetivo deseado.

Una concepción como la expuesta antes parece conducir a una forma de relativismo y, por consiguiente, de escepticismo moral. Se observa que otro tanto se puede decir de todas las concepciones elaboradas hasta hoy por la filosofía, cuya imperatividad categórica y objetiva ha sido siempre pasible de ser reducida por la «mala voluntad» a formas de relativismo y de escepticismo. Para que la concepción religiosa pudiese al menos aparecer como absoluta y objetivamente universal, sería necesario que se presentara como monolítica, por lo menos intelectualmente uniforme en todos los creyentes, lo que está muy lejos de la realidad (diferencias de escuelas, sectas, tendencias y diferencias de clase: simples y cultos, etc.); de ahí la función del Papa como maestro infalible. Lo mismo se puede decir del imperativo categórico de Kant: «Obra como quisieras que obrasen todos los hombres en las mismas circunstancias». Es evidente que cada uno puede pensar, *bona fide*, que todos tendrían que obrar como él, incluso cuando cumple acciones que son en cambio repugnantes a conciencias más desarrolladas o de civilizaciones diferentes. Un marido celoso que mata a la mujer infiel piensa que todos los maridos tendrían que matar a las mujeres infieles, etc. Se puede observar que no existe delincuente que no justifique íntimamente el delito cometido, por perverso que pueda ser, y por lo tanto no carecen de cierta convicción de buena fe las protestas de inocencia de tantos condenados; en realidad, cada uno de ellos conoce exactamente las circunstancias objetivas y subjetivas en las que cometió el delito, y de este conocimiento, que a menudo no puede transmitir racionalmente a los otros, extrae la convicción de estar «justificado»; solo si cambia su modo de concebir la vida, llega a un juicio diferente, cosa que sucede a menudo y explica muchos suicidios. La fórmula kantiana, analizada de manera realista, no supera un cierto ambiente dado, con todas sus supersticiones morales y sus costumbres bárbaras; es estática, es una forma vacía que puede ser llenada por cualquier contenido histórico actual o anacrónico (con sus contradicciones, naturalmente, porque lo que es verdad más allá de los Pirineos es mentira más acá de ellos). La fórmula kantiana parece superior porque los intelectuales la llenan con su particular modo de vivir y de obrar y se puede admitir que a veces ciertos grupos de intelectuales sean más progresistas y civilizados que su ambiente.

El argumento del peligro de relativismo y escepticismo no es, por consiguiente, válido. El problema que debe plantearse es otro: esta determinada concepción moral ¿tiene en sí los caracteres de una cierta duración? O también, ¿es mutable cada día o da lugar, en el mismo grupo, a la formulación de la teoría de la doble voluntad? Por otra parte, sobre su base ¿puede constituirse una élite que guíe a las multitudes, las eduque y sea capaz de ser «ejemplar»? Si estos puntos tienen respuestas afirmativas, la concepción está justificada y es válida. Pero habrá un período de relajamiento, y hasta de libertinaje y disolución moral. Esto no está excluido en absoluto, pero tampoco constituye un argumento válido. Períodos de disolución moral se han verificado a menudo en la historia, aunque se mantuviera el predominio de la misma concepción moral general, y han tenido origen en causas reales y concretas y no en las concepciones morales. Estas causas indican muchas veces que una concepción ha envejecido, se ha disgregado, se ha transformado en pura hipocresía formalista, pero intenta mantenerse en auge coercitivamente, coaccionando a la sociedad a una doble actitud; con hipocresía y duplicidad justamente reaccionan en forma exagerada los períodos de libertinaje y de disolución, que anuncian casi siempre que se está formando una nueva concepción.

El peligro de falta de vivacidad moral está, en cambio, representado por la teoría fatalista de aquellos grupos que comparten la concepción de la «naturalidad» según la «naturaleza» de los animales y por quienes justifican todo con el ambiente social. Todo sentido de responsabilidad individual se obtura de ese modo y toda responsabilidad singular es anegada en una abstracta e inhallable responsabilidad social. Si este concepto fuese cierto, el mundo y la historia serían siempre inmóviles. Si, en efecto, el individuo para cambiar tiene necesidad de que toda la sociedad haya cambiado antes que él, mecánicamente, por vaya a saber qué clase de fuerza extrahumana, no acontecería jamás ningún tipo de cambio. La historia, por el contrario, es una continua lucha de individuos y grupos para cambiar lo que existe en cada momento dado, pero, para que la lucha sea eficiente, estos individuos y grupos tendrán que sentirse superiores a lo que existe, educadores de la sociedad, etc. El ambiente, por lo tanto, no justifica, sino que solo «explica» el comportamiento de los individuos, y especialmente de los históricamente más pasivos. La «explicación» servirá a veces para hacernos más indulgentes hacia los individuos, y dará material para la educación, pero no debe jamás transformarse en «justificación» sin conducir necesariamente a una de las formas más hipócritas y repugnantes de conservadurismo y de «reaccionarismo».

Al concepto de «natural» se contrapone el de «artificial», de «convencional». Pero ¿qué significa «artificial» y «convencional» cuando se refiere a fenómenos de masa? Significa simplemente «histórico», adquirido a través del desarrollo histórico, e inútilmente se trata de dar un sentido peyorativo a la cuestión porque incluso ha penetrado en la conciencia común con la expresión de «segunda naturaleza». Se podrá, por consiguiente, hablar de artificio y de convencionalismo con referencia a idiosincrasias personales, no a fenómenos de masas ya en acción. Viajar en ferrocarril es «artificial» pero no, por cierto, como ponerse colorete en la cara.

Según las referencias hechas en los parágrafos precedentes, se plantea el problema de quién habrá de decidir que una determinada conducta moral es la más conforme con un determinado estadio de desarrollo de las fuerzas productivas. Claro está que no se puede hablar de crear un «papá» especial o un santo oficio competente. Las fuerzas dirigentes nacerán por el mismo hecho de que el modo de pensar se orientará en este sentido realista y nacerán del mismo choque de pareceres discordantes, sin «convencionalidad» ni «artificio», sino naturalmente.

La crisis de «Occidente»

La *Fiera Letteraria* del 29 de julio de 1928 trae algunos trozos de un artículo de Felipe Burzio en la *Stampa*. Se habla hoy de Occidente como algunos siglos atrás se hablaba de la «cristiandad». Ha existido una primera unidad de Occidente, la cristiano-católica medieval; un primer cisma o crisis: la Reforma, con las guerras religiosas. Después de la Reforma, después de casi dos siglos de guerras religiosas, se realizó de hecho, en Occidente, una segunda unidad de otra índole, que infiltró por sí profundamente toda la vida europea y culminó en los siglos XVIII y XIX: las resistencias que encontró no la invalidaron, como las herejías medievales no invalidaron a la primera.

Es esta nueva unidad la que está en crisis (Burzio está polemizando con los católicos, los cuales querrían apropiarse de la «cura» de la crisis, como si esta se verificase en su terreno y ellos no fueran los antagonistas reales, mientras son los restos o los fósiles de una unidad histórica ya definitivamente superada). Se apoya en tres pilares: el espíritu crítico, el espíritu científico y el espíritu capitalista (tal vez fuera mejor decir «industrial»). Los dos últimos son sólidos (si «capitalismo» = «industrialismo», sí); el primero, en cambio, ya no lo es, y por eso las élites espirituales de Occidente sufren un desequilibrio y una desarmonía entre la conciencia crítica y la acción (serían siempre las crisis del «historicismo» por la oposición entre «sentimiento», «pasión» y conciencia crítica). Como sostén del hacer, como ayuda al vivir, el imperativo filosófico es gris y vacío como el solidarismo científico. En este vacío el alma agoniza y algo de esto sabe la inspiración poética que se ha ido haciendo cada vez más lóbrega y febril. Casi ningún día interior es en nuestro tiempo alegre. (Pero ¿esta crisis no está más bien ligada a la caída del mito del progreso indefinido y al optimismo que de él derivaba, o sea, a una forma de religión, más bien que a la crisis del historicismo y de la conciencia crítica? En realidad, la «conciencia crítica» estaba restringida a un pequeño sector, hegemónico, sí, pero restringido; el «aparato de gobierno» espiritual se ha hecho pedazos, y esta es la crisis, pero ella es también de difusión, lo que llevará a una nueva «hegemonía» más segura y estable).

Tenemos que salvar al Occidente integral: todo el conocimiento con toda la acción. El hombre quiso navegar, y navegó; quiso volar, y voló; que Dios haya pensado tantos siglos, ¿no servirá de nada? Alborea, emerge, de la creación la mentalidad del creador. Si no se puede escoger entre los diferentes modos de vida, porque especializarse querría decir mutilarse, no queda otra cosa que hacerlo todo. Si la antigua religión parece exhausta, no queda otra cosa que rejuvenecerla. Universalidad, interioridad, magia. Si Dios se oculta, nos queda el demiurgo. Hombre de Occidente *hic rec tua agitur.* (Notar cómo desde polos opuestos, B. Croce y F. Burzio resisten la oleada de la nueva «religiosidad» antihistoricista).

Oriente-Occidente

En una conferencia, publicada en el volumen *L'énergie spirituelle*, París, 1920, Bergson busca resolver el problema: ¿qué habría sucedido si la humanidad hubiese volcado su propio interés y su propia investigación en los problemas de la vida interior tanto como en los del mundo material? El reino del misterio habría sido el de la materia y ya no el del espíritu, dice él.

Habrá que leer esta conferencia. En realidad, «humanidad» significa Occidente, porque precisamente el Oriente se ha encerrado en la fase de la investigación vuelta solo hacia el mundo interior. La cuestión sería esta: plantear en base al estudio de la conferencia de Bergson si no es justamente el estudio de la materia, o sea, el gran desarrollo de las ciencias entendidas como teoría y como aplicación industrial, el que ha hecho nacer el punto de vista de que el espíritu es un «misterio», en cuanto imprimió al pensamiento un ritmo acelerado de movimiento, haciendo pensar en lo que podría ser el «porvenir del espíritu» (problema que no se plantea cuando la historia está detenida) y haciendo por consiguiente del espíritu una entidad misteriosa que se manifiesta un poco caprichosamente, etcétera.

Eurasiatismo

El movimiento se desarrolla en torno al periódico *Nakanunie*, que tiende a la revisión de la postura asumida por los intelectuales emigrados; ha comenzado en 1921. La primera tesis del eurasiatismo es que Rusia es más asiática que occidental. Rusia debe ponerse a la cabeza de Asia en la lucha contra el predominio europeo. La segunda tesis es que el bolchevismo fue un acontecimiento decisivo para la historia de Rusia: «activó» al pueblo ruso y ayudó a la autoridad y a la influencia mundial de Rusia con la nueva ideología que difundió. Los eurasiáticos no son bolcheviques, pero son enemigos de la democracia y del parlamentarismo occidental. Se refieren a menudo a los fascistas rusos como partidarios de un Estado fuerte en el que la disciplina, la autoridad y la jerarquía tienden a dominar sobre la masa. Son partidarios de una dictadura y saludan al orden estatal vigente en la Rusia de los sóviets por cuanto ellos alardean de sustituir, con la ideología nacional, la proletaria. La ortodoxia es para ellos la expresión típica del carácter popular ruso, o sea, el cristianismo del alma eurasiática.

Las grandes potencias mundiales

Una reconstrucción histórico-crítica de los regímenes políticos de los Estados que tienen una función decisiva en la vida mundial. El punto más interesante parece ser este: cómo la Constitución escrita se adapta (es adaptada) a las variaciones de las coyunturas políticas, especialmente las desfavorables para las clases dominantes. Es, por consiguiente, necesaria la exposición objetiva y analítica de la Constitución y de todas las leyes orgánicas, pero esta descripción debe hacerse sobre el modelo que se tiene de la Constitución española de 1812 en el volumen sobre la *Quistione d'Oriente* (edición italiana; en la edición francesa, en el VIII volumen de los *Escritos políticos*),[15] pero es especialmente necesario un análisis crítico de las fuerzas políticas constitutivas de los diferentes Estados, fuerzas que deben ser vistas con una suficiente perspectiva histórica. Así el estudio del régimen presidencial americano (USA), con su unidad entre jefe de gobierno y jefe de Estado, es difícil de comprender para el europeo medio moderno; y también en eso es similar al régimen de las repúblicas comunales medievales italianas (fase económica-corporativa del Estado). En toda constitución deben examinarse los puntos que permiten el pasaje legal del régimen constitucional-parlamentario al dictatorial: ejemplo el artículo 48 de la Constitución de Weimar, que tanta importancia tuvo en la reciente historia alemana. En la Constitución francesa (cuyo desarrollo es del máximo interés) la figura del presidente de la República tiene posibilidades de desarrollo de las que hasta ahora no ha sido necesario servirse, pero que no está excluido que sean empleadas (recordar las tentativas de Mac-Mahon y la reciente de Millerand); todavía falta considerar la relación que existe entre la Constitución y las otras leyes orgánicas (recordar para Italia la función que en ciertas ocasiones ha tenido la ley comunal y provincial y la de seguridad pública). Se puede decir en general que las constituciones son más que nada «textos educativos» ideológicos, y que la «real» Constitución está en otros documentos legislativos (pero especialmente en la relación efectiva de las fuerzas sociales, en

---

15. En castellano puede verse Marx y Engels, *La revolución en España*, págs. 117 a 125. Ediciones en Lenguas Extranjeras, Moscú, sin fecha *(N. del T.)*.

el momento político-militar). Un estudio serio de estos temas, hecho con perspectiva histórica y con métodos críticos, puede ser uno de los medios más eficaces para combatir la abstracción mecanicista y el fatalismo determinista. Como bibliografía se puede recurrir por una parte a los estudios de geopolítica, para las descripciones de las fuerzas constitutivas económico-sociales y de sus posibilidades de desarrollo, y por la otra a libros como el de Bryce sobre las democracias modernas. Pero para cada país es necesaria una bibliografía especializada sobre la historia general, sobre la historia constitucional, sobre la teoría de los partidos políticos, etc. (El Japón y los Estados Unidos me parecen los argumentos más fecundos para la educación y el ensanchamiento de los horizontes culturales). La historia de los partidos y de las corrientes políticas no puede separarse de la historia de los grupos y de las tendencias religiosas. Justamente los Estados Unidos y el Japón ofrecen un terreno de examen excepcional para comprender la interdependencia entre los grupos religiosos y los políticos, o sea, para comprender cómo cualquier obstáculo legal o de violencia privada al desarrollo espontáneo de las tendencias políticas y a su organización en partido determina una multiplicación de las sectas religiosas. Desde este punto de vista, la historia político-religiosa de los Estados Unidos puede ser parangonada a la de la Rusia zarista (con la diferencia importante de que si en la Rusia zarista faltaba la libertad política legal también faltaba la libertad religiosa y, por consiguiente, el sectarismo religioso asumía formas morbosas y excepcionales). En los Estados Unidos legalmente y de hecho no falta la libertad religiosa (dentro de ciertos límites, como recuerda el proceso contra el darwinismo), y si legalmente (dentro de ciertos límites) no falta la libertad política, falta de hecho por la presión económica y también por la deliberada violencia privada. Desde este punto de vista, asume importancia el examen crítico de la organización judicial y de la policía, que dejan impunes y ayudan a las violencias privadas tendientes a impedir la formación de otros partidos aparte del Republicano y del Demócrata. Hasta el nacimiento de nuevas sectas religiosas es casi siempre propiciado y financiado por los grupos económicos, para canalizar los efectos de la compresión cultural-política. Las enormes sumas destinadas en América a la actividad religiosa tienen un fin bien preciso político-cultural.

En los países católicos, dado el centralismo jerárquico vaticano, la creación de nuevas órdenes religiosas (que sustituye la creación de sectas de los países protestantes) no es ya suficiente para el mismo objetivo (lo fue antes de la Reforma), y se recurre a soluciones de carácter local: nuevos santos, nuevos milagros, campañas misioneras, etc. Se puede recordar que, por ejemplo, en 1911-1912, a la tentativa en Italia meridional de formar políticamente a los campesinos a través de una campaña por el libre cambio (contra los azucareros, dado que el azúcar es mercadería popular ligada a la alimentación de los niños, de los enfermos, de los viejos) se respondió con una campaña misionera tendiente a suscitar el fanatismo supersticioso popular, a veces también en forma violenta. (Así fue por lo menos en Cerdeña). Que estuviese ligada a la campaña por el libre cambio lo demuestra el hecho de que contemporáneamente, en los llamados *Misteri* (semanario popularísimo, tirado en millones de copias) se invitaba a rezar por los «pobres azucareros», atacados «cainescamente» por los «masones», etcétera.

La función mundial de Londres

¿Cómo se constituyó históricamente la función económica mundial de Londres? Tentativas americanas y francesas para sustituir a Londres. La función de Londres es un aspecto de la hegemonía económica inglesa, que continúa también después de que la industria y el comercio ingleses hayan perdido su anterior posición. ¿Cuánto rinde a la burguesía inglesa la función de Londres? (En algunos escritos de Einaudi de la preguerra hay largas referencias sobre este tema. El libro de Mario Borsa sobre Londres. El libro de Angel Crespi sobre el imperio inglés. El libro de Guido De Ruggiero).

El tema ha sido en parte tratado por el presidente del Westminster Bank en el discurso pronunciado en la asamblea societaria de 1929: el orador se refirió a las quejas proferidas porque los esfuerzos para conservar la posición de Londres como centro financiero internacional imponían sacrificios excesivos a la industria y al comercio, pero observó que el mercado financiero de Londres produce un rédito que contribuye en gran medida a saldar el déficit de la balanza de pagos. De una encuesta hecha por el Ministerio de Comercio resulta que en 1928 esta contribución fue de 65 millones de libras esterlinas, en 1927 de 63 millones, en 1926 de 60 millones: esta actividad debe considerarse por eso como una de las mayores industrias «exportadoras» inglesas. Se tiene en cuenta la parte importante que corresponde a Londres en la exportación de capitales, que rinde un rédito anual de 285 millones de libras esterlinas y que facilita la exportación de mercaderías inglesas porque las inversiones aumentan la capacidad de adquisición en los mercados extranjeros.

El exportador inglés encuentra después en el mecanismo, que las finanzas internacionales han creado en Londres, facilidades bancarias, cambiarias, etc., superiores a las existentes en cualquier otro país. Es evidente, por lo tanto, que los sacrificios hechos para conservar para Londres la supremacía en el campo de las finanzas internacionales están ampliamente justificados por las ventajas que derivan de ello, pero para conservar esta supremacía se creía esencial que el sistema monetario inglés tuviese por base el libre movimiento del oro; se creía que toda medida que impidiera esta libertad redundaría en perjuicio de Londres como centro internacional para el dinero a la vista. Los depósitos extranjeros hechos en Londres a este título representaban sumas notables puestas a disposición de aquella plaza. Se pensaba que si estos fondos cesaran de afluir, la tasación del dinero sería tal vez más estable, pero indudablemente más alta. ¿Qué sucedió después de la caída de la esterlina, con todos estos puntos de vista? (Sería interesante ver qué términos del lenguaje comercial se han transformado en internacionales por esta función de Londres, términos que se aplican a menudo no solo en la prensa técnica, sino también en los diarios y en la prensa periódica política general).

Disraeli

¿Por qué Disraeli comprendió, mejor que cualquier otro jefe de gobierno *inglés*, las necesidades imperiales? Se puede hacer la comparación entre Disraeli y César. Pero Disraeli no consiguió resolver el problema de la transformación del imperio británico y no tuvo continuadores: el *inglesismo* impidió la fusión en una sola clase imperial unificada de los grupos nacionales que necesariamente se iban formando en todas las regiones del imperio. Es evidente que el imperio inglés no podía fundarse sobre un andamiaje burocrático-militar, como sucedió con el romano: fecundidad del programa de un «Parlamento imperial» pensado por Disraeli. Pero este Parlamento imperial habría tenido que legislar también para Inglaterra, cosa absurda para un *inglés*: solo un semita desprejuiciado como Disraeli podía ser la expresión del imperialismo orgánico inglés. Fenómenos históricos modernos análogos.

Kipling

Podría la obra de Kipling servir para criticar a cierta sociedad que pretende ser algo sin haber elaborado en sí la moral cívica correspondiente, incluso teniendo un modo de ser contradictorio con los fines que verbalmente se plantea. Por otra parte, la moral de Kipling es imperialista solo en cuanto está estrechamente ligada a una bien determinada realidad histórica; pero se pueden extraer de ella imágenes de potente inmediatez para cada grupo social que luche por el poder político. La «capacidad de quemar dentro de sí el propio humo teniendo la boca cerrada» tiene un valor no solo para los imperialistas ingleses, etcétera.

«Augur»

Colaborador de la *Nuova Antologia* para cuestiones de política mundial, especialmente sobre la función del imperio inglés y las relaciones entre Inglaterra y Rusia. «Augur» debe de ser un exiliado ruso. Su colaboración en la *Nuova Antologia* debe de ser indirecta: artículos publicados en revistas inglesas y traducidos en la *Nuova Antologia*. Su actividad periodística tiene por objetivo predicar el aislamiento moral de Rusia (rotura de relaciones diplomáticas) y la creación de un frente único antirruso como preparación de una guerra. Ligado a la derecha de los conservadores ingleses en cuanto a la política rusa, se destaca en política americana; predica una estrecha unión anglo-americana e insiste para que Inglaterra ceda a América o por lo menos desarme las islas que posee en el mar Caribe (Bahamas, etc.). Sus artículos están llenos de prosopopeya (derivada tal vez de la presunta gran autoridad de la fuente inspiradora); trata de infundir la certeza de que una guerra de exterminio es inevitable entre Inglaterra y Rusia, guerra en la que Rusia no puede sino sucumbir. Las relaciones oficiales entre los dos países son como las oleadas superficiales del océano, que van y vienen caprichosamente: pero en el fondo está la potente corriente histórica que lleva a la guerra.

Las colonias

Estudiar en qué medida las colonias han servido para poblar, en el sentido en que el colonialismo está relacionado con la exuberancia demográfica de las naciones colonizadoras.

Por cierto que han ido más ingleses a los Estados Unidos después de la separación que cuando eran colonia inglesa, más ingleses a los Estados Unidos independientes que a las colonias inglesas, etc. Las colonias han permitido una expansión de las fuerzas productivas y, por consiguiente, han absorbido la exuberancia demográfica de una serie de países, pero no ha existido en eso el influjo del factor «dominio directo». La emigración sigue leyes propias, de carácter económico, o sea que las corrientes migratorias se encaminan hacia los diversos países, según las necesidades de diferente especie de mano de obra o de elementos técnicos de los mismos. Un estado no es colonizador en cuanto sea prolífico, sino en tanto es rico en capitales para invertir fuera de sus propios confines, etcétera. Ver así a qué países se dirigieron las corrientes migratorias de los Estados sin colonias y cuáles de estos países «podían» transformarse en sus colonias (abstractamente). La enorme mayoría de la emigración alemana, italiana y japonesa fue hacia países no colonizables.

Los negros de América

Correspondencia de Nueva York de Beniamino De Ritis en el *Corriere della Sera* del 18 de febrero de 1932 («¿Colonie a contanti?»). Tendencias americanas a combinar el problema de las deudas europeas con las necesidades político-estratégicas de los Estados Unidos en el mar Caribe: pedido de cesión de las posesiones europeas en las Antillas y también de colonias africanas. El economista Stephen Leacock publicó en el *New York Herald Tribune* un artículo donde escribe que la cesión del Congo sería suficiente para pagar la deuda íntegra de guerra: «Un gran sueño se haría realidad. Seis generaciones atrás, los indígenas del Congo vinieron a América traídos como esclavos. Han pasado seis generaciones de historia, de trabajo, de lágrimas, y ahora millones de trabajadores educados en el arte y en las ciencias del hombre blanco, podrían volver a la tierra de la que sus antecesores partieron como esclavos y podrían tornarse libres y civilizados. Todo esto no requiere otra cosa que una nueva sistematización de las reparaciones y de las deudas sobre la base de compensaciones "territoriales"».

Las cuestiones navales

Diferencias entre los armamentos terrestres y los marítimos: los marítimos son difícilmente ocultables; puede haber fábricas secretas de armas y municiones, pero no pueden existir astilleros secretos ni cruceros fabricados en secreto. La «visibilidad» y las posibilidades de calcular todo el potencial naval hacen nacer cuestiones de prestigio; encuentra su máxima expresión en la flota de guerra y, por consiguiente, las luchas por la paridad entre dos potencias: ejemplo clásico, Inglaterra y los Estados Unidos.

En última instancia, la base de la flota, como de todo el aparato militar, está apoyada en la potencialidad productiva y financiera de los diferentes países, pero las cuestiones se plantean sobre bases «racionalistas». Inglaterra pone a la vista su posición insular y la necesidad para ella vital de mantener permanentemente los vínculos con sus dominios para el aprovisionamiento de su población, mientras que América es un continente que se basta a sí mismo y tiene dos océanos unidos por el canal de Panamá, etc. Pero ¿por qué un Estado tiene que renunciar a su superioridad estratégico-geográfica, si esta le proporciona condiciones favorables para le hegemonía mundial? ¿Por qué Inglaterra tendría que tener una cierta hegemonía sobre una serie de países, basada sobre sus reales y tradicionales condiciones favorables de superioridad, si los Estados Unidos pueden ser superiores a Inglaterra y absorberla con todo el imperio, si fuera posible? No hay ninguna «racionalidad» en estas cosas, sino solo cuestiones de fuerza y la figura del señor Panera que quiere ensartar al adversario aquiescente es ridicula en todos los casos.

La India

Cfr. Gabriel Gabbrielli, «India ribelle», en *Nuova Antologia* del 1 de agosto de 1929. Este señor G. G. se ha especializado en escribir notas y artículos en *Nuova Antologia*, y probablemente en algunos diarios, contra la actividad del Ispolcom.[16] Se sirve del material que publica en Ginebra la *Entente* contra la Tercera Internacional, especialmente en su *Boletín mensual* y tiene simpatías genéricas por el movimiento para la defensa de Occidente de Henri Massis: simpatías genéricas porque, mientras para Massis la potencia hegemónica de la unión latino-católica no puede ser más que Francia, para Gabbrielli en cambio debe ser Italia; a propósito de Massis y de la defensa de Occidente, se debe recordar que el padre Rosa, en la respuesta de Ugo Ojetti, se refiere a él en forma muy brusca; Rosa ve un peligro de desviación o una desviación directa de la ortodoxia romana.

4.675.000 km², 319 millones de habitantes; 247 millones de habitantes en las enormes quince provincias directamente administradas por el gobierno inglés y que ocupan la mitad del territorio; la otra mitad está repartida entre cerca de 700 Estados tributarios. Cinco religiones principales, una infinidad de sectas, 150 lenguas y dialectos, castas, analfabetismo

---

16. El Comité ejecutivo de la Internacional Comunista.

dominante, 80% de población campesina, esclavitud de la mujer, pauperismo, carestías endémicas. Durante la guerra, 985.000 hindúes movilizados. Relaciones entre Gandhi y Tolstoi en el período 1908-1910 (confrontar Romain Rolland, «Tolstoi et Gandhi», en la revista *Europe*, 1928, en el número dedicado a Tolstoi). Todo el artículo es interesante a falta de otras informaciones.

Elementos de vida política francesa

Los monárquicos construyeron la doctrina histórico-política que se trata de popularizar, según la cual el imperio y la República han significado hasta hoy la invasión del territorio nacional francés. Dos invasiones conexas con la política de Napoleón I (de 1814 y de 1815), una con la política de Napoleón III (1870-1871) y una con la de la Tercera República (1914), proporcionan material de agitación.

Los republicanos se sirven –también ellos– de los mismos materiales; pero naturalmente su punto de vista no es el de los monárquicos, que puede parecer hasta derrotista en cuanto coloca las causas de las invasiones en las instituciones francesas y no en cambio, como sostienen los republicanos, en los enemigos hereditarios de Francia, en primer lugar Prusia (más que Alemania, y esta distinción tiene importancia, porque depende de la política francesa tendiente a aislar a Prusia y a convertir en aliados de Francia a Baviera y a los alemanes meridionales, incluidos los austríacos). Este modo de plantear la cuestión ante las masas populares por parte de todas las diversas tendencias del nacionalismo es cualquier cosa menos carente de eficacia. Pero ¿es históricamente exacto? ¿Cuántas veces Alemania fue invadida por los franceses? (Habría que contar entre las invasiones francesas también la ocupación del Ruhr en 1923). Y ¿cuántas veces fue Italia invadida por los franceses? Y ¿cuántas Francia por Inglaterra?, etc. (Las invasiones inglesas, la lucha de la nación francesa para expulsar al invasor y liberar el territorio, han formado a la nación francesa antes de la Revolución; de allí en adelante, al margen del punto de vista del nacionalismo y del patriotismo, el motivo antiinglés, a causa de las guerras de la Revolución y de Napoleón, se ha arrastrado, especialmente en la literatura para los jóvenes –Verne, etc.– hasta la época de la Tercera República y no ha muerto completamente). Pero después de 1870 el mito nacionalista del peligro prusiano ha absorbido toda o casi toda la atención de los propagandistas de derecha y ha creado la atmósfera política que sofoca a Francia.

Bizantinismo francés

La tradición cultural francesa, que presenta los conceptos bajo la forma de acción política, en la que especulación y práctica se desarrollan en un solo vínculo histórico comprensivo, parecería ejemplar. Pero esta cultura se ha degenerado rápidamente después de los acontecimientos de la gran Revolución y se ha transformado en una nueva Bizancio cultural. Los elementos de tal degeneración, por otra parte, estaban ya presentes y activos incluso durante el desarrollo del gran drama revolucionario, en los mismos jacobinos que lo representaron con la mayor energía y acabamiento. La cultura francesa no es «panpolítica», como la entendemos hoy, sino jurídica. La forma francesa no es la activa y sintética del hombre o luchador político, sino la del jurista sistematizador de abstracciones formales; la política francesa es especialmente elaboración de formas jurídicas. El francés no tiene una mentalidad dialéctica y concretamente revolucionaria, ni siquiera cuando obra como revolucionario: su intención es «conservadora» siempre, porque su intención es la de dar una forma perfecta y estable a las innovaciones que promueve. En el innovar piensa ya en conservar, en embalsamar las innovaciones en un código.

El huesito de Cuvier[17]

El principio de Cuvier de la correlación entre las singulares partes orgánicas de un cuerpo, según el cual con una parte muy pequeña de él (aunque íntegra en sí) se puede reconstruir el cuerpo entero (todavía está por reverse bien la doctrina de Cuvier, por exponerse con exactitud su pensamiento), debe insertarse por cierto en la tradición del pensamiento francés, en la «lógica» francesa; y debe conectarse con el principio del animal-máquina. No importa ver si en la biología el principio puede tenerse todavía por válido del todo; esto no parece posible (por ejemplo, debe recordarse al ornitorrinco, en cuya estructura no hay «lógica», etc.); se debe examinar si el principio de la correlación es útil, exacto y fecundo en la sociología, aparte de la metáfora. Parece que se puede responder abiertamente que sí. Pero es necesario entenderse: para la historia pasada, el

---

17. Sobre este punto, A. Gramsci, *Gli intellettuali e...*, ed. cit., pág. 200. Por faltar la referencia en las ediciones castellanas, dada su importancia la traducimos íntegra: «*El huesito de Cuvier*. Exposición del principio de Cuvier. Pero no todos son Cuvier y especialmente la "sociología" no puede ser parangonada con las ciencias naturales. Las generalizaciones arbitrarias y "extrañas" son extremadamente posibles (y muy dañinas para la vida práctica)» *(N. del T.)*.

principio de la correlación (como el de la analogía) no puede sustituir al documento, o sea, no puede darse otra cosa que historia hipotética, verosímil pero hipotética. Pero diferente es el caso de la acción política y del principio de correlación (como también el de analogía), aplicado a lo previsible, a la construcción de hipótesis posibles y de perspectivas. Se está precisamente en el campo de la hipótesis y se trata de ver qué hipótesis es la más verosímil y fecunda para convencer y educar. Es cierto que cuando se aplica el principio de correlación a los actos de un individuo o también de un grupo está siempre presente el riesgo de caer en lo arbitrario: los individuos y también los grupos no siempre actúan «lógicamente», «coherentemente», «consecuentemente», etc.; pero es siempre útil partir de la premisa de que así actúan. Así planteada, la premisa de la «irracionalidad» de los motivos de la acción no sirve para nada; puede tener únicamente una importancia polémica para poder decir como los escolásticos: *ex absurdo sequitur quodlibet*. En cambio, la premisa de la racionalidad, y por consiguiente la de la «correlación» o de la analogía, tiene una importancia educativa en cuanto puede servir para «abrir los ojos a los ingenuos» y también para persuadir al «preopinante», si tiene buena fe y se equivoca por «ignorancia», etcétera.

Los intelectuales franceses y su actual función cosmopolita

La función cosmopolita de los intelectuales franceses del siglo XVIII en adelante es de carácter absolutamente diferente de la ejercitada por los italianos precedentemente. Los intelectuales franceses expresan y representan explícitamente un compacto bloque nacional, del que constituyen los «embajadores» culturales, etc. Para la situación actual de la hegemonía cultural francesa, confrontar el libro del editor Bernard Grasset *La chose littéraire*, Gallimard, 1929, en el que se habla especialmente de la organización editorial de la producción cultural francesa en la posguerra con los nuevos fenómenos típicos de la época presente.

Originalidad y orden intelectual

Una máxima de Vauvenargues: «Es más fácil decir cosas nuevas que armonizar las ya dichas». Se puede analizar esta máxima en sus elementos. Es más difícil instaurar un orden intelectual colectivo que inventar arbitrariamente principios nuevos y originales. Necesidad de un orden intelectual, junto al orden moral, y al orden... público. Para crear un orden intelectual, necesidad de un «lenguaje común» (contra el neolalismo intelectual y la bohemia).[18] Originalidad «racional»: también el filisteo es un original, así como el desmelenado. En la pretensión de originalidad hay mucha vanidad e individualismo, y poco espíritu creador, etcétera.

Tempo

En muchas lenguas extranjeras la palabra «tempo», introducida del italiano a través del lenguaje musical, ha asumido un significado propio, general pero no por eso menos determinado, que la palabra italiana «tempo», por su universalidad, no puede expresar (tampoco se podría decir «tempo en sentido musical o como se entiende en lenguaje musical» porque daría lugar a equívocos). Es necesario, por lo tanto, traducir al italiano la palabra italiana «tempo»: «velocidad del ritmo» parece ser la traducción más exacta, y que por lo demás corresponde al significado que tiene la palabra en música y solamente «ritmo» cuando la palabra «tempo» es adjetivada; «ritmo acelerado» (o tempo accelerato), «ritmo ralentato», etc. Otras veces «velocidad de ritmo» es usada en sentido elíptico en lugar de «medida de velocidad del ritmo».

La cultura como expresión de la sociedad

Una afirmación de Baldensperger: que los grupos humanos «crean las glorias según las necesidades y no según los méritos» es justa y meditada. Puede hacerse extensiva a campos no literarios.

Buen sentido y sentido común

Los representantes del «buen sentido» son: el «hombre de la calle», el «francés medio» transformado en el «hombre medio», *monsieur Tout-le-Monde*. En la comedia burguesa se deben buscar especialmente los representantes del buen sentido.

Manzoni distingue entre «sentido común» y «buen sentido» (cfr. *Promessi Sposi*, cap. XXXII sobre la peste y los ungüentos). Hablando del

---

18. Ver sobre el neolalismo *Literatura y vida nacional*, edición en castellano citada, págs. 42 y 44 *(N. del T.)*.

hecho de que algunos no creían en los ungüentos pero no podían justificar su opinión contra la opinión vulgar difundida, escribe: «Se ve que era un desahogo secreto de la verdad, una conferencia doméstica: el buen sentido estaba; pero estaba escondido, por miedo al sentido común».

Filósofos-literatos y filósofos-científicos

¿Tiene algún valor que un filósofo haya tomado un procedimiento de una experiencia científica o «literaria»? O sea, ¿qué filosofía es más «realista»: la que procede de las ciencias «exactas» o la que procede de la «literatura», o sea, de la observación del hombre en cuanto es intelectualmente activo y no solo «parte mecánica de la naturaleza»?

Freud y el hombre colectivo

El núcleo más sano e inmediatamente aceptable del freudismo es la exigencia del estudio de los contragolpes morbosos que tiene toda construcción de «hombre colectivo», todo «conformismo social», en cualquier nivel de civilización, especialmente en las clases que «fanáticamente» hacen del nuevo tipo humano a alcanzar una «religión», una mística, etc. Debe verse si el freudismo no debe necesariamente cerrar el período liberal que justamente está caracterizado por una mayor responsabilidad (y sentido de tal responsabilidad) de los grupos seleccionados para la construcción de «religiones» no autoritarias, espontáneas, libertarias, etc. Un soldado de conscripción no sentirá por las posibles muertes hechas en la guerra el mismo grado de remordimiento que un voluntario, etc. (dirá: me lo han ordenado, no podía hacer otra cosa, etc.). Lo mismo se puede anotar para las diversas clases: las clases subalternas tienen menos «remordimientos» morales, porque lo que hacen no les atañe en sentido lato, etc. Por eso el freudismo es más una «ciencia» para aplicar en las clases superiores y se podría decir, parafraseando a Bourget (o un epigrama sobre Bourget), que el «inconsciente» empieza después de tantas decenas de miles de liras de renta. También la religión es menos fuertemente sentida como causa de remordimientos por las clases populares, que tal vez no están demasiado alienadas porque creen que también Jesucristo fue crucificado por los pecados de los ricos. Se plantea el problema de si es posible crear un «conformismo», un hombre colectivo sin desencadenar una cierta medida de fanatismo, sin crear *tabúes*, críticamente, en suma, como conciencia de necesidad libremente aceptada porque es «prácticamente» reconocida como tal, por un cálculo de medios y de fines a adoptar, etcétera.

Freud y freudismo

La difusión de la psicología freudiana parece dar como resultado el nacimiento de una literatura tipo siglo XVIII; al «salvaje», en su forma moderna, lo sustituye el tipo freudiano. La lucha contra el orden jurídico se hace a través del análisis psicológico freudiano. Este es un aspecto de la cuestión, a lo que parece. No he podido estudiar las teorías de Freud y no conozco otro tipo de literatura llamada «freudiana»: Proust, Svevo, Joyce.

¿Se puede decir que la *libido* de Freud es el desarrollo «médico» de la «voluntad» de Schopenhauer? Me parece que entre Freud y Schopenhauer se puede identificar cierto contacto.

El panteón siciliano de Santo Domingo

Está en Palermo, en la iglesia de Santo Domingo. Están las tumbas, entre otras, de Crispi, de Rosolino Pilo, del general Giacinto Carini. No creo que exista algo similar en otras regiones, aparte del Panteón de Roma y del de la Santa Croce de Florencia. Sería interesante tener la lista completa y razonada de todos los sepultados en el Panteón siciliano: es interesante que se haya escogido el nombre de Panteón, que en el uso moderno no es aplicable solo a una capital nacional.

¿Cuándo empezó en París a adoptarse el nombre de Panteón? Después de la Revolución: se trataba de una iglesia dedicada a santa Genoveva, patrona de París; la Revolución le dio el nombre de «Panteón» y la consagró a recibir las cenizas de los grandes franceses. Bajo la Restauración fue reducida a iglesia; bajo Luis Felipe, a templo de la Gloria; bajo Napoleón III, a iglesia. Con la Tercera República volvió a su función de Panteón nacional. Por consiguiente, el nombre de Panteón está modernamente ligado al movimiento de las nacionalidades.

Sicilia

En los *Studi verghiani*, dirigidos por Lina Perroni, se publicó (en los primeros números) un ensayo de Giuseppe Bottai sobre Giovanni Verga político, cuyas conclusiones generales me parecen exactas: o sea que, a pesar de las apariencias superficiales, Verga no fue nunca ni socialista ni democrático, sino «crispino» en el amplio sentido (el «crispino» lo pongo yo, porque en el fragmento de Bottai que he leído, publicado en la *Italia Letteraria* del 13 de octubre de 1929, no hay dicha referencia). En Sicilia los intelectuales se dividen en dos clases generales: crispino-unitarios y separatistas-democráticos (separatistas tendenciales, se entiende). Durante el proceso Nasi, artículo de Verga en el diario *Sicilia* del 1 de noviembre de 1907, «en el que se demostraba la falsedad de la tesis tendiente a sostener que la revolución siciliana de 1848 fue de independencia y no de unidad» (debe señalarse que en 1907 era necesario combatir dicha tesis). En 1920, un tal Enrique Messineo fundó (¿o quiso fundar?) un diario, *La Sicilia Nuova*, «que pensaba propugnar la autonomía siciliana»; invitó a colaborar a Verga, y este le escribió: «Soy italiano ante todo, y por lo tanto no autonomista». (Este episodio del diario de Messineo debe de ser exacto).

Max Nordau

Gran difusión de los libros de Max Nordau en Italia, en los estratos más cultos del pueblo y de la pequeña burguesía urbana. *Las mentiras convencionales de nuestra civilización* y *Degeneración* habían llegado (en 1921-1923) respectivamente a la octava y a la quinta edición, en la publicación regular de los Fratelli Bocca de Turín; pero estos libros pasaron en la posguerra a manos de editores tipo Madella y Barion y fueron lanzados por vendedores ambulantes a precios bajísimos y en cantidades muy grandes. Han contribuido a introducir en la ideología popular (sentido común) una cierta serie de creencias y de «cánones críticos» o prejuicios que aparecen como la más exquisita expresión de la intelectualidad refinada y de la alta cultura, así como la concibe el pueblo para el cual Max Nordau es un gran pensador y científico.

Del razonar por medios estadísticos

Del razonar y especialmente del «pensar» por medios estadísticos. En este caso es útil recordar la chanza según la cual si Tizio hace dos comidas al día y Cayo ninguna, «estadísticamente» Tizio y Cayo hacen «a medias» una comida al día cada uno. La deformación de pensamiento originada por la estadística está mucho más difundida de cuanto se cree. Generalización abstracta, sin retomar continuamente contacto con la realidad concreta. Recordar cómo un partido austríaco que tenía dos afiliados suyos en un sindicato escribió que su influencia en el sindicato había crecido en un 50% porque un tercer afiliado se agregó a los dos primeros.

Impresiones de la cárcel

De Jacques Rivière, publicadas en la *Nouvelle Revue Française* en el tercer aniversario de la muerte del autor (*Fiera Letteraria* del 1 de abril de 1928 trae algunos extractos). Después de un registro de la celda le quitaron fósforos, papel de escribir, un libro, *Las conversaciones de Goethe con Eckermann*, y provisiones alimenticias no permitidas.

«Pienso en todo lo que me han robado: he sido humillado, me han llenado de vergüenza, horriblemente despojado. Cuento los días que me faltan "tirar" y, a pesar de que toda mi voluntad está tensada en tal sentido, no estoy más tan seguro de llegar sino al fondo. Esta lenta miseria desgasta más que las grandes pruebas. Tengo la impresión de que desde los cuatros puntos cardinales me pueden caer encima, entrar en esta celda, entrar dentro de mí, en todo momento, arrancarme lo que todavía me queda y dejarme en un rincón otra vez, como una cosa que no sirve más, depredado, violado. No conozco nada más deprimente que esta expectación del mal que se puede recibir, unida a la total impotencia de sustraerse del mismo».

Con gradaciones y difuminaciones todos conocen esta opresión del corazón, esta profunda falta de seguridad interior, este sentimiento de estar incesantemente expuesto sin defensa a todos los accidentes, desde el pequeño fastidio de algunos días de prisión hasta la misma muerte. No hay refugio, ni salvación, y sobre todo no hay tregua. No queda otra cosa que ofrecer la espalda, que achicarse cuanto sea posible.

«Un verdadero apocamiento general se había adueñado de mí, mi imaginación no me presentaba más lo posible con aquella vivacidad que le confiere anticipadamente el aspecto de realidad: en mí se había esterilizado la iniciativa. Creo que me hubiera podido encontrar frente a las mejores ocasiones de fuga sin saber aprovecharlas; me hubiera faltado ese no sé qué, que ayuda a colmar el intervalo entre lo que se ve y lo que se quiere hacer, entre las circunstancias y el acto que nos hace dueños de ellas; no habría jamás tenido fe en mi buena suerte: el miedo me habría detenido».

El llanto en la cárcel: los otros sienten si el llanto es «mecánico» o «angustioso». Reacción diversa cuando alguno grita: «Quiero morir». Cólera y desdén o simple algazara. Se siente que todos están angustiados cuando el llanto es sincero. Llanto de los más jóvenes. La idea de la muerte se presenta por primera vez (se hace uno viejo de golpe).

La metáfora de la obstétrica y la de Miguel Ángel

La metáfora de la obstétrica que ayuda con fórceps al nonato a nacer del útero materno es el principio expresado por Miguel Ángel en estos versos: «No tiene el óptimo artista ningún concepto / que un mármol solo en sí no circunscriba, / solo llega a él y a su superfluo / la mano que obedece al intelecto». Quitar lo superfluo del mármol que esconde la figura concebida por el artista a grandes golpes de martillo sobre el bloque corresponde a la operación de la obstétrica que trae a la luz al nonato desgarrando el seno materno.[19]

La «nueva» ciencia

G. A. Borgese y Miguel Ardan. En la novela de Julio Verne *De la tierra a la luna*, Miguel Ardan, en su discurso programático dice líricamente que «el espacio no existe, porque los astros están tan cerca unos de otros que se puede pensar en el universo como en un todo sólido, cuyas recíprocas distancias pueden parangonarse a las distancias existentes entre las moléculas del metal más compacto como el oro y el platino». Borgese, sobre las huellas de Eddington, ha trastrocado el razonamiento de Verne y sostiene que la «materia sólida» no existe, porque el vacío en el átomo es tal que un cuerpo humano, reducido a sus partes sólidas, se convertiría en un corpúsculo solo visible al microscopio. Es la «fantasía» de Verne aplicada a la ciencia de los científicos y no ya a la de los niños. (Verne imagina que en el momento en que Ardan expone su tesis, Maston, una de las figuritas con las que hace sutiles a sus libros, al gritar con entusiasmo: «¡Sí, las distancias no existen!», está por caerse y probar así, en su piel, si las distancias existen o no).

Gerry mandering

(No sé qué significa *mandering*). Gerry, un americano, que habría sido el primero en aplicar la trampa electoral del reagrupamiento arbitrario de las circunscripciones para tener mayoría ficticia. Esta trampa se verifica

---

19. Se alude a la conocida metáfora de Marx, según la cual «la violencia es la partera de toda sociedad vieja que lleva en su seno a una nueva» *(N. del T.)*.

especialmente en los colegios uninominales, constituidos de modo que pocos electores bastan para elegir a los diputados de derecha, mientras que se necesitan muchísimos más para elegir a los diputados de izquierda: confrontar las elecciones francesas de 1928 y confrontar el número de votos y los electos del partido de Marin y los del grupo Cachin. Esta trampa se aplica después en los plebiscitos para las cuestiones nacionales, extendiendo las circunscripciones a zonas más amplias que aquella donde una minoría es homogénea.

La «ecuación personal»

Los cálculos sobre los movimientos estelares están perturbados por la que los científicos llaman la «ecuación personal»; por ello son necesarios controles y rectificaciones. Ver exactamente cómo se identifica esta causa de error, con qué criterios y cómo se construye la rectificación. De todos modos, la noción de «ecuación personal» puede ser empleada con utilidad también en otros campos, además de la astronomía.

Un juicio de Manzoni sobre Victor Hugo

«Manzoni me decía que Victor Hugo con su libro sobre Napoleón se parece a alguien que se creyera un gran instrumentista de órgano y se pusiera a tocar, faltándole quien le tenga el fuelle». Ruggero Bonghi, «I fatti miei e i miei pensieri», *Nuova Antologia*, 16 de abril de 1927.

Apólogo del raigón y de las ramas secas

Las ramas secas son indispensables para quemar el raigón, no en sí y por sí. Solo el raigón ardiendo modifica el ambiente frío, calentándolo. Comandos, artillería e infantería. Estos serán siempre los reyes.

Malos políticos

«Creedme, no tengáis miedo de los bribones ni de los malvados. Temedle al honesto engañado; lo está de buena fe, cree que hace bien y todos se fían de él; pero desgraciadamente, se engaña acerca de los medios que procuran el bien a los hombres». Este fragmento del abate Galiani está dirigido contra los «filósofos» del siglo XVIII, contra los jacobinos futuros, pero se aplica a todos los malos políticos de buena fe.

Fray Veremos

Esta expresión es usada por Joseph de Maistre en una *Memoria* del 6 de julio de 1814 (escrita en Petersburgo, donde era embajador), publicada en las *Œuvres complètes*, Lyon, 1886, vol. I, *Correspondance diplomatique*. Escribe acerca de la política piamontesa: «*Nuestro sistema, tímido, neutro, suspensivo, vacilante, es mortal en tal estado de cosas... Es necesario tener los ojos bien abiertos y estar en guardia contra el enemigo de los grandes golpes, llamado Fray Veremos*».

Los pilares de la virtud

Podría convertirse en un hermoso título de crónica (o aunque sea de tercera página), si estuviera hecho con garbo, astucia y tacto. Ligarlo a las doctrinas «criminalistas» expuestas por Eugenio Sue en los *Misterios de París*, según las cuales a la justicia punitiva y a todas sus expresiones concretas se contrapone para completarla una justicia remuneradora. «Justo al lado del patíbulo se alza un estrado donde sube el gran hombre de bien. Es el pilar de la virtud» (cfr. *La Sagrada Familia*).

Apuntes varios
y notas bibliográficas

«La esclavitud del trabajo indígena», de A. Brucculeri, en la *Civiltà Cattolica* del 2 de febrero de 1929. Resume las cuestiones que se refieren al estado de esclavitud existente todavía en muchos países (Abisinia, Nepal, Tibet, Hediaz, etc.); a las condiciones de esclavitud de las mujeres en los países donde rige la poligamia; al *trabajo forzado* al que están sometidos los indígenas en muchas colonias (por ejemplo, en el África Central Francesa); a las formas de esclavitud o servidumbre de la gleba determinadas en muchos países por las deudas y la usura (en América central y meridional, el peonaje, en la India). Esto sucedía y tal vez sucederá aún incluso para los emigrantes italianos en América meridional: para conseguir el pago del viaje, algunos centenares de liras, el emigrante trabaja gratis un cierto tiempo, en los casos de usura premeditada la deuda no prescribe y la servidumbre se pasa de generación en generación. Trabajo de niños y mujeres en las fábricas chinas. En el artículo hay alguna bibliografía especialmente para la esclavitud.

LUIGI VILLARI, «Il governo laburista britannico», *Nuova Antologia* del 16 de octubre de 1929. Artículo mediocre: alguna anécdota. Se debe recordar el hecho de que en la *Nuova Antologia*, por ser dirigida antes por el presidente del Senado, por el de la Academia después, se tiene cierta reserva frente a la publicación de tales artículos en los que sobre los miembros de gobiernos extranjeros se expresan juicios de carácter personal, sectarios y poco cuidadosos, con exclusión de la polémica política.

AUGUSTO BOULLIER, *L'île de Sardaigne. Description, histoire, statistique, moeurs. État social*, E. Dentu, París, 1865. Boullier estuvo en Cerdeña cuando se hablaba de su cesión a Francia. Escribió otro libro, *Le dialecte et les chants populaires de la Sardaigne*. El libro no tiene hoy ningún valor. Es interesante en ciertos aspectos. Boullier trata de explicar las causas de las dificultades que se presentaron en Cerdeña en contra de la desaparición de vestigios de relaciones feudales (bienes colectivos, etc.); ello alegraba a los sostenedores del antiguo régimen. Naturalmente Boullier, que se coloca en un puro punto de vista ideológico, no entiende nada de la cuestión. Se recuerdan, aparte de algunos elementos interesantes, las relaciones internacionales de Cerdeña y su importancia en el Mediterráneo; por ejemplo la insistencia de Nelson para que el gobierno inglés comprara Cerdeña al rey (de Piamonte) por un canon de 500.000 libras esterlinas anuales. Según Nelson, Cerdeña es estratégicamente superior a Malta; aparte de que bajo gestión inglesa podría transformarse en económicamente rendidora, mientras que Malta será siempre económicamente pasiva.

Manzoni y Rosmini bajo Napoleón III. «A él (Manzoni) le parece que ni Napoleón ni la presente crisis de Francia son un milagro sino una detención de la Revolución en Francia. Rosmini, en cambio, lo convierte en un brazo de la Providencia, un enviado de Dios, al que reconoce su moralidad y religión y del que espera mucho. Yo estoy con Manzoni». RUGGERO BONGHI, «I fatti miei e i miei pensieri», *Nuova Antologia*, 16 de abril de 1927.

Leyenda albanesa de las «cestas» y las «cestas» sardas. En el artículo «Antichi monasteri benedettini in Albania nella tradizione e nelle leggende popolari» del padre jesuita FULVIO DI CORDIGNANO, publicado en la *Civiltà Cattolica* del 7 de diciembre de 1929, se lee: «El *vakùf*, lo que es ruina de iglesia o bien que le pertenece, en la mente del pueblo tiene en sí mismo una fuerza misteriosa, casi mágica. Guay de quien toque aquella planta o introduce en aquellas ruinas su rebaño, las cabras devoradoras de toda fronda: sería cogido de golpe por un maleficio, se convertirá en lisiado, paralítico, mentecato, como si se encontrara en medio de los ardores meridionales o durante la noche oscura y llena de peligros, en cierta "aura" o "cesta", allí donde las hadas invisibles y en perfecto silencio están sentadas en una mesa redonda sobre el borde del camino o en medio del sendero». Hay otras referencias en el desarrollo del artículo.

Los albaneses de Italia. Cuando fue ocupada Escútari después de las guerras balcánicas, Italia mandó un batallón y en él fue incorporado un cierto número de soldados albaneses de Italia. Como hablaban el albanés solo con la pronunciación algo cambiada, fueron acogidos cordialmente (de un artículo muy estúpido de Vico Mantegazza, «Sulle vie dell'Oriente", *Nuova Antologia*, del 1 de mayo de 1927).

Temas de cultura. Una serie de «temas» puede ofrecerse en la descripción crítica de algunas de las grandes empresas editoriales de cultura, como la Colección de los economistas italianos (50 volúmenes) de Custodi, la Biblioteca de los economistas (80 volúmenes) de Ferrara-Boccardo, la Colección de historia económica (8 volúmenes) de Pareto-Ciccotti, la nueva colección proyectada por Bottai (la colección de escritores políticos de Atilio Brunialti).

Goethe. Buscar dónde y en qué sentido Goethe ha afirmado: «¿Cómo un hombre puede alcanzar la autoconciencia? ¿Con la contemplación? Ciertamente que no. Con la acción».

Jorge Sorel. Ver en el libro de Gaétan Pirou sobre Sorel la bibliografía completa de los escritos del mismo Sorel.

Sobre Andrea Costa. Colección de sus proclamas y manifiestos del primer período de actividad romañola en edición crítica, con anotaciones y comentarios históricos y políticos.

Ricciotti Garibaldi. No apareció en las ceremonias conmemorativas de 1932 (al menos no se encuentra su nombre en el *Corriere* de esos días). Sin embargo, se encuentra en Italia. En una crónica de Luciano Ramo del *Secolo Illustrato* del 11 de junio de 1932, «Garibaldi fra le quinte» (donde se describen los ensayos para un drama: *Garibaldi*, de Italo Sulliotti), se refiere al hecho de la presencia de Ricciotti (los ensayos se hacían en Milán).

Teoría de los costos comparativos y decrecientes. Es de ver si esta teoría, que ocupa un lugar tan importante en la economía oficial, como también la del equilibrio estático y dinámico, no se adhiera perfectamente, o corresponda en otro lenguaje a la teoría marxista del valor y de la caída de la tasa de ganancia, no sea así el equivalente científico en lenguaje oficial y «puro» (despojado de toda energética política para las clases productivas subalternas).

La industria eléctrica. Del informe leído por el ingeniero Jacinto Motta en la asamblea ordinaria del 27 de marzo de 1927 de la Edison: «La industria de la producción y distribución de la energía eléctrica a fines de 1926 ha tomado decididamente la delantera en la actividad industrial italiana.

Según las estadísticas de la confederación bancaria, el capital de las sociedades anónimas de la industria eléctrica ascendía a fines de 1926 a 6260 millones, mientras que el de las industrias mecánica, metalúrgica y afines, que en la estadística le siguen en importancia, ascendía a 4757 millones. Una estadística más completa de la Unión de las industrias eléctricas (Uniel) considera los datos de 1785 empresas privadas y 340 entes públicos y teniendo en cuenta también las obligaciones propiamente dichas, indica a cuánto ascienden las inversiones en septiembre de 1926: 7587 millones de liras, correspondientes a cerca de 2650 millones de liras-oro. Faltan las estadísticas de las deudas, pero solo se puede recordar que mientras en 1923, 1924 y 1925 las sociedades eléctricas preferían los aumentos de capital, desde la recesión de 1925 en adelante recurrieron a los empréstitos mutuos, especialmente en dólares, por una cifra que alcanzaría a los 1000 millones de liras-papel; por eso, no obstante el menor incremento del capital, se mantiene el mismo ritmo de crecimiento en los establecimientos».

Cuestiones industriales. En la *Revue des Deux Mondes* del 15 de noviembre de 1930 se publica la memoria leída en la Academia de Ciencias Morales y Políticas de París por EUGENIO SCHNEIDER, el dueño de Creusot, sobre *Les relations entre patrons et ouvriers. Les délégués de corporation.* La memoria es muy importante especialmente por mi asunto. Como en Turín, Schneider (por diversos fines, de disgregación) ha organizado las delegaciones como «delegados profesionales» (corporation). Pero los delegados no forman un cuerpo deliberante y no tienen un comité directivo, etc. Sin embargo, la tentativa de Schneider es de primer orden, etc. Analizarlo. Buscar otras publicaciones a propósito.[1]

Producción y consumo de energía. Cifras no atendibles, estadísticas oficiales para los ejercicios de 1923, 1924 y 1925 para el consumo dan 6488, 7049 y 7355 millones de kwh; pero en los duplicados de las denuncias son inferiores en un 25%. Estadísticas del Uniel sobre datos referentes en gran parte a 1925 y en pequeña medida a 1926: 6212 millones de kwh. El grupo Edison representa el 30% de la actividad total.

Utilidades. Inversiones enormes con modesto giro de negocio. Utilidades anuales menores de un quinto y un sexto de las sumas que necesita anualmente invertir. Industria siempre hambrienta de dinero, *contra-*

---

1. Alude Gramsci al movimiento que encabezara él, en Turín, a comienzos de la década de los veinte, conocido como el de los «consejos de fábricas u obreros», cuyo órgano de expresión fue *L'Ordine nuovo (N. del T.)*.

indicada para los entes públicos, los cuales sufren de escasez de medios cuanto mayor es el ritmo de desarrollo. (*Condizioni di monopolio*. Recordar la interpelación de Aldo Finzi).

Sicilia. Cfr. ROMEO VUOLI, «Il generale Giacinto Carini», en *Nuova Antologia*, 1 de noviembre-16 de noviembre de 1929: «Carini, aún jovencito, fue el primero en introducir en Sicilia las máquinas de vapor para el montaje (¿o mondadura?) del zumaque; a causa de esta industria, conquistó tanta popularidad entre los campesinos de las campiñas palermitanas como para poder guiar la insurrección de 1848». (Sobre este punto cfr. Colonna, *I quattro candidati ai collegi di Palermo*, Taller tipográfico Lo Bianco, Palermo, 1861). En la primera parte del artículo se puede encontrar alguna particular referencia a los sucesos de la revolución siciliana de 1848, sobre la vida en el extranjero de los emigrados políticos y sobre la expedición de los Mil, con indicaciones bibliográficas. La segunda parte es menos interesante, excepto algún episodio.

Indicaciones bibliográficas. 1) El *Catalogo dei cataloghi del libro italiano*, publicado por la Società generale delle Messaggerie italiane de Bolonia en 1926 (posteriormente fueron publicados suplementos), es una publicación que debe ser tenida en cuenta para las investigaciones bibliográficas. Este repertorio contiene los datos de 65.000 volúmenes (menos las indicaciones de editor) clasificados en 18 categorías, dos índices alfabéticos, uno de los editores, curador y traductores, y otro del argumento con llamadas relativas a la categoría y al número de orden. 2) Otra publicación bibliográfica para tener presente es el *Catalogo metodico degli scritti contenuti nelle pubblicazioni periodiche italiane e straniere*, editada por la Biblioteca de la Cámara de Diputados.

Obras de consulta. E. Würzburger y E. Roesner, *Hübners Geographisch-Statistiche Tabellen*, L. W. Seidel und Sohn, Viena, 1932, en 8.ª, pág. 564. Esta de 1932 es la 71.ª edición. Indispensable no solo para los geógrafos y los cultores de la estadística, sino también para todo el que quiera estar informado de las condiciones políticas, económicas, sociales, financieras, comerciales demográficas, etc., de todos los países del globo. En la 71.ª edición se agrega un apéndice sobre los partidos políticos de cada Estado en particular, aparte de elaboraciones más completas de datos económicos, industriales, etc. A. Krizstics, *Bibliographie des sciences sociales*. En 1933 salió el IV volumen, Giard, París, 1927, en 8.ª, pág. 1269.

La *Rivista Militare Italiana*. Fundada en marzo de 1856 en Turín por Carlo y Luigi Mezzacapo, exiliados napolitanos y refugiados en Turín después de haber tomado parte en los asedios de Roma y Venecia. Debe notarse esta particularidad a propósito de la llamada «tradición militar» del Piamonte: que la mayor revista italiana de carácter militar fue fundada en Turín por dos napolitanos. La tradición científico-técnica militar de Nápoles, constituida en los acontecimientos subsiguientes a la Revolución francesa, es el mayor elemento que ha entrado a formar parte de la estructura del ejército moderno nacional. En 1859 era director Mariano D'Ayala, etc. En 1918 la publicación de la revista fue suspendida y reiniciada en 1927 por voluntad del general Badoglio, que fijó su orientación. En 1906 (cincuentenario de su fundación) publicó un número único en el que se hacía el resumen de la actividad precedente.

Sobre China. M. T. Z. TYAN, *Two years of nationalist China*, Belly y Walsh, Shanghai (de 1930 o 1931). Obra documental (de cerca de 500 páginas) que parece ser muy interesante y bien elaborada. Historia de dos años; Kuomintang, organización del gobierno nacionalista, estadísticas sobre la vida china, apéndice documental. El autor y director de *The Peking Leader* cotidiano y de *The Chinese Social and Political Review*, uno de los periodistas políticos chinos más hábiles y mejor preparados.

Apologo del Cadí. Del saquito extraviado en el mercado, de los dos Benitos, de los cinco carozos de aceituna. Rehacer el relato incluido en *Las Mil y una Noches*.

Sobre la moral. En la breve introducción a un grupo de cartas inéditas de Diderot a Grimm y a madame d'Épinay (*Revue des Deux Mondes* del 15 de febrero de 1931), André Babelon escribe sobre Diderot: «Diderot, que sentía por la posteridad el mismo respeto que otros por la inmortalidad del alma...».

El profesor H. de VRIES DE HEEKELINGEN enseña paleografía y diplomática en la Universidad católica de Nimega (Holanda). Fundó en Lausana en 1927 el *Centro internazionale di studi sul fascismo.* Colaboró en *Critica Fascista.* (Sobre la organización de este «centro», confrontar las noticias publicadas en *Nuova Antologia* del 16 de enero de 1928). El «centro» realiza un servicio de información para cualquiera sobre todo tema que pueda tener vinculación con el fascismo.

Sobre la moda. Un artículo muy interesante e inteligente en *Nuova Antologia* del 16 de marzo de 1928: BRUNO DE POL, «Formazione e organizzazione della moda» (creo que De Pol es un industrial milanés del cuero). Muchos fragmentos, explicaciones del desarrollo económico de la moda (el lujo no es la moda, la moda nace con el gran desarrollo industrial); explicación de la hegemonía francesa sobre la moda femenina y de la inglesa sobre la masculina; situación actual de lucha para reducir estas hegemonías a un «condominio»: actividad de América y.de Alemania en tal sentido. Consecuencias económicas especialmente para Francia, etcétera.

Documentos del tiempo. Un documento muy importante e interesante es el relato de la comisión de investigación para la expedición polar de la aeronave *Italia*. Impreso por disposición del Ministerio de la Marina en Roma, por la *Rivista Marittima* (Caporetto).

Impreso en los talleres de
DocuMaster
(Master Copy, S.A. de C.V.)
Plásticos #84, Local 2, ala sur,
Fracc. Industrial Alce Blanco,
Naucalpan de Juárez, C. P. 53370.

www.documaster.mx
IMPRESO EN MÉXICO